三使漫记

SAN SHI MAN JI

张九桓／著

中央党校出版集团　大有书局

图书在版编目（CIP）数据

三使漫记/张九桓著．—北京：大有书局，2022.9

ISBN 978-7-80772-091-1

Ⅰ．①三…　Ⅱ．①张…　Ⅲ．①外交-工作-成就-中国　Ⅳ．①D820

中国版本图书馆 CIP 数据核字（2022）第 146903 号

书　　名　三使漫记
作　　者　张九桓　著

策划编辑　李瑞琪
责任编辑　吴春艳
责任校对　李盛博
责任印制　袁浩宇
出版发行　大有书局
（北京市海淀区长春桥路 6 号　100089）
综 合 办　（010）68929273
发 行 部　（010）68922366
经　　销　新华书店
印　　刷　北京盛通印刷股份有限公司
版　　次　2022 年 9 月北京第 1 版
印　　次　2022 年 9 月北京第 1 次印刷
开　　本　145 毫米×210 毫米　1/32
印　　张　14
彩　　插　8 页
字　　数　281 千字
定　　价　49.00 元

爱国如爱家　与邻永为善

——序老战友张九桓大使新著《三使漫记》

我饶有兴味地多次读了九桓同志的回忆录《三使漫记》。

九桓是从岭南山村走出来的一名优秀外交官。他自幼行走阡陌间，放牛，斗蟋蟀，读书认字。为追求理想，他北上求学。从北京外国语学院毕业后进入外交部工作。曾任外交部亚洲司司长，中国驻尼泊尔、新加坡、泰国特命全权大使。在30多年外交生涯中，他不忘初心，忠于使命，为祖国的和平发展和人类命运共同体的构筑作出了积极贡献。

《三使漫记》记述了他出使尼泊尔、新加坡和泰国的重要经历，既真实描述亲历事件，又交代时代背景，呈现历史文化底蕴，给人以纵深感受和思考空间。

如，书中关于李光耀的故事，不但向我们描绘新加坡从一个贫穷落后的岛国跻身发达国家行列的图景，而且揭示其成功的根本原因在于找到一条符合本国国情和时代特征的道路。读了普密蓬国王的故事，既可领略泰国政局的跌宕起伏和社会的多彩斑斓，也对“水可载舟亦可覆舟”的真谛有了更多的感悟。尼泊尔比兰德拉国王及其前辈的故事，让我们了解沙阿王朝的兴衰，听到尼泊尔人民前进的脚步声。泰国发生政变后，中、美、英三国大使同台接受电视采访，阐述各自政府的态度和看法，中国不干涉别国内政的政策主张赢得广泛好评和高度赞赏，从一个侧面反映了和平共处五项原则的生机和活力。中新苏州工业园区初创时一度产生龃龉和最终步入正常发展轨道，则告诉我们学习和借鉴他国经验必须结合本国实际方能产生“杂交优势”。

这是一部有温度的作品，字里行间洋溢着作者对外交为民的家国情怀。九桓赴尼泊尔首任大使，深感祖国和人民的光荣重托，面对达赖分裂势力，他坚决斗争，有效维护祖国的统一和主权，吟出“起舞闻鸡”“金睛斗白骨”的铿锵诗句。在新加坡打工的1100多名公民遭受诈骗，九桓和他的同事大年三十深入工棚慰问工人，千方百计追回工人的损失，不让工人的汗水白流。印度洋发生大海啸，九桓带领使馆工作人员及时解救遭难中国公民并开展一场卓有成效的救灾外交。曼谷机场被反政府力量占领以后，泰国中断与外国往来，九桓果断建议国内派飞机接回被困中国公民，归家游子情不自禁喊出“祖国万岁”的心声，外国游客也称羡地竖起大拇指。

本书行文晓畅，详略得当，雅俗兼容，可读性强。作者并非将其三任大使全部经历作流水般铺陈，而是撷取其中主要片段与读者分享。每篇文章长短不拘，长者如《李光耀与新加坡之路》多达二万字，详叙李光耀传奇人生，读来不觉累赘；短者如《沙阿王朝的兴亡》只有五千字，勾勒出王朝兴衰脉络，言简意赅。作者把经历当故事讲，大故事里有小故事，严肃的话题里带着花絮。生动的讲述使读者如见其貌，如闻其声，如临其境。坦克隆隆开进曼谷和风雨夜袭湄南河的映衬描写，使人强烈感受到军事政变给泰国社会带来的震荡。“一挥尽饮杯中酒，今夜何妨作醉翁”的诗句写活了比兰德拉国王与江村罗布主席把盏话友谊的动人场景。诗琳通公主遍访中国多省市后说“每次踏上中国土地都感到很亲切，完全没有异国他乡的陌生感”，朴实的话语使我们真切体会到这位友谊勋章获得者对中国的深挚感情。乘车行驶在喜马拉雅山悬崖峭壁险道上，作者突发奇想：在此支顶帐篷，煮茶观山，读书听籁，岂不快哉！激情与浪漫跃然纸上。与九桓接触过的人都知道，他是一位忠于职守、热爱生活、热爱大自然的性情中人。

新中国外交波澜壮阔，奇峰千叠。从一线退下来的外交人为着存史、资政、育人的目的，提笔实录多姿多彩的经历，犹如霜枝挂硕果，蔚然可观。《三使漫记》的出版将为这道风景增添亮色，给读者带来新的启迪。

李肇星

2021年12月26日写于

上海虹桥至北京南高铁途中

自　序

我于1973年进入外交部，2009年从外交一线退下来，从事外交工作36年。因工作需要约一半时间在国内，一半时间在国外，其间十多年先后担任驻尼泊尔、新加坡、泰国大使。本书记述的是我三次担任大使期间的一些重要经历。

由于工作关系，我有机会接触驻在国领导人，如尼泊尔国王比兰德拉、首相德乌帕，新加坡资政李光耀、总理吴作栋，泰国国王普密蓬、公主诗琳通、总理塔信等，我在书中写到对他们的印象，讲述了他们的故事传奇；也经历和处理了一些突发事变，如印度洋大海啸、泰国政变、曼谷机场被占后接回被困中国公民等，对当时的情境和处理过程作了记述。出使新加坡时，我与新加坡政要、企业家交流探讨，消除双方龃龉，推动中新苏州工业园区走上健康发展轨道。出使尼泊尔时，我曾经翻越喜马拉雅山，考察佛祖诞生地兰毗尼。出使泰国时，我走访了湄公河“金三角”，参观泰马边境的“森林地道”，并提出相应看法与建议。凡此种种，书中都有反映。

我从现实出发，叙述鲜活的人和事，但又不停留于此，而是进一步探寻其历史渊源和文化脉络。比如，从出使尼泊尔章节可看到西方列强对南亚殖民和入侵我国西藏的斑斑血迹，还可以了解佛教的源头和发展变化；从出使新加坡篇章可了解中新官方与民间关系沿革，孙中山在南洋的革命活动以及黄遵宪、陈嘉庚等的事迹；从出使泰国部分可以一瞥该国乃至东南亚的历史变迁、与中国关系演变和当地文化特色。我试图从亲历的外交活动切入，尽可能引领读者走进更加广阔的历史文化时空。

我在写作本书过程中始终注意它的可读性，努力将思想性、真实性、趣味性融为一体。外交是国家行为，外交人所做的一切都是为了维护和发展国家利益。外交根本宗旨是为民族谋复兴、为人民谋福祉。这既是外交人的行动准则，也是本书的主题思想。这是一本回忆录，真实是它的生命，书中所叙述的都是真人真事。为了把事情讲清楚，有些地方可能会细一些；为了回避某些敏感问题，有些地方又可能粗一些，但都力求细而不赘，粗而不漏，尽可能用恰当的语言和篇幅把事情交代清楚。外交离不开会谈、会见、演讲、磋商，叙述起来难免枯燥，行文中我力戒空话、套话，尽量简约。注意对人物有所刻画，对场景有所描写，不时穿插历史背景、文化逸事、习俗花絮，希望能有一个雅俗共赏的效果。

本书共3篇25个散文，它们既有联系又独立成篇。读其一篇可有一得，通览全书可有一个比较全面的了解。但凡开卷，当有裨益。

由于水平有限，书中难免有不尽完善之处，敬祈读者不吝赐教。

目录

CONTENTS

出使尼泊尔篇 001

山国履新 003

德乌帕首相初访中国 015

比兰德拉国王第九次访华 025

世代睦邻友好新篇章 038

与木斯塘王的一次会见 047

兰毗尼中华寺 055

中尼友谊峰 072

翻越喜马拉雅山 082

沙阿王朝的兴亡 098

出使新加坡篇 109

伊斯丹纳宫 111

建交十年话友谊 124

苏州工业园区初创往事 151

不让工人汗水白流 161

吴作栋总理二三事 171
李光耀与新加坡之路 185
东陵山上新馆舍 228
文事二则 244

出使泰国篇 257

我向普密蓬国王递交国书 259
我所了解的诗琳通公主 289
海啸发生的日子 323
塔信寻根 337
亲历“九一九”政变 353
暹罗湾畔游子吟 374
勿洞行 392
泰北这块地方 414

参考书目 433

后　记 435

出使尼泊尔篇

PART 1

山国履新

1995 年 12 月 22 日，是我向尼泊尔国王比兰德拉递交国书的日子。

清晨，窗外松林里鸟儿欢快地鸣唱。我早早就醒来了。站在阳台上，白雪覆盖的喜马拉雅山遥遥在望。

洗漱完毕，我来到办公室，拉开抽屉取出国书放在桌面上。大十六开绛红色的封面，正中央的烫金国徽图案在晨曦中熠熠生辉。打开封面，白色纸页上印着以下字样：

尼泊尔王国比兰德拉国王陛下

陛下：

为巩固和发展中华人民共和国和尼泊尔王国之间的友好合作关系，我任命张九桓先生为中华人民共和国驻尼泊尔王国特命全权大使。

我相信张九桓先生将尽力完成他担负的使命，请你惠予接待，并对他代表中华人民共和国所进行的工作给予信任和帮助。

右下角是时任国家主席江泽民的亲笔署名和时任国务院副总理兼外交部长钱其琛的副署。后面附有英文译文。

我将国书轻轻合上抱在胸前，站在办公桌后面的国旗下，心潮澎湃，思绪万千。我出生在桂东南一个小山村，小时候放过牛，上山砍过柴，下地扶过犁。后来走出大山，跨长江，过黄河，进京求学。大学毕业后到外交部工作。20多年来，我从国内到国外，做翻译，搞调研，办案子，在参与中泰建交谈判、发展与东盟国家关系、处理南海纷争等双边和多边事务中经受锻炼，增长才干，从科员做到处、司负责人和驻外大使。这全靠党和国家的培养，我深怀感恩之心，深知责任之重，当全力以赴，不负重托，不辱使命。

递交国书

下午4时许，尼泊尔外交部礼宾司司长和国王侍从官带着国宾车队来到中国驻尼泊尔大使馆。我身穿深蓝色西服，系紫红色领带，着黑色皮鞋，来到会客室。招待员端上茶水，我与客人稍作寒暄后便登车出发。我乘首车，一辆黄色豪华奔驰，车头两侧分别挂着中国国旗和尼泊尔国旗。政务参赞杨明清、商务参赞周传裕、国防武官杨道仁分乘后面两辆轿车。车队在5辆摩托车护卫下向王宫驶去，交警敬礼，众车礼让，行人驻足招手。这让我们感受到尼泊尔民众的友好情谊。

我是在1995年11月29日抵达加德满都的。12月5日向尼泊尔外秘施雷斯塔递交国书副本。同日会见外交大臣洛哈尼。20日前往尼外交部礼宾司进行递交国书排练。我抵尼不到一个月便得以安排递交国书，显现出尼方对中尼关系的重视。

4点30分，车队驶进王宫，在大殿前停下。侍卫官走到我的车旁把车门打开，外秘施雷斯塔走上来握住我的手表示欢迎，同时将我介绍给站在一旁的王宫典礼长。我们拾级而上，走到台阶上的第二个平台，典礼长示意我在这里检阅仪仗队。台阶下，32 名皇家骑士排成横队，骑士身着红衣黑裤，头戴绛缨黑盔，骑在雪白的高头大马上，精神抖擞，威风凛凛。指挥官举起手中宝剑一声号令，但听蹄声嘚嘚，仪仗队瞬间整齐肃立。乐队奏响中尼两国国歌。检阅毕，我随着典礼长继续登上第三级平台，迈步走进大厅。

一进门，便看到比兰德拉国王站在大厅稍靠后的位置。他一身民族服饰打扮：白色紧身裤，过膝长衫，外罩一件挺括深灰色外套，头戴黑色船形帽，鼻梁上架着一副黑框眼镜，镜片后面闪烁着庄重而平和的目光。国王的右前方站着首相德乌帕、外交大臣洛哈尼等陪同官员。这时，一种神圣使命感从我心底油然而生。我真切感受到在我的身后，是黄河、长江、长城，是 960 多万平方公里的广袤土地和 5000 多年的悠久文明；是勤劳、勇敢、智慧，近代以来为争取民族独立和解放经历艰苦卓绝斗争，已经站起来了的英雄人民；是新中国成立以后，特别是改革开放以来已经取得举世瞩目巨大成就的非凡国度；是一个既古老又年轻、充满生机活力、胜利地走在中国特色社会主义道路上的可爱的祖国。而此时此刻，我正代表着这个伟大的国家！我恍惚觉得自己长高了，昂首挺胸，迈着坚定而自信的步伐，在典礼长的引导下，走到大厅的中间。按照驻在国的礼宾仪轨，立正，鞠躬，往前走 9 步，恰好来到国王跟前。我再立正，鞠躬，然后郑重地将国书双手递向国王，国王双手接过国书。我又将颂词交给国王，国王接过颂词后将答词交给我。我从手巾袋里取出一块白色手绢递向国王，国王在手绢上洒下少许香水，表示美好祝福。我站过一侧，逐一介绍随着典礼官的唱名走上前来的杨明清参赞、周传裕参赞和杨道仁武官。介绍毕，我站回原处，国王与我握手，交谈。

我感谢国王陛下接受我递交国书，并对能出任中华人民共和国驻尼泊尔王国特命全权大使表示深感荣幸，希望在履行职责中得到国王陛下和王国政府的支持和帮助。国王对我履新表示欢迎，并表示他和他的政府将为我在尼泊尔履行职责提供方便和协助，祝愿我在尼泊尔工作愉快。

我说，中尼友谊源远流长，两国人民在长期交往中结下了深厚的友谊。中尼建交 40 年来，两国在政治、经济、文化等各领域友好合作关系获得迅速发展，为增进两国人民的福祉和促进地区和平发挥了积极作用。相信不断加强中尼友好合作完全符合两国人民的根本利益，中方将为此继续作出不懈努力。国王表示完全赞成我对两国关系的评价，尼方愿与中方一起推动两国关系取得更大发展。我表示特别感谢国王在西藏问题上坚持一个中国的立场，反对达赖集团对西藏的分裂活动。国王重申，尼方始终承认西藏是中国不可分割的一部分，决不允许任何势力利用尼泊尔领土从事不利于中国的事情。我转达江泽民主席对国王陛下的问候，国王也请我转达他对江主席的问候。

交谈约 20 分钟后，我向国王道别，鞠躬，然后走出大厅。典礼官紧紧握着我的手说："大使阁下，您做得很好，整个过程自然得体。感谢您充分尊重我们的礼仪习惯，这从一个侧面看出了中国不光倡导而且力行国家不分大小一律平等、相互尊重原则，令人钦佩。"施雷斯塔外秘对我表示祝贺，并郑重其事地说："从现在起，您可以正式履职了！"

第12任驻尼大使

我是中国第12任驻尼泊尔大使。

袁仲贤大使是第一任。1955年他在驻印度大使任上奉命赴尼泊尔王国进行建交谈判并达成协议，旋即兼任驻尼大使。

尼泊尔对华友好，何以迟至1955年才与中国建交？主要原因是印度的掣肘。尼泊尔自1846年拉纳家族在英国支持下政变上台后，沙阿王室大权旁落达一个世纪之久。1951年特里布文国王在印度支持下推翻拉纳家族，夺回王权。印度却也借机控制尼泊尔的内政、国防和外交。1949年中华人民共和国成立后，周恩来总理致函各国政府，表示新中国愿与各国建立正常外交关系。尼泊尔王国政府很快复函并通过其驻印度大使向我方作出积极表示。毛泽东主席指示外交部密切注意并研究尼泊尔动态，努力争取与尼建交。印度担心中尼建交可能会削弱其对尼影响力，遂加以阻拦，尼方只好暂且止步。印度是第一个与新中国建交的非社会主义国家，又共同倡导和平共处五项原则，两国关系处于蜜月期。中方因此宽容了印方在中尼关系上的阻挠，理解尼方的为难，采取等待态度。直至 1955 年 4 月，尼泊尔参加万隆会议后主权意识增强，明确表达与我方建交的愿望，印度不便再加阻拦。

1955 年 7 月 25 日，中国代表团应邀抵达加德满都与尼泊尔方面举行建交谈判。中方团长为驻印度大使袁仲贤，代表团成员有驻印度使馆参赞康矛召、一等秘书毕溯望。尼方代表团团长为国王首席顾问辛格，成员有外交大臣塔帕、发展大臣潘德。谈判总体顺利，讨论的焦点在于如何处理尼泊尔在我国西藏享有特权问题。我方认为，“藏尼旧约”中有关尼方在我方西藏享有特权的规定是不平等的，应予以废除。尼方承认“尼藏旧约”已不合时宜，但这是历史上形成的，应寻求妥善解决。最后双方达成谅解，两国先行建交，旧约问题暂且搁置。

1955 年 8 月 1 日，两国代表团团长袁仲贤大使和辛格顾问在中尼建交联合公报上签字，共同宣布：中华人民共和国和尼泊尔王国建立正式外交关系，互派大使。同时确认，双方政府同意五项原则，即：互相尊重彼此主权和领土完整；互不侵犯；互不借任何经济、政治或意识形态性质的理由干涉对方内政；平等互利；和平共处成为指导两国关系的基本原则。

与此同时，双方以换文方式确认以下几点：两国驻印度大使暂分别兼任驻对方国家大使；双方将尽快商签两国友好条约；尼泊尔与西藏地方的关系将在商签两国友好条约时加以讨论，此前尼泊尔在藏机构“暂如现状”。

就这样，中尼双方以公报加换文的方式，确认两国正式建交。8月3日，袁仲贤大使向尼泊尔国王马亨德拉递交国书，成为中国驻尼泊尔首任大使。

1983年初春，一个偶然的机会使我得以聆听康矛召同志讲述中尼建交谈判的故事。当时，我刚从驻泰国使馆调回国内，曾经从泰国深入被越南占领的柬埔寨。康矛召同志于1970年前后曾担任驻柬大使，关心柬人民抗越情况，我向他作了介绍，自然也想听他分享他的外交传奇经历，于是他打开话匣子侃侃而谈。谈到中尼建交时，他说："尼朝野各界欢欣鼓舞，奔走相告，当时情景我至今记忆犹新。一位朋友悄悄对我说：'这下子我们可以借中国压压印度的气焰了，尼苦印久矣！'""递交国书这天，王室安排一辆装饰豪华的马车，袁大使坐车内，毕秘书陪着，我和尼礼宾司长同坐驾驶台上。马车从代表团下榻处驶向王宫的途中，受到民众热烈欢迎，人们招手、鼓掌、欢呼，脸上洋溢着喜悦之情。当时，马亨德拉国王尚未加冕，但接受袁大使递交国书时特地戴上王冠。王冠用金丝编织而成，镶满珠宝，顶上插着白孔雀翎，华贵而典雅。国王在王宫宴请中国代表团，随后又接受袁大使的回请。中国代表团没有带厨师，只好采用西餐，但有中国茅台酒和西湖龙井茶。国王盛赞茅台醇香无比，龙井清雅怡人。加德满都市政委员会、尼中友协、尼亚洲关系协会先后为袁大使举行招待会。尼泊尔广播电台邀请袁大使发表广播讲话。尼外交部安排中国代表团参观游览加德满都市容和文化设施。袁大使率团离开尼泊尔时，尼方举行隆重欢送仪式，鸣礼炮19响。"康大使如数家珍般的叙述，使我犹如亲临其境。

第 10 任常驻大使

中尼建交后，双方履行承诺开始准备商签两国友好条约。1956 年 8 月 4 日，周恩来总理约见印度驻华大使，向印方通报这一消息。8 月 7 日，印驻华大使反馈意见说，尼赫鲁总理认为中尼签约“尚非时宜”，又说友好条约的主要内容无非就是和平共处五项原则，将之反映在《尼藏合作协定》的序言里即可。印方的反对令尼方感到“失望”和“愤慨”。尼方原想借签约显示自己的独立性，而印方也正是担心中尼签约会削弱其对尼方的控制。于是，中方提出先签一个“二合一”的协定，将两国保持友好与藏尼合作的内容都包含进去，待条件成熟再签中尼友好条约。尼方表示同意。

1956 年 8 月 19 日至 9 月 20 日，“中尼友好及藏尼合作协定谈判”在加德满都举行。中方谈判代表团团长为驻印度兼驻尼泊尔大使潘自力，团员有西藏外事处长杨公素、驻印度使馆商务参赞杜毓沄等。尼方代表团团长为外交大臣夏尔玛，团员有外秘塔帕等。谈判主要围绕废除“藏尼旧约”和建立西藏地方与尼泊尔新合作关系展开。所谓“旧约”指的是 1856 年英国支持尼泊尔胁迫清廷签订的《尼藏条约》。这个条约主要内容有：西藏每年向尼泊尔支付 1 万卢比的赔款；尼泊尔可在西藏设立代表机构，尼先是在拉萨设代表处，后在江孜、亚东、吉隆、聂拉木等地也设代表处，均享有外交豁免权；尼泊尔在西藏享有“会审权”和“直接交涉权”，后来演变成领事裁判权；西藏受攻击时尼泊尔可以派兵协助，最后演变为尼在藏有驻兵权；尼商人在藏经商拥有不受检查、不征税等特权。会谈中，原则上双方均同意废除旧约。但在商谈新协定时，尼方极力争取保留一些特殊利益。中方既坚持原则又展现适度灵活，最后达成双方都比较满意的结果。

新协定取名为《中华人民共和国和尼泊尔王国保持友好关系以及关于中国西藏地方和尼泊尔之间通商和交通的协定》。

双方宣布两国保持和平和友谊；重申互派大使的决定；确认所有此前中国（包括西藏地方）与尼泊尔签署的条约、协定等文件立即予以废除。

同意两国国民可以在双方同意的地点通商、往来和朝圣，同意对对方侨民的正当利益依照侨居国法律予以保护。

中方同意尼在日喀则、吉隆、聂拉木三地设立商务代表处。尼方同意中方在尼设同等数量的商代处，具体地点另商。双方商代处享有同等地位和待遇。

中方同意拉萨、日喀则、江孜、亚东为贸易市场。尼方同意必要时中方在尼享有同等数量的市场。

中方同意尼香客可以按习惯路线朝圣，可携带必要用品。无需护照签证，但须领取许可证。

该协定由潘自力大使和夏尔玛外交大臣于 1956 年 9 月 20 日在加德满都签署。

据参加谈判的杨公素同志告知，谈起来比较费劲的有两个问题。一是尼在藏商业特权，尼商人一再向尼外交部施压，要求保留他们在藏经商不受限制、不受检查、不纳税的权利。中方当然不能同意，一一划掉。二是藏尼混血儿的国籍问题，尼方要求男性归尼，女性归藏，中方不同意。最后双方达成共识，成年后由本人自行选籍。尼方又提出其未成年时可由父母协助选籍，我们作出让步，同意了。杨公素同志说："不打不相识，通过一个月的谈判，我交了不少尼泊尔的朋友。后来我出任中国驻尼泊尔大使，几位当年谈判桌上唇枪舌剑的对手见面第一句话就是'我们是老相识了'，一直有着良好的合作。"

1959 年达赖叛逃印度，受到印方的支持和庇护，导致中印关系严重受损。中尼关系则继续向好，两国签订友好条约条件成熟。1960 年 4 月，周恩来总理访问尼泊尔，与尼首相柯伊拉腊共同签署《中华人民共和国和尼泊尔王国和平友好条约》。条约主要内容为双方承认和尊重彼此的独立、主权和领土完整；双方保持和发展两国之间的和平和友好关系，保证用和平协商的办法解决双方之间的一切争端；双方同意本着友好合作精神，按照平等互利和互不干涉内政的原则，发展和进一步加强两国间的经济和文化联系。

《中尼和平友好条约》签订后，双方随即互派常驻大使。1960 年 8 月 2 日，张世杰同志抵达加德满都，8 月 5 日向马亨德拉国王递交国书，正式成为中国驻尼泊尔第三任大使，也是首任常驻尼泊尔大使。此后又经历了杨公素、王泽、曹痴、彭光伟、马牧鸣、屠国维、李德标、邵炯初 8 任大使，之后我成为第 10 任常驻尼泊尔大使。

继往开来

向国王递交国书的当天晚上，我在使馆举行到任招待会。尼泊尔外交大臣洛哈尼、各国驻尼使节及尼各界知名人士约200多人出席。洛哈尼握着我的手说："祝贺阁下正式履新！尼泊尔和中国是一山之隔的友好邻邦，两国人民自古建立深厚的友谊，建交40年来双方友好合作获得长足发展，相信阁下一定会为中尼关系新发展作出积极贡献。尼外交部将对您的工作给予大力协助。"我表示一定忠于职守，努力工作，推动中尼友好合作关系迈上新台阶。

招待会结束后，我立即将递交国书情况报告国内。心情一时尚难平静，又提起笔来给父母写信。我写了递交国书时的心情和感受，强调今天能有机会在祖国外交一线上服务，靠的是父母的养育和党的栽培，父母的恩情、党和国家的恩情比山高比水长，穷尽一生也难以报答，唯有努力把工作做到最好。

接着，我展开密集拜会活动。通过与尼方朝野各界及使团的接触，我对尼泊尔以及中尼关系乃至南亚地区的过去和现在有了更多的了解和认识，依据我们的方针政策并结合具体情况，我形成工作思路，确定工作重点。一是保持中尼高层往来。尼国王、首相均有访华意愿，拟予以促成；建议我国领导人亦适时访尼。二是加强中尼经贸合作。我国对尼经援比较过去和西方国家均有下降，应根据国力适当提升。除政府间外，应积极鼓励民间经贸往来。三是做好涉藏外交，坚决阻止达赖集团对西藏的分裂破坏活动。

配合国内做好对十世班禅转世的保障工作。四是在人权问题上做好尼方工作，争取尼方在国际人权斗争中支持我国立场。五是加强学习，形成团结奋进的馆风。自己要在完成国内交办的各项任务中经受锻炼得到提高。

又是一个清晨。我站在阳台凭栏放眼，越过鳞次栉比的屋宇和漠漠层林，遥望横亘天际的巍巍雪山，吹拂着来自印度洋的暖风，感觉虽身居一隅，胸中自有星辰大海。我激情难抑，灵感顿生，哼成《永遇乐・隅居》一阕：

天南一隅，珠峰之侧，文殊河谷。碧水逶迤，烟柳云树，花香春常驻。古刹啼鸟，红楼掩翠，参差二十万户。智叟云：此桃源也，养生最佳去处。

荣膺使命，志在开拓，岂可逍遥踟蹰。况有妖雾，当为大圣，金睛斗白骨。起舞闻鸡，羞作井蛙，揽取五洲风雨。喜登攀，当临绝顶，极目远路。

德乌帕首相初访中国

1996 年 1 月 3 日，我应邀参加尼泊尔首相德乌帕新生儿的喂饭仪式。按照尼泊尔习俗，小孩半岁时要举行喂饭仪式，邀请亲友参加，范围不大却甚为隆重。德乌帕老来得子，对此非常重视。邀请中国大使参加自然是一种友好表示。我带着一个可爱的熊猫玩具来到首相官邸，德乌帕站在门口迎接。我参加完仪式登车离开前，德乌帕握着我的手说："我希望能尽快访问中国，请阁下协助安排。"第二天，外交大臣洛哈尼约我前往尼泊尔外交部，正式提出德乌帕首相拟于三月访华，希望中方能发出邀请。

我当即报告并建议国内给予积极考虑。

政坛新星

德乌帕是尼泊尔政坛后起之秀。他全名谢尔・巴哈杜尔・德乌帕（Sher Bahadur Deuba），1946 年 6 月 13 日出生于尼泊尔西部地区达代尔图拉县的一个中产家庭。1972 年获尼泊尔特里布文大学文学硕士学位，1975 年获法学学士学位。他较早参加政治活动，是大会党党员，由于政治原因曾多次入狱，先后受过 9 年铁窗之苦。1988 年至 1990 年曾赴英国伦敦政治经济学院做研究员。1990 年当选尼泊尔议员。1991 年至 1994 年任内政大臣，表现出不一般的组织和协调能力。1994 年 12 月，当选大会党议会党团领袖。1995 年 9 月起，任由大会党、民族民主党和亲善党组成的联合政府首相。舆论认为，德乌帕将是尼泊尔政坛上长期发挥影响的一颗新星。

尼政坛有三大政党，即大会党、民族民主党和尼泊尔共产党（联合马列）[简称尼共（联）]。一般认为，大会党和印度有较深渊源，政策有“亲印”倾向；民族民主党有王室背景，属“保王党”；尼共（联）更多代表和反映中下层百姓利益。我在与尼各方初步接触中感觉到，任何党派尽可以有自己的不同政治倾向，但必须把尼泊尔的利益作为基本出发点，否则难以取信于民。长期以来，三大党间既有斗争也有联合。大会党曾与尼共（联）合作，抑制民族民主党；民族民主党又曾与大会党合作，遏制尼共（联）；尼共（联）也曾与民族民主党合作牵制大会党。德乌帕担任首相之初，舆论曾对他“亲印”“亲西”倾向表示担心，实际上，他首先是一个爱国民族主义者，在国际和地区形势以及人权发展等问题上都有比较客观理性的认识。经我们做工作，他已初步表示在日内瓦人权会上支持中国立场，在西藏问题上不允许利用尼国土搞分裂中国的活动。

因此，为多做工作，争取德乌帕政府坚定对华友好政策，我馆建议国内邀请德乌帕首相访华。国内很快作出积极肯定的答复。双方初步商定 3 月 21 日成行。

好事多磨。3 月 11 日，尼共（联）主席阿迪卡里往见比兰德拉国王提出对德乌帕政府的不信任案，国王依宪照准。尼外交部照会我馆，由于尼政局变化，原定德乌帕首相访华计划只好推迟。

德乌帕处变不惊，策略运用得当，稳住了执政党联盟，最终在 3 月 24 日的议会投票中以 106 票对 90 票的多数胜出。经此变故，德乌帕的威望不降反升，执政地位得到巩固。中尼双方再次商定，将德乌帕首相访华安排在 4 月进行。

成果丰硕

1996 年 4 月 17 日，尼泊尔首相德乌帕抵达北京，开始对中国进行为期一周的正式访问。陪同访问的有首相夫人阿祖、外交大臣洛哈尼、土改大臣塔芒、国务大臣班达里以及政府官员、工商界人士共 60 多人。德乌帕一行下榻钓鱼台国宾馆 18 号楼。

时任国务院总理李鹏在人民大会堂东门外广场为德乌帕首相举行隆重欢迎仪式，在人民大会堂举行会谈并设宴款待。时任国家主席江泽民、时任全国政协主席李瑞环分别会见德乌帕。会见会谈取得广泛共识。

两国领导人回顾双边关系在和平共处五项原则基础上不断取得进展，一致表示要进一步巩固两国在经济、贸易、文化、教育及其他领域里的互利合作。双方签署了两国政府经济技术合作协议、两国外交部建立磋商制度的协定以及两国民间合作论坛协议的换文。中方表示将向尼提供 8000 万元人民币的无偿援助，尼方表示感谢。双方还商定，凡此前定下来的援助项目要抓紧落实。

中方重申在兰毗尼建一座中华寺。考虑到原先提供的

300 万人民币已不敷使用，决定再拨 3000 万元，由中国佛协负责设计施工，尽快完成寺庙建设。尼方表示将全力予以配合。

李鹏赞赏尼泊尔政府在西藏和台湾问题上长期奉行一个中国政策。同时指出最近达赖集团分裂分子偷运枪支弹药入藏，甚至到政府门前搞爆炸，有消息说这些武器是通过尼境偷运的，请尼方予以制止。德乌帕首相重申尼政府关于西藏和台湾是中华人民共和国不可分割的一部分的坚定立场，并承诺决不允许任何人利用尼泊尔国土从事任何有损中国主权和统一的活动。但尼泊尔或许耳目不灵，愿与中方保持沟通，随时采取必要措施，防止类似事情发生。李瑞环批驳了达赖所谓班禅转世灵童不经达赖认可是非法的说法，指出 10 位班禅只有 3 位与达赖有关系，说达赖与班禅互为师徒不符合事实。十世班禅转世经过 6 年寻访和金瓶掣签等程序，完全依照宗教仪轨进行，受到僧俗大众特别是藏传佛教界的广泛支持和拥护。李瑞环强调指出，世界上有两类问题，一类是刚性的，不容讨论，或很少有讨论的余地；一类是弹性的，可以灵活，可以讨论。涉及领土、主权的西藏和台湾问题属前者而非后者。德乌帕表示赞同，同时指出，倘若有人想把西藏从中国分裂出去，尼泊尔必定和中国站在一起加以反对，因为这不仅侵犯中国主权，也将危害尼泊尔的独立地位。

李鹏感谢尼泊尔政府近年来在日内瓦人权会上主持正义，支持中国政府的立场，希望今年亦如此。李鹏指出，对于广大发展中国家来说，生存权和发展权是首要的人权，中国愿与尼泊尔加强合作以促进国家发展，增进人民福祉。德乌帕表示赞同李鹏的看法，赞赏中国在保护人权方面所取得的成就，并明确表示，尼泊尔将在今年日内瓦人权会上继续支持中国，他已指示尼驻日内瓦人权代表处与中方保持有效沟通和密切合作。

两国领导人讨论了国际形势，就共同关心的国际和地区问题交换了看法。双方认为，多极化趋势进一步发展，谋求和平稳定、促进合作与发展是世界主流，但有许多不稳定、不确定因素存在。双方认为，发展中国家利益和需要也应当受到更多的关注和维护。双方表示愿意看到南亚地区保持和平稳定和发展。中方重申支持南亚区域合作联盟为加强该地区的友好合作和区域稳定所作的努力，希望南亚各国平等相待，和睦相处，互利合作，共同发展。

双方还介绍了本国政治、经济情况。中方表示将坚定不移走和平发展道路，坚持改革开放，发展社会主义市场经济。德乌帕对友好的中国人民在改革开放和现代化建设的各个领域所取得的巨大成就表示赞赏，并祝愿中国今后取得更大的发展。

德乌帕首相转达比兰德拉国王对江泽民主席的邀请，希望他可以在方便的时候对尼泊尔进行国事访问。江泽民主席表示很高兴，将在适当的时候访问尼泊尔，并请德乌帕首相转达他对国王陛下的亲切问候。

4 月 19 日傍晚，德乌帕首相邀我一起在钓鱼台湖边散步。石桥在望，杨柳依依，湖面波光粼粼。德乌帕走在石径上，心情愉悦。我问：“两天的会谈会见基本结束，首相阁下觉得如何?”德乌帕不假思索地回答：“非常满意！中尼双方签了三个文件，落实了建立外交磋商机制、民间合作论坛和修建兰毗尼中华寺等具体项目，对世界形势和国际问题形成广泛共识。特别是我从中国领导人的谈话中得到许多感悟，中国善于向世界学习，又不生搬硬套，总能结合本国情况找出独特有效的解决问题的办法。比如中国的改革开放、一国两制、社会主义市场经济等都令人耳目一新。”听得出来，这是德乌帕首相的肺腑之言。

百闻不如一见

4 月 20 日上午，德乌帕一行游览八达岭长城。德乌帕兴致勃勃，身形矫健、步履不停地往上攀爬。站在烽火台上，他认真听导游的讲解，还不时发问。面对如此高大、坚固，绵延在崇山峻岭间的城墙，他感到震撼。他说，长城是伟大的建筑，体现了中国劳动人民的智慧和创造力。讲解员告诉他，历史上长城有过三次大规模修建。第一次在春秋战国，最早始于西周，诸侯之间为了彼此防御而筑墙。第二次在秦统一中国以后，为抵御北方游牧民族南侵而将此前不连贯的城墙连接起来。第三次在明代，现保存较好的长城主要是这时期修筑的。考察长城发展史时人们会发现，长城的修建始终是为了防御。德乌帕听后不无感慨地说，中国自古以来就是一个爱好和平的国家，所谓“中国威胁论”是无稽之谈。尼方完全相信，中国一定坚持走和平发展道路。

4 月 20 日下午，中方安排德乌帕和主要随行人员乘包机赴西安。在这里，他参观了陕西历史博物馆、秦始皇陵兵马俑和大雁塔，观看了唐乐歌舞。在参观大雁塔时他尤其表现出浓厚兴趣。这是一座七层四方楼阁式砖塔，高64.5米，底层边长25.5米，巍然耸立在大慈恩寺内。唐永徽三年（652年），由玄奘法师主持修建，专作保存玄奘从天竺带回来的佛像和经卷之用。方丈对德乌帕说，中国与尼泊尔有很深的缘分。晋代高僧法显、唐代高僧玄奘先后到访兰毗尼，这在他们的著作《法显传》和《大唐西域记》里都有记载。德乌帕说，尼泊尔对中国怀有深深的感恩之心，正是依据法显和玄奘两位高僧著作的记载，考古学家才得以发现并证实兰毗尼就是佛祖诞生地。

4月22日上午，德乌帕代表团由西安飞抵深圳进行访问。德乌帕参观了深圳的几个建设项目和经济特区成立15周年成就展览。他说，对深圳发生的变化早有所闻，看了之后仍然感到意外，“深圳速度”无与伦比，“深圳奇迹”举世无双。深圳的巨大变化是中国改革开放所取得惊人进步的缩影。窥一斑而知全豹。他相信，中国的和平崛起是任何力量也阻挡不了的。尼泊尔需认真学习和借鉴中国的经验，加强与中国的合作，以便从中受益。

4月23日，德乌帕一行从文锦渡出境，经香港回国。临别前他握着我的手说：“大使阁下返尼后，我们抓紧落实双方达成的共识和项目。”我高兴地说：“好的，我们共同努力。”

后续行动

德乌帕首相访华结束后，中尼两国立即行动起来，落实双方达成的各项协议。

1996 年 9 月 24 日，中国无偿援助尼泊尔 10 辆无轨电车交接仪式在加德满都举行。我和尼交通大臣一起出席，并乘坐刚刚交付使用的电车沿着环城路绕行一圈。由沈阳车辆厂生产的这批无轨电车宽敞、舒适、美观，受到加德满都群众的喜爱。

1996 年 10 月 8 日，时任中国外交部亚洲司司长王毅与尼泊尔外交部联秘辛格在加德满都举行磋商，正式启动中尼外交磋商机制。双方回顾和展望了两国关系的发展，就西藏问题、台湾问题、人权问题等交换意见并取得广泛共识。双方讨论了南亚形势，王毅指出，我们希望南亚地区稳定、繁荣和发展。没有南亚的发展就没有亚洲的发展。只有南亚和东亚都发展起来，才会迎来亚洲世纪。辛格表示赞同。双方认为，即将启动的中尼民间合作论坛适应两国经济发展需要，操作灵活，容易见效，前景广阔。两国政府应对这一论坛给予大力支持，鼓励企业踊跃参与。外交大臣洛哈尼不在国内，外秘施雷斯塔以外交大臣名义宴请王毅。德乌帕首相会见王毅，他说中尼外交磋商机制的启动，为增进双方相互了解开辟了一条新渠道。

1996 年 10 月 30 日至 31 日，中尼民间合作论坛首次会议在加德满都苏尔蒂酒店举行。时任全国工商联副主席兼论坛中方主席张绪武、尼泊尔工商联副主席兼论坛尼方主席施利斯塔分别率两国代表团与会。尼外交大臣洛哈尼出席开幕式并致辞。中尼双方多名企业家、专家和有关部门负责人在会上发言。尼方介绍了本国经济状况、投资政策和特别鼓励投资的领域。中方对两国经贸合作的现状、发展趋势和双方合作前景提出看法和意见。两国企业家分头交叉接触并进行具体业务洽谈，在水电、水泥、食品、印染、医药、饲料、养殖等方面达成多项意向性协议。论坛负责人举行了工作会议，决定论坛第 2 次会议于 1997 年在北京举行。会议结束后举行联合记者会，张绪武和施利斯塔两位主席回答记者提问，对会议取得的成果表示满意，认为中尼民间论坛是拓展经贸合作的有效渠道，它将有助于推动两国经贸关系取得更大的发展。双方将继续探索和完善，使论坛越办越好。德乌帕首相在狮宫会见中方代表团全体成员，对论坛首次会议成功举行表示祝贺，欢迎中国企业家来尼投资兴业，尼政府将给予大力支持和协助。

1996 年 11 月 29 日，由中国政府援建的纳拉扬卡肿瘤医院举行奠基仪式。这是 1992 年柯伊拉腊任首相访华时签署的项目，由于双方的原因而拖延，所以肿瘤医院的开工建设受到各方关注。我和商务参赞朱敏才早上 6 时就从加德满都出发，在山路上驱车 4 个小时才抵达工地。这里是柯伊拉腊的家乡。他曾对我说，他从政多年深得家乡父老的关爱和支持，总想为他们办点实事。肿瘤医院动工建设，圆了他的一桩心愿。柯伊拉腊为大会党主要创始人之一，曾多次担任尼泊尔首相，对后起之秀德乌帕既欣赏又防范。德乌帕心知肚明，希望通过促成肿瘤医院项目给柯以抚慰。这天柯伊拉腊早早就来到仪式现场，我和他一起挥锹为医院基石培土。他发表了热情洋溢的讲话，盛赞中尼友谊，表示有生之年要继续为巩固和发展中尼友谊而不懈努力。

1996年12月1日，兰毗尼中华寺举行奠基礼。时任国家宗教局局长叶小文率由各名山长老、法师组成的法务团和由中央统战部、国家宗教局、国家民委、外交部、财政部、中国佛协等部门干部组成的工作团共60多人参加。上午11时，法号吹响，鼓乐齐鸣，花雨缤纷，我陪同叶小文局长、尼泊尔文化大臣巴哈杜尔以及缅甸、韩国、斯里兰卡等国大使和高僧大德一起为中华寺基石培土。这项延搁了10年之久的工程终于付诸实施。德乌帕首相非常高兴，特地给我打来电话表示祝贺。

这一年，尼泊尔在日内瓦人权会上支持中国的立场，再次助力挫败美国的反华提案。比兰德拉国王第9次访问中国，时任国家主席江泽民对尼泊尔进行国事访问。两国在各领域办成了一批合作项目。中尼友好合作关系呈现一个新的发展高潮。

比兰德拉国王第九次访华

尼泊尔国王比兰德拉·比尔·比克拉姆·沙阿（Birendra，Bir Bikrem Shah Dev）一生10次访问中国，是访华次数最多的国家元首之一。

比兰德拉出生于1945年12月28日。幼年在印度接受初等教育，后在英国伊顿公学、日本东京大学和美国哈佛大学深造。曾赴北美洲、拉丁美洲、欧洲、非洲和亚洲旅行学习。1955年3月15日被立为王储。1972年1月31日继承王位，1975年2月24日加冕。

1966年，比兰德拉以王储身份首次访问中国。1973年，比兰德拉继位一年，就对中国进行国事访问。此后，比兰德拉国王又于1976年6月、1978年5月、1979年8月、1982年7月、1987年9月、1993年9月6次访华。他最后一次访华是在2001年2月，同时出席博鳌亚洲论坛成立大会。

这一次是他第9次访问中国。

友谊堪比珠峰高

1996年8月23日，下午1时40分。尼泊尔国王比兰德拉乘坐的中国西南航空公司特别班机徐徐降落在拉萨贡嘎机场。我和时任西藏自治区人民政府主席江村罗布、陪同团长兼交通部副部长李启昌一起走上前去迎接。国王挽着王后的手缓步走下舷梯。他握着江村主席的手说：“很高兴再次踏上中国的土地！”抬头仰望蓝天白云，又说：“西藏的天气也招人喜欢呢！”江村说：“上午还大雨滂沱，午后才放晴，老天爷对陛下的访问很是眷顾呀！”国王笑着说：“好啊！这里用得上中国的一句老话，天时地利人和。”与国王同机抵达的还有王后艾什瓦尔雅、公主布鲁蒂、王子尼拉詹、外交大臣洛哈尼、国王的新闻及外交秘书潘迪等。国王一行下榻拉萨假日酒店。

傍晚，江村罗布会见并宴请比兰德拉国王一行。江村介绍了近年来西藏的发展变化。同时还告诉国王，经过6年认真工作，十世班禅转世已经依照宗教仪轨完成。感谢国王在涉藏问题上一直坚持正义立场和友好态度。比兰德拉国王说，他曾于1976年和1982年两次访问西藏，这是第三次访藏，西藏不断取得新的进步，令人高兴。他强调，西藏的稳定和发展符合尼泊尔的利益；相反，如果西藏发生动荡，就会给尼泊尔带来不利影响。他说：“我们决不允许任何人利用尼泊尔的国土从事破坏、分裂西藏的活动。我们完全承认西藏是中国领土不可分割的一部分。”江村表示：“我们对此深信不疑。我们不会忘记，1974年国王陛下继位不久就采取断然措施，解除滞留在木斯塘的‘四水六岗’残匪武装，为我们维护西藏的稳定提供了积极帮助，我们对此深怀感激。”国王说：“这是我们应该做的。尼泊尔有时也不完全掌握情况，愿与中方特别是西藏地方保持沟通，我要求我们的政府根据中方提供的信息随时采取必要的配合行动。”

席间，双方还就西藏地方与尼泊尔在经济、贸易、文化、旅游等方面的合作交换意见。自治区歌舞团表演了精彩的文艺节目。多才多艺的布鲁蒂公主走上台演唱尼泊尔民歌。在座的时任自治区政协副主席才旦卓玛也引吭高歌，一曲《唱支山歌给党听》声情并茂，风采不减当年。这位翻身农奴后代通过歌声把对党的真挚感情表达得淋漓尽致，打动了在场的每一个人。宾主频频举杯，气氛热烈友好。我担心国王喝多了会不会影响健康和接下来的访问，悄悄对潘迪秘书耳语。潘迪请我放心，国王有酒量而且是真高兴，不会有问题。国王陛下拉着江村的手，举起酒杯高声说：“中尼友谊高比珠峰，纯如冰雪，我们两国永远站在一起！用中国兄弟的话说，‘酒逢知己千杯少’，今夜一醉方休！”宾主一饮而尽。我被这真挚热烈的情景感动了，口占一绝：

大计睦邻擘与共，
标杆友谊是珠峰。
一挥尽饮杯中酒，
今夜何妨作醉翁！

次日，比兰德拉国王在拉萨参观。在罗布林卡，他驻足在一幅壁画前，边欣赏边聆听讲解。早在旧石器时代，西藏这块土地就有藏族先人的足迹。4000～5000年前西藏形成多部落社会形态。公元7世纪，松赞干布统一全藏，建立吐蕃王朝。他迎娶文成公主，引进唐朝先进技术和文化，建立吐蕃与唐朝紧密的“亲谊”关系。13 世纪中叶，西藏正式成为元朝的一个行政区。明清承继了这一行政体制。中华人民共和国成立以后，于 1951 年实现对西藏的和平解放，1959 年实行民主改革，1965 年成立西藏自治区。西藏自古就是中国领土的一部分。比兰德拉国王听后说：“历史是一面镜子。”

来到布达拉宫，讲解员说，布达拉宫由松赞干布始建于公元 7 世纪，后毁于战火。公元 17 世纪，五世达赖时期重建和扩建。整个建筑由处理教务的红宫和处理政务的白宫组成，从外表上也体现“政教合一”。这种集神权与政权于一体的统治模式，在西藏延续数百年之久。1959 年民主改革后，政教彻底分离，神权归于本位，人民当家做了主人。我对国王说，西藏的民主改革反映了人民群众的利益和愿望，得到广泛支持和拥护。国王点点头。

在大昭寺前，讲解员介绍说，大昭寺为松赞干布所建，距今 1300 年历史。大昭寺是整合藏、唐、尼泊尔、印度建筑风格的典范。西藏各处寺院一般都归某一教派，而大昭寺则是各派共尊的神圣寺院。活佛转世的“金瓶掣签”仪式历来在大昭寺举行。看着大昭寺香火缭绕，信徒虔诚叩拜，在青石地板上留下等身长的深深印痕，洛哈尼说，那些说中国无宗教自由的人应该到这里来看看。国王双手合十良久，并作了善捐。

喜欢这座山城

8 月 25 日下午，比兰德拉国王一行乘专机由拉萨飞抵重庆，下榻扬子江假日酒店。当晚，时任重庆市市长李志忠为国王举行欢迎宴会。席间，李市长介绍了重庆市改革开放和建设情况，国王表示赞赏。酒过三巡，谈话内容渐次展开。

国王问市长："重庆何以称重庆，听说重庆的意思是'两次庆祝'，这可有什么由来？"

市长说："陛下，您不是第一位提出此问题的客人。重庆的称谓确有典故。重庆在宋代称恭州。宋光宗赵惇先受封恭王，后又即帝位，他高兴地说，这是双重喜庆啊！于是下了一道圣旨将恭州更名为重庆。自此重庆之名沿用至今。"

市长接着说："重庆还有山城、江城、雾都、桥都等别称，其中人们叫得最多的是山城。"

国王接口说："山城名副其实，你这里可真是城在山中，山在城里，城山交融，难解难分啊！不过，我们尼泊尔的山更多，我们国土面积不大，幅员 147000 多平方公里，其中约 70％为山地，海拔 6000 米以上的山峰 240 座，海拔 8000 米以上的山峰 8 座。人们称我国为山国，也是受之无愧的！"

市长说："山有山的优势，我们要因地制宜把我们的家园建设好。"

国王表示赞同，说："你们的城市依山而筑，错落有致，很有特色，我虽然初到，但已经留下美好印象。"

宾主共同举杯，表示要做好"山"这篇文章。

第二天，比兰德拉国王前往参观 120 公里外的大足石刻。景区负责人为国王解说，他边走边作介绍说，公元4世纪至6世纪石窟艺术在中国北方先后形成以莫高石窟、云冈石窟为代表的两个高峰后，公元9世纪至13世纪以大足石刻为代表的石窟艺术在南方兴起。大足石刻以规模宏大、雕刻精美、题材多样、内涵丰富著称，并以其鲜明的民族化和生活化而独树一帜，被认为是中国古代石窟艺术的第三个高峰，也是人类石窟艺术史上的最后一座丰碑。这位负责人说，大足石刻分布在5山23处，其中以宝顶山规模最大。由于时间有限，此行重点观摩宝顶山摩崖造像群。来到宝顶山，但见四周山岩上遍刻佛像，庄严雄伟，千姿百态，蔚为壮观。圣寿寺坐落在山崖林木之间，殿宇巍巍，环境静幽。长约500米的大佛湾呈U字形展开，万千造像分布于东南北三面崖壁之上，儒释道相携共济，如同一家。旁边有诗刻云："三千诸佛云中现，百万神仙海上来。"1994年李鹏总理曾来参观并题词"大足石刻，国之瑰宝"。国王感慨地说："这是一处很值得珍爱的世界文化遗产，感谢重庆市政府将它保护得如此完好。"

接着又说："尼泊尔兰毗尼是佛祖释迦牟尼诞生地，我们欢迎各国前去参加保护性的开发。中国佛教界准备在那里建一座中华寺。欢迎大足与兰毗尼进行交流合作。"

8月27日，比兰德拉国王参观重庆经济技术开发区。看了嘉陵一本田摩托车厂和顶新食品厂。国王看得很仔细，还不时提出一些问题。开发区负责人对国王说，重庆经济技术开发区成立于1993年，旨在吸收外资、先进技术和管理经验，以期带动和促进全市的发展。开发区尚处于起步阶段，还在探索当中。国王对随行的部长们说，重庆这种做法值得我们借鉴。

来到大礼堂，国王一下子就被这组中西合璧的恢宏建筑吸引。负责人介绍，大礼堂建于 20 世纪 50 年代，是中国传统宫殿建筑风格与西方建筑大跨度结构巧妙结合的杰作。整个建筑由大礼堂和东、南、北楼四大部分组成。礼堂高 65 米，大厅净空高 55 米，内径 46.33 米，圆形大厅四周四层排楼，可容纳 3400 余人。国王参观后说："我欣赏你们这种中西结合、传统与现代结合的做法，更欣赏你们的包容创新精神。"

离开大礼堂，国王来到周公馆和桂园参观。讲解员介绍说，周公馆是当年中共中央南方局所在地，右侧是国民党军统局局长戴笠的公馆，左侧是国民党警察局的派出所，周恩来等领导就在国民党特务的严密包围下工作。1945 年 8 月至 10 月，国共两党重庆谈判期间，毛泽东曾在桂园办公、休息并会见民主党派朋友，同样处在国民党军警监视之下。毛泽东曾说，不入虎穴，焉得虎子。他们这种大无畏的精神一直激励后人奋斗不止。

国王仔细参观，认真聆听，临别时郑重地说："我很钦佩毛泽东主席和周恩来总理，他们为中国人民的幸福，为中尼友好作出了重大贡献。"他深情地回忆道，"我曾经有幸两次见到毛主席。一次在 1966 年，我以王储身份应邀访华，毛主席在武汉亲切会见，我将一座金掐丝嵌料石佛龛送给毛主席。毛主席说：'尼泊尔是佛陀故里，我们两国可以加强在各领域包括佛教文化的交流。'第二次在 1973 年，我作为国王携王后首次访华。毛主席在中南海会见，我一个人去了，毛主席问王后怎么没来呀？于是王后随后才赶过来。站在一旁的王后说，她赶到后，周恩来总理谦逊地站起来把位置让给她。”国王最后说，对于毛泽东、周恩来这样的一代伟人，他们永远不会忘记。

傍晚时分，比兰德拉国王来到鹅岭，登上瞰江楼，市区全貌尽收眼底。长江、嘉陵江自西而来相汇东去，渝中区、江北区、南岸区雨后春笋般的楼宇掩映在绿树暮霭中，显得繁华又带有几分神秘。国王对陪同的副市长说：“山城因为江水而增添灵气，更惹人喜欢了。相传我们加德满都河谷原是一个烟波浩渺的大湖，文殊菩萨从中国五台山巡游至此，挥剑劈山泄水，使人民得以繁衍生息，于是造就加德满都河谷。上天给我们提供生存的条件，富裕和幸福还要靠勤劳创造。”说到这里，他把询问的目光投向副市长说：“这两天参加各种活动的路上，常看见一群群挑担的人，他们挥汗如雨却都显得乐在其中，这令我感动。”副市长对他说：“人们习惯把他们称为‘棒棒军’。我们的城市依山临水，人们常常是出门就上坎，下船就爬坡，多带点东西就很不方便。农村剩余劳动力便进城来帮忙，他们手持一根挂着尼龙绳的竹棒，行走在码头、车站，有人招呼就帮忙搬运行李、家什，既方便了别人又攒到了钱。整座城市的棒棒军有30万到40万。他们用一根棒子撬动了这座城市的日常运转，参与了城市的建设。”国王听后说：“他们的劳动很值得尊重。在我们尼泊尔也有与此类似且为数众多的背夫，他们习惯于用一个绳套将一头套住物件，一头套在额前，背起就走。这样的背夫城里乡村都有，特别是世界各地来到尼泊尔的登山爱好者最需要他们的帮忙。这个群体用自己的辛勤劳动撑起半个尼泊尔。”

华灯初上，夜色下的山城更显现出别样魅力。布鲁蒂公主拉着弟弟的手走到父王和母后跟前说：“啊，真美！我们喜欢上这座城市了。”国王和王后相视一笑：“我们也喜欢呢！”

把传统友谊发扬光大

8月28日，比兰德拉国王一行乘专机由重庆抵达北京，下榻钓鱼台国宾馆18号楼。

下午，时任国家主席江泽民在芳菲苑会见比兰德拉国王。时任国务院副总理兼外长钱其琛、时任陪同团长兼交通部副部长李启昌、时任外交部副部长王英凡等会见时在座。尼方参加会见的有外交大臣洛哈尼、尼驻华大使普拉丹等。晚上，我方在芳菲苑举行宴会欢迎比兰德拉国王一行。我参加了此会见和宴请活动。

江主席对比兰德拉国王再次应邀访华表示热烈欢迎。他说，1996年是国王陛下登基25周年，在这个喜庆日子里，他代表中国政府和人民向陛下表示祝贺和敬意。中方对陛下一直致力于发展中尼睦邻友好关系表示高度赞赏，对陛下维护民族独立、发展民族经济和提高人民生活水平所作的努力表示钦佩。江主席表示，中尼建交41年来，两国一直保持十分友好的关系，中方感谢尼方采取措施制止国际反动势力对西藏搞分裂、渗透活动。江主席指出，700

多年前西藏就已成为中国领土不可分割的一部分。新中国成立以来，特别是在邓小平改革开放方针指引下，西藏发生了巨大变化。达赖经常在外制造谣言，污蔑中国的宗教政策。事实上，达赖在藏时期，西藏的经济和宗教从来没有像中国共产党执政后这样繁荣昌盛。中央政府为西藏的发展花了很大精力，1995 年曾动员 29 个省市援助西藏，搞了 62 个项目，总金额约 20 亿人民币。在谈到国际形势时，江主席说，世界形势正向多极化发展，两大阵营对立的局面已经结束。中国历来反对霸权主义、强权政治。有一种议论说，中国经济发展将对世界和平构成威胁。恰恰相反，中国愈发展就愈有利于亚洲和世界的和平与稳定，同时也愈有利于中国和世界各国包括尼泊尔这样的国家发展友好合作关系。让双方共同努力，把中尼传统友谊更加发扬光大。

比兰德拉国王表示衷心感谢江主席邀请其访华和盛情款待，感谢对其登基 25 周年的祝贺。他说，这是他第 9 次访华，每次来华都看到中国的进步。特别是改革开放以来更是发生举世瞩目的变化。这次从西藏入境到重庆再到北京，一路上又亲眼看到许多新成就。他从心里感到高兴和钦佩。国王表示，西藏是中国的一个自治区，这是不容置疑的。我们决不允许任何势力利用尼泊尔的国土对西藏进行分裂、破坏活动。长期以来，中国对尼泊尔维护独立和发展经济提供了宝贵的支持和帮助，我们表示诚挚的感谢。我们完全相信，一个发展和强大的中国有利于世界和平与发展。尼泊尔一如既往致力于发展和加强与中国的睦邻友好合作关系。

8 月 29 日下午，时任国务院总理李鹏在钓鱼台养源斋会见比兰德拉国王。我按照安排提前来到养源斋向总理汇报这几天比兰德拉国王在中国的访问情况。李鹏总理说，该谈的江主席都谈了，会见是礼节性的。1989 年政治风波以后，美国等西方国家对中国实施制裁，许多国家因忌惮美国不敢理睬中国，中国的外交遇到困难。这时印度对尼泊尔实施封锁，尼泊尔需要中国的帮助。就在这年 11 月，他应邀访问尼泊尔，比兰德拉国王对他说，无论发生什么事情中尼两国都是好朋友。他表示中国坚定支持尼泊尔为维护独立和促进发展所作的一切努力。

斜阳洒落在院子里，给假山和流泉涂上一抹金黄。李鹏总理站在门口迎候客人。车子停稳，国王迈步走来。李总理紧紧握住国王的手说："欢迎陛下再次访华！"国王指着周围建筑说，这里很是幽静典雅啊！李总理介绍说，这处园林很有些历史了，1000 多年前，这里曾是辽代的一座皇家花园，圣宗皇帝耶律隆绪还是太子时曾在这里读书。金代章宗完颜璟曾在此筑台钓鱼。清朝乾隆年间，在湖边堆山石，栽花木，建亭台楼阁，并赐名"养源斋"。1958 年，中国政府将这处旧有园林修复扩建成为国宾馆。陛下下榻的 18 号楼元首楼，是新建十多座别墅楼之一。养源斋主要用作小型会见场所。

落座后，李鹏总理愉快地回忆起 7 年前对尼泊尔的访问，再次感谢国王陛下和尼泊尔人民热情友好的接待。对尼泊尔始终坚持正义立场，不允许任何人在本国领土上从事任何分裂中国和破坏中国统一的活动表示赞赏。介绍了近年来中国改革开放和建设事业取得的新成就。表示中国政府愿与尼方共同努力，推动中尼友好合作关系取得更大发展。国王表示非常高兴与李鹏总理亲切会见，他衷心祝愿中国更加强盛、人民更加幸福，中尼友好关系进一步巩固和发展。

晚上，尼泊尔驻华大使在使馆为比兰德拉国王访华举行招待会。招待会结束，我送国王回到下榻处后，国王对我说，明天要让公主和王子瞻仰毛主席遗容，然后去看一看阿尼哥监造的妙应寺白塔，目的是让他们对中国和中尼传统友谊有更多的了解，做好传承人。

8 月 30 日上午，我陪着布鲁蒂公主和尼拉詹王子来到毛主席纪念堂。在工作人员的引导下，公主和王子在毛主席汉白玉坐像前献上花圈，肃立默哀，三鞠躬致敬。瞻仰厅里，毛主席的遗体着灰色中山装，覆盖中国共产党党旗，安放在晶莹剔透的水晶棺中。公主和王子双手合十，默默地绕着棺椁走了一圈。离开纪念堂的时候，公主对我说："父王不止一次对我们说，毛泽东是一位伟人，他使饱经忧患的中国赢得独立，在世界东方站立起来。我们的曾祖父特里布文国王、祖父马亨德拉国王为了尼泊尔的独立奋斗一辈子，我们的父王至今还在为维护尼泊尔的独立操劳。父王要我们明白，一个国家的独立和尊严是最重要的。"

不一会儿，我们来到阜成门内的妙应寺（又称白塔寺）。方丈在白塔前对公主和王子介绍说，这座白塔是由尼泊尔工艺师阿尼哥主持修建的。1271 年，元世祖忽必烈决定建一座藏传佛教喇嘛寺，并把这个任务交给阿尼哥。阿尼哥于1244年出生在尼泊尔，自幼聪颖，尤善工艺。1260年，应召入藏监造萨迦寺黄金塔，深受帝师八思巴赏识，将其收为弟子并带入京推荐给忽必烈。阿尼哥接受建塔任务后，一心一意，废寝忘食，从设计到施工历经8年建成。此后，阿尼哥又成功地监造了山西五台山大白塔，五台山塔院寺即因塔而名，大白塔已经成为五台山的标志和象征。阿尼哥不但在佛教界，而且在中尼两国的友好交往中，都作出了重要贡献。公主和王子随着方丈的讲解参观白塔寺，礼佛善捐，焚香膜拜。微风吹来，佛塔上的铃铎发出清脆的响声。木鱼声声，梵音阵阵。公主双手合十对方丈说："作为阿尼哥的传人，我们要继续为中尼友谊添砖加瓦。"方丈诵道："愿中尼世代友好，殿下吉祥安康！"

下午，比兰德拉国王一行结束对中国的友好访问，离京经香港回国。

世代睦邻友好新篇章

喜马拉雅山南麓，阳光普照。加德满都河谷彩旗招展，一派喜庆景象。

1996年12月4日至5日，时任国家主席江泽民应邀对尼泊尔进行国事访问。

情深谊长山作证

中国和尼泊尔之间横亘着一条高耸云天的喜马拉雅山脉，但它阻隔不了两国的交往，相反成了彼此间的共同依托和联系纽带，见证了自古以来中尼友谊的不断发展和历久弥坚。

大约1500年以前，东晋高僧法显、唐朝高僧玄奘就“践流沙之浩浩，陟雪岭之巍巍”，来到释迦牟尼诞生地兰毗尼朝圣求佛。尼泊尔尺尊公主与吐蕃赞普松赞干布联姻，在民间留下一段美谈。公元13世纪，尼泊尔工艺师阿尼哥来华监造北京妙应寺白塔，塔檐下叮当作响的铃铎至今向人们诉说着中尼友好交往的往事。

1955年中尼建交以后，两国关系在和平共处五项原则指导下稳步发展。1957年1月、1960年4月时任国务院总理周恩来两次访问尼泊尔，双方签署和平友好条约和经济合作协定。1961年马亨德拉国王访华，与时任国家主席刘少奇共同签署《中尼边界条约》。中国和尼泊尔关系成为不同社会制度国家睦邻友好的典范。

1978年2月，时任国务院副总理邓小平访尼。“文化大革命”使中国与外部世界的联系几乎中断，尼泊尔是邓小平同志复出后第一批出访国家之一。邓小平重申中国主张大小国家一律平等，永远不称霸，坚持发展对尼友好合作，支持尼维护独立和主权，受到尼朝野各界热烈欢迎。

1984年，时任国家主席李先念访尼。这是李先念担任国家主席后的首次出访，也是中国国家元首第一次对尼泊尔的国事访问。李先念主席将一部梵文贝叶写本《妙法莲华经》赠送给比兰德拉国王。国王说，这是象征中尼友谊的无价之宝，当永久珍藏。

1989年11月，时任国务院总理李鹏访尼。当时正是政治风波之后，西方发动对华制裁的情况下，尼泊尔依旧热情接待中国政府首脑的访问。而此访也恰值尼泊尔遭受印度蛮横无理的经济封锁时期，李鹏总理在访问中对尼表示坚定的支持，充分体现了两国之间真正的友谊。

1996年4月和8月尼泊尔首相德乌帕、国王比兰德拉先后成功访华。期间国王诚挚邀请时任国家主席江泽民访尼，江主席愉快地接受邀请。江主席决定，在出席亚太经合组织苏比克会议，访问菲律宾、印度和巴基斯坦后，挤出一天时间来访问尼泊尔。尼泊尔各界闻讯雀跃，翘首企盼。

河谷里春意盎然

12月4日上午11时，时任国家主席江泽民乘坐的专机波音 747 平稳地降落在加德满都特里布文国际机场。在这里迎候的人们都情不自禁地鼓起掌来。

特里布文国际机场始建于 1949 年，1951 年建成并投入使用。初期印度以尼缺乏技术人才为由抓住空管权不放，直至 1957 年才将空管权交还尼泊尔。机场位于河谷，群山环抱，起降困难。尽管近年来导航技术不断改进，但特里布文机场仍然是世界公认起降难度最大的一个机场，无过硬本领和丰富经验的机长轻易不敢飞临。我多次乘机起降特里布文机场，每次平安降落时，机舱里总会响起热烈掌声。

我和尼外交部礼宾司司长卡纳尔一起快步登上舷梯，问候并请江主席下机。尼方在机场特别贵宾区举行隆重欢迎仪式。比兰德拉国王携首相德乌帕、下议院议长波迪亚尔、上议院议长卡尔基、大法官普辛格、国务委员会主席巴辛格、陪同团长、无任所国务部长班达里、驻华大使普拉丹一众要员列队迎候。他们都身穿尼泊尔国服——过膝长衫、紧身裤、外罩深色夹克、戴船形帽，脸上洋溢着喜悦的笑容。陪同江泽民主席访问的有江主席夫人王冶坪、时任国务院副总理兼外长钱其琛、时任特别助理曾庆红、时任民政部部长多吉才让、时任西藏自治区主席江村罗布、时任外经贸部部长吴仪、时任外交部副部长唐家璇等。国王请江主席检阅仪仗队，乐队高奏中尼两国国歌，21 响礼炮声在雪山与河谷间久久回响。

相传，很久以前，加德满都是一个浩瀚大湖。百姓栖居山上，很不方便。文殊菩萨从中国五台山来到这里，体恤黎民困厄，挥剑劈山泄洪，造就河谷。人们得以下山定居，务农经商，逐渐形成加德满都、帕坦、巴德岗三镇鼎峙共荣局面。显然，这是个神话，但千百年来人们口口相传，乐此不疲，这从一个侧面反映尼泊尔人民对中国人民的友好感情。

江主席的车队从机场向市区驶去。沿途张灯结彩，锣鼓喧天。“热烈欢迎江泽民主席！”“中尼友谊万岁！”的大幅标语悬挂马路两侧。人们身着各色民族服装，手持中尼两国国旗和鲜花，载歌载舞，就像过节一样。

欢迎人群中，还可看到身披袈裟的僧侣和手握转经筒的信徒的身影。尼泊尔是个寺庙众多的国度，佛教、印度教、伊斯兰教和谐相处，佛堂、庙宇、经幡随处可见。在加德满都市中心不到 7 平方公里，就有 250 多座寺庙和佛塔；而整个加德满都不到 90 平方公里，大小寺庙竟达 2700 余座。

车队经过的路段最引人注目的，还是那用绿枝和山花搭起的彩门，彩门两侧各置一个擦洗得闪光发亮的大铜瓶，插着盛开的鲜花。这是尼泊尔民族特有的欢迎贵宾的方式。江主席乘坐的车子经过一个大彩门，来到市政厅前。迎候在这里的市长辛格，将一把金灿灿的“城门钥匙”郑重地交到江主席手里。这是这座城市给予最尊贵客人的最高礼遇。

纳拉扬希提王宫大门早早开启，江主席的车队缓缓驶入。王宫里举行简洁庄重的仪式，欢迎江主席和夫人王冶坪入住。比兰德拉国王向江主席和夫人一一介绍王室主要成员：王后艾什瓦尔雅、王储迪潘德拉、王弟贾南德拉、公主布鲁蒂、王子尼拉詹。然后，我和王宫典礼长一起把江主席送至下榻的房间。

江主席把我留下和他一起共进午餐。席间，我向他介绍了尼泊尔近况和使馆的工作以及下午的日程安排。他表示认可和赞许。他对尼方提供的食品饶有兴味地一一品尝，我应询作了一些介绍。我们担心他吃不惯当地餐食，特意让使馆来自镇江的厨师做了一道“狮子头”，他高兴地说：“你们这个扬州菜做得很地道啊！”

餐毕，江主席对我说，尼方对其接待很用心。我说，尼方对中方到访非常高兴，充满期待。我陪江主席凭栏啜茶，远处雪山在望，院子里草木葱茏，泉水叮咚。江主席脱口而出：“‘苔痕上阶绿，草色入帘青’啊！”是的，此情此景，不正是冬天里的春意吗！

睦邻友好世代相传

当天下午，江泽民主席在纳拉扬希提王宫与比兰德拉国王正式会见。江主席还分别会见了德乌帕首相和反对党领袖、尼共（联）主席阿迪卡里等。

会见国王和首相时，江泽民主席对21世纪中尼关系发展提出了明确定位。江主席说，中国和尼泊尔是长期亲密的友好邻邦，两国间不存在任何悬而未决的问题。中国一贯主张，国家不分大小、贫富、强弱，都是国际社会平等的一员，中国和尼泊尔之间互相尊重、平等相待，堪称实践和平共处五项原则、发展睦邻友好合作关系的典范。中国和尼泊尔同属发展中国家，都面临着争取和平稳定的国际环境，集中精力进行经济建设的重要任务，双方共同语言很多，合作潜力很大。两国应共同努力，建立世代友好的睦邻伙伴关系，以迎接21世纪的挑战。

江泽民主席关于中尼关系的定位，得到了尼方的积极响应。比兰德拉国王说，他完全同意中尼建立世代友好的睦邻伙伴关系，让两国友好合作代代传承，两国友谊万古长青。

经济技术合作是两国友好关系的重要组成部分。中尼建交以来，双方在诸多项目上进行了卓有成效的合作。1967年中国提供经济、技术帮助，双方密切合作克服极为恶劣的地质条件，建成尼泊尔科达里至加德满都全长114公里的公路，与中国拉萨至樟木公路相衔接，使喜马拉雅山天堑变通途。1988年，开通拉萨到加德满都航线。中方以各种不同方式帮助尼方建设了多条山区公路、桥梁、水电站、纺织厂、砖瓦厂、制革厂、糖厂、会议中心、体育场馆等一批工程。双方满意地回顾了以往的合作，也对今后的合作交换了意见。1996年10月，由两国工商界人士和学者组成的中尼民间合作论坛在加德满都举行了首次会议，江泽民主席希望两国在这方面的合作能顺利实施。江主席强调，在巩固两国良好政治关系的同时，应努力加强经贸合作，开辟新路子。比兰德拉国王和德乌帕首相等尼泊尔领导人都赞同江泽民主席关于进一步加强中尼经贸合作的观点。国王说，民间大有潜力，要重视和发挥民间的作用。德乌帕表示，愿与中方一道，把民间合作论坛这个新开辟的渠道使用好。

中尼双方的另一个重要话题是西藏问题。

1959年3月西藏发生叛乱后，部分残余叛乱分子裹胁藏民逃到中尼边境，后进入尼泊尔境内的木斯塘地区，经常对西藏进行骚扰、破坏。1962年，达赖集团在加德满都设立“达赖驻加德满都办事处”，对尼泊尔的藏人实行管理，并负责接应和安置外逃藏人。1974年，比兰德拉国王下令解除在尼泊尔木斯塘的西藏叛匪武装，迫其分散，禁止公开进行政治活动。1995年底到1996年初，达赖集团搞“和平挺进”，扬言要组织上千人从印度出发，穿过尼泊尔到中尼边境的友谊桥来闯关，制造轰动效应，宣扬“西藏独立”，来损害中国形象。尼泊尔政府得知消息后，立即在尼泊尔边境、“藏独”分子必经之路加德满都河谷和中尼边境上布置3道防线，达赖集团分裂祖国的图谋又一次被粉碎。

会见中，江泽民主席说，国王陛下和尼泊尔历届政府在西藏问题上一贯给予中国宝贵的支持。这种支持已成为中尼友好的重要象征之一。中方对国王和尼泊尔政府在中国西藏问题上采取的正确态度表示赞赏和感谢。比兰德拉国王重申尼泊尔恪守对中方立场的尊重和支持。德乌帕首相表示，尼泊尔将永远支持中国，决不允许任何人在尼泊尔国土上进行反对中国的任何活动。

突出一个“诚”字

4日晚，比兰德拉国王在纳拉扬希提王宫，为江泽民主席举行盛大欢迎宴会。

宫殿里，流光溢彩，弥漫着清幽的花香。长长的餐桌上铺着洁白的桌布，鎏金餐盘、银制筷子和刀叉、高脚水晶杯整齐地摆放在每位嘉宾座位前的桌面上，餐桌中间装饰着红白两色玫瑰，一片祥和喜庆氛围。

在轻快乐曲声中，江泽民主席和夫人王冶坪在比兰德拉国王和艾什瓦尔雅王后陪同下步入大厅。出席宴会的还有江主席代表团的主要成员，尼王室主要成员和政府要员。宾主寒暄过后依次就座。

国王起身致辞，对江泽民主席和夫人的到访表示热烈欢迎和由衷感谢。他感谢中国为尼泊尔发展提供的许多援助，希望继续扩大两国在资源利用、贸易、旅游及私营企业等领域的互利合作。他表示，尼泊尔愿意看到中国在地区和国际事务中继续发挥积极作用。他说，江主席此访对中尼友好关系的发展是巨大的推动，必将载入史册。

江泽民主席在答辞中感谢比兰德拉国王和尼泊尔政府热情友好的接待，感受到了尼泊尔人民对中国人民的深情厚谊。他赞赏尼泊尔奉行的内外政策，高度评价两国友谊。江主席说，古人云“诚者，天之道也”，中尼两国之所以能够世代友好、互信互利，就是在双边关系中突出一个“诚”字。我们两国之间没有根本的利害冲突，平等相待、友好信赖、相互支持、真诚合作，已成为中尼关系的最基本特征。他表示，相信在双方共同努力下，中尼友好的合作关系必将在未来岁月里朝着更加深入和广阔的方向发展。

宾主为中尼友谊频频举杯，宴会自始至终沉浸在热烈友好的气氛中。

宴会前，举行了中国和尼泊尔经济技术合作协定签字仪式。时任外经贸部部长吴仪和尼泊尔商业大臣塔鲁代表各自政府在协定上签字。江泽民主席和比兰德拉国王出席见证。江泽民主席对比兰德拉国王说，为庆贺国王陛下登基 25 周年，中国政府向尼泊尔政府提供 8000 万元人民币的无偿援助。比兰德拉国王表示感谢。

当天下午，江泽民主席向尼泊尔烈士纪念碑献花圈。这个纪念碑是为纪念反抗英国殖民主义势力而牺牲的英烈修建的。1846 年，英国支持亲英将领拉纳发动政变，夺得尼泊尔军政大权和世袭首相职位，致使尼泊尔国家落入英国殖民主义的势力范围。1950 年特里布文国王团结人民发起抗争，推翻拉纳家族统治，摆脱英国长达 105 年的控制。在这场斗争中，有苏格拉·拉季等四位青年表现得特别英勇，惨遭杀害。为了缅怀他们以及所有为反对外来干涉、捍卫国家主权而献身的人们，1963 年马亨德拉国王特令建造此纪念碑。江泽民主席肃立纪念碑前，向为维护民族独立而牺牲的尼泊尔英烈默哀致敬。

尽管访问日程非常紧张，江泽民主席还是抽时间到中国驻尼泊尔使馆看望馆员和中资机构人员。他高屋建瓴地阐述了国内外形势，勉励大家立足本职，放眼世界，勤奋工作，努力学习，为祖国的外交和对外开放交流合作事业贡献自己的青春才华。

5 日上午 10 时，江泽民主席结束对尼泊尔的访问，乘专机回国。比兰德拉国王在加德满都特里布文国际机场为江主席举行隆重欢送仪式。国王与江主席握别后，一直站在平台上目送江主席登机，直至飞机起飞、远去……

国王登车离去前，握着我的手说，江泽民主席此访虽然时间短暂，但双方谈得很好，非常圆满，特别是江主席提出建立中尼世代友好的睦邻伙伴关系，完全符合他的心意。

阳光下，雪山与绿野见证了中尼友谊的新篇章。

与木斯塘王的一次会见

1996年2月上旬，秘书告诉我，木斯塘王求见。我当即表示："可以呀，他什么时候来？"秘书说："他希望尽快。"我说："那就这几天吧。"我之所以想见这位"国中之国"的"君主"，是因为木斯塘与我国西藏接壤，自古到今联系很多，在我们反对达赖分裂的活动中具有重要地位。

一个神秘的"王国"

木斯塘位于尼泊尔北部偏西边陲喜马拉雅山深处，与我国西藏仲巴县和萨嘎县接壤。整个木斯塘王国落后、闭塞，几乎与外界隔绝，给人的印象若明若暗，犹如罩着一块朦朦胧胧的面纱。

1350年，木斯塘的第一位国王亚梅帕尔经多年征战后建立"洛王国"。鼎盛时期的洛王国势力范围南至博卡拉以南，北及后藏，是我国西藏的一部分。1768年，廓尔喀人崛起并统一尼泊尔各部落，同时征服"洛王国"，将木斯塘纳入尼泊尔版图。

1951年，尼泊尔将木斯塘置于道拉吉里专区，但仍然保留木斯塘王和王室的地位，维持"王国"形态。木斯塘南北长80公里，东西最窄处45公里，面积3571平方公里。境内群峰耸立，沟壑纵横，河滩、谷地、峭壁、岩洞、树林之间散布着大大小小的村落和寺庙。地势南低北高，南部的下木斯塘平均海拔约 2700 米，降水量稍大，可农耕。北部的上木斯塘海拔 3000 至 4000 米，降水量稀少，可放牧。全县人口约 15000 人，以藏族为主，信仰藏传佛教。相传公元 8 世纪，佛教史上最大成就者之一莲花生大师应藏王赤松德赞邀请入藏弘法，创建西藏第一座佛、法、僧三宝齐全的佛教寺院——桑耶寺，被尊为藏传佛教宁玛派的祖师。当年他由印度入藏就是经由木斯塘，并在这里的一个洞穴闭关持戒 3 年 3 个月零 3 天，圣迹至今犹存。在木斯塘境内人们以藏语沟通交流，年轻人一般会说尼语，许多老年人只会藏语。藏族的风俗习惯一直被保留着。

1992 年，木斯塘开始对外开放。人们可由加德满都乘定期航班至博卡拉，然后乘直升机或汽车至下木斯塘。如果还要进入上木斯塘就要办理特别通行证了。我们使馆的政务参赞杨明清和一等秘书王英杰曾经先后去过木斯塘。他们告诉我，走进木斯塘首先看到的是两座高峰道拉吉里峰和安纳布尔纳峰，它们是喜马拉雅山脉 8 座海拔 8000 米以上高峰中的两座，就像门神一样分峙河谷东西两侧，顶天立地，甚为壮观。木斯塘的都城罗曼堂保留着洛王国的老王宫。这是一座四层楼的白色建筑，为一世王所建，历经 600 年风雨沧桑岿然不倒，现在的木斯塘王和王室成员依旧居住在这里。街巷、村道上常常可以看到西方人，有旅行者、探险者，也有非政府组织人员和志愿者，他们当中不少人会说藏语或努力学说藏语。尼方有关官员告诉我们，西方尤其是美国对木斯塘有一种特别的兴趣。

解除西藏残匪武装

事实上，美国早在20世纪五六十年代就曾经利用木斯塘与中国西藏接壤的地理位置，支持达赖分裂势力武装在这里集结，伺机对西藏进行侵扰、破坏活动。1959年3月，“四水六岗教卫军”在西藏发动叛乱，被解放军一举歼灭，其残部随达赖逃往印度，也有一部分人进入木斯塘。20世纪60年代初，美国支持达赖集团在木斯塘重建“四水六岗教卫军”，美中情局提供武器、装备、经费，负责培训并参与指挥。还把部分人员送到太平洋塞班岛和美国科罗拉多州进行特种培训。这支残匪武装对西藏的安全和稳定造成威胁，中方要求尼方采取措施予以制止。1973年，比兰德拉国王继位后第二年就访问中国，与中方讨论了木斯塘西藏叛匪武装问题。这年年底，国王调动驻博卡拉第三旅3500名军人，另加2000名警察，对西藏叛匪“教卫军”营地实施包围，勒令其缴械投降。达赖为尽可能保留一些力量，指示“教卫军”放下武器。到1974年7月叛军大部分投降，只有叛军司令旺堆嘉措顽抗到底。他带着30多个随从、60多匹骡马、4部无线电收发报机和部分枪支弹药，沿中尼边界西窜。为摆脱追击，他忽而在尼方一侧忽而在中方一侧，同时通过无线电联系印军接应。尼军紧追不舍，最后，在中、尼、印三国交界处尼方一侧将旺堆嘉措及其随从击毙。尼政府将投降缴械的“教卫军”约3000人遣散到加德满都、博卡拉、兰毗尼等地，这些人后来从事地毯编织和商贸以及农、牧业，许多人改恶从善，也有少数追随达赖继续搞分裂活动。木斯塘王比斯塔在解除西藏残匪武装行动中听从尼政府号令，进行了协助和配合。此后达赖势力在美国等西方国家支持下并未停止利用木斯塘通道对我西藏进行渗透和骚扰，木斯塘王室有时不知情，有时则睁一只眼闭一只眼。

与木斯塘王交谈

1996 年 2 月 14 日，我在使馆会客室会见木斯塘王晋美·帕巴·比斯塔（Jigme Dorje Palbar Bista），杨明清参赞、王英杰一秘在座。会见前，我与杨参赞和王秘书商量，鉴于木斯塘和木斯塘王室的特殊地位和影响，不管比斯塔此次来访有何用意，都要做他的工作，争取他对中方的涉藏政策有更多的了解和支持。

下午 4 时，木斯塘王比斯塔在王子陪同下走进会客室。他中等身材，头戴毡帽，黝黑的脸庞略显疲惫，但深邃的眼神里依然透着几许王者之气。我对他的到来表示欢迎，他摘下帽子稍作鞠躬，道了声“扎西德勒”。

落座后，比斯塔自始至终以藏语交谈。他语速不快，条理清楚，一口气谈了三个问题。他说，报载木斯塘协助美国和达赖向西藏输送武器弹药，这不属实。木斯塘不会做损害中国安全的事情。又说木斯塘有 22 户牧民，因境内草场不足，希望一如既往继续过境到藏区放牧。还说，他 12 岁到 17 岁曾在西藏读书，知道这些年西藏有很大变化，希望有机会重回西藏看看，同时也想到中国其他地方走一走。

我首先向他介绍了西藏改革开放和建设取得的新成就，然后着重介绍十世班禅转世情况。我说，十世班禅大师于1989年1月28日在西藏圆寂。班禅大师是伟大的爱国主义者，著名国务活动家，中国共产党的忠诚朋友，中国藏传佛教的杰出领袖。大师圆寂后中国政府和佛教界，特别是藏传佛教界经过6年努力完成灵童寻访，1995年11月29日在拉萨大昭寺举行金瓶掣签仪式，12月8日在日喀则乘愿坐床。1996年1月12日，时任国家主席江泽民在北京接受十一世班禅的拜见。必须指出，在这过程中，达赖极尽破坏之能事令中国僧俗大众所不齿。他诡称达赖与班禅是师徒关系，十世班禅的转世要由他负责。遭到拒绝后，他试图将自己圈定的一名儿童强行塞进重点对象名单。其阴谋败露后，更在国外擅自宣布自己圈定的儿童为十世班禅转世灵童。达赖这一系列活动，破坏宗教仪轨，违背历史定制，否定中央政府在班禅转世问题上的最高权威，完全是非法的、无效的。什么是宗教仪轨和历史定制？一些人不了解，一些人有误解，特别是由于达赖等人的肆意歪曲，造成一定的混乱。我说到这里，比斯塔插了一句："是的，大使可否对此做一个说明？"

我说："当然可以。"于是我指出，宗教仪轨在历史上有一个演变过程，自1792年清朝政府颁行金瓶掣签制度以后臻于完善，形成定制，主要有这样几条：一是成立以扎什伦布寺活佛、高僧为主的寻访班子，二是按照宗教仪轨和程序进行转世灵童的寻访，三是把参加掣签的候选儿童报请中央政府批准，四是由中央政府派员主持举行金瓶掣签，五是把掣签认定的儿童报请中央政府正式批准继位，六是中央政府派员主持举行转世灵童坐床典礼。在这几条中，金瓶掣签特别重要，它既坚持了中央政府的主权，在宗教上又体现释迦牟尼的“法断”，为广大藏传佛教徒所信服。比斯塔点头称是，又问：“那么，到底达赖与班禅有没有师徒关系？”

我说，所谓达赖与班禅的师徒关系是随缘而起，时断时续，并非宗教仪轨。据档案记载，10 位班禅大师中有 7 位没有拜达赖为师。十世班禅与十四世达赖从来就没有“师徒关系”，他们一个爱国一个叛国，早已分道扬镳。十世班禅大师圆寂前在谈到转世问题时说过：“我想到释迦牟尼跟前，采取金瓶掣签的办法来确定是最好的。”达赖借口“师徒关系”插手班禅转世灵童寻访，不仅违反宗教仪轨，也违背了班禅大师的遗愿。比斯塔点点头。

我进一步指出，1959 年达赖武装叛乱失败逃离西藏，一贯坚持其背叛、分裂祖国的立场。近几年在外国势力的怂恿下，他错误估计形势，变本加厉进行分裂祖国活动，在藏区策划、煽动骚乱，并乞求洋人支持，企图使西藏问题国际化。达赖在班禅转世问题上大做文章，其目的就是要改变班禅爱国爱教的历史传统，为他分裂祖国、搞乱西藏服务。大量事实表明，达赖是图谋“西藏独立”的分裂主义政治集团的头目。尽管如此，我国政府仍然愿意给予达赖出路。只要他承认西藏是中国不可分割的一部分，彻底放弃“西藏独立”的主张，停止从事分裂祖国的活动，我们仍欢迎他回到祖国。在有生之年做一些对西藏人民有益的事情。

比斯塔说，木斯塘信奉藏传佛教，虽然主要是宁玛派，还有萨迦派和噶举派，没有格鲁派，但也关心班禅大师的转世，现转世灵童顺利坐床，我们也感到欣慰。木斯塘奉行尼泊尔王国政府对华友好政策，始终承认西藏是中国不可分割的一部分，不允许任何势力在木斯塘土地上从事破坏和分裂中国西藏的非法活动。请大使阁下放心。

我对比斯塔的积极态度表示感谢，希望他如果发现任何针对西藏的破坏、分裂活动及时制止并可随时与我们联系。关于木斯塘过境放牧问题和他访藏愿望，我允报国内。谈话结束，我陪他走到楼前，目送他的车子在夕照中徐徐驶去。

王国的消失

国内对木斯塘王在西藏问题上的态度以及他的要求和愿望很重视，不久便给予积极答复。1996 年 3 月 27 日，我馆约告在加德满都的木斯塘王子，西藏自治区欢迎比斯塔王方便时访问西藏，也可安排他去其他城市看看，具体时间另行商定。至于木斯塘过境到藏区放牧的事情，由于有关协定已于 1989 年到期，需由中尼两国续签协定后再作安排。王子随后转告我馆，其父对中方的答复表示满意。后来过境放牧问题经两国协商后续签协定也得到解决。木斯塘王访问西藏一事则因其身体原因一拖再拖未能成行。

2008 年 5 月，尼泊尔政体由王国改为共和国，10 月 7 日，尼泊尔联邦民主共和国政府宣布废除晋美・帕巴・比斯塔的王位，比斯塔及其一家开始过上平民生活。据朋友告知，每天早上，比斯塔都要绕着王宫转上一圈，一只藏獒紧随其后，他有时还会蹲在墙根和百姓聊聊家常。王宫开始售卖门票，招揽游客参观。愿意多付钱的游客，比斯塔则亲自接见，待之以茶水，并回答几个问题。昔日王者之尊已荡然无存。

2015年4月25日，尼泊尔发生大地震，木斯塘老王宫被震塌一角。2016年12月16日，晋美・帕巴・比斯塔在加德满都一家医院去世，享年86岁。历史上存在600年的木斯塘"洛王国"至此完全消失。

兰毗尼中华寺

在尼泊尔南部释迦牟尼佛诞生地兰毗尼，有一座雄伟庄严的中国寺院，绿树掩映着红墙黄瓦、斗拱飞檐，洁净静谧的环境里回荡着暮鼓晨钟、木鱼梵呗，每日前来朝觐、参观者络绎不绝，人们称之为兰毗尼的一处新胜境。

这就是由中国修建和管理的“中华寺”。

1995 年至 1998 年，我担任驻尼泊尔大使期间，经历了中华寺的修建过程。

缘起

事情得从人权问题说起。1995 年底，我驻尼泊尔使馆接国内指示，要争取尼方在 1996 年 4 月日内瓦人权会上支持我国挫败美国策划的反华提案。经几轮工作后，尼方作出了初步的积极表态。

1996 年 2 月 6 日，我应邀出席兰毗尼国际研究所大楼落成仪式。出席仪式的尼政府高官和驻尼使节被安排乘直升机由加德满都直飞兰毗尼。我刚到候机室，尼首相德乌帕就从门口走了进来。我上前打招呼，德乌帕首相热情地牵着我的手一起坐在沙发上。我看机会难得，寒暄过后又谈起人权问题。

我说：“日前首相阁下对我说过的，尼方在今年日内瓦人权会上将支持中国的立场，我已报告国内。李鹏总理让我转达对您的感谢。”

“也请转达我对李鹏总理的问候，”德乌帕说，“是的，我们将支持中国。我已指示我们的外交部照此办理。”德乌帕端起茶杯喝了一口茶，然后把身子侧过来对我说：“请大使阁下也帮我一个忙。10 年前，班禅大师访问尼泊尔时对我们的比兰德拉国王做过一个承诺，中国将在佛祖诞生地兰毗尼建一座佛寺，可是迄今没有动工。请中方尽快将既定计划付诸实施。”

我当即表示：“请首相放心，我们一定会非常重视您所提到的问题。”

从兰毗尼参加活动回到使馆以后，我立即向政务参赞杨明清同志以及国内职能部门了解德乌帕首相提到的建寺问题的有关情况。

原来，早在 1984 年，尼泊尔就向中国提出在兰毗尼建寺庙的需求。这一年，在科伦坡世界佛教徒联谊会第 14 届大会上，尼泊尔佛教复兴会主席鲁克·达杉向中国佛教协会会长赵朴初提出，希望中国能到兰毗尼建一座中国寺院，参与对这个佛教圣地的开发。此后，时任联合国开发计划署驻华代表孔雷萨也专门访问过中国佛教协会，邀请中国参加兰毗尼国际开发委员会，为开发兰毗尼作贡献。

中国佛协对尼泊尔和联合国的要求持积极态度，认为中国是佛教大国，中尼关系很好，中国支持尼泊尔振兴佛陀降诞地，这是义不容辞的。佛协的意见得到国家宗教局及其他有关部门的支持。

就这样，1986 年，当世界佛教徒联谊会第 15 届大会在加德满都召开的时候，中国派出时任全国人大常委会副委员长、中国佛协名誉会长班禅额尔德尼·确吉坚赞率团与会，并代表中国政府和中国佛教界在会上宣布，中国将在兰毗尼建一座中国寺院。班禅大师在会见尼泊尔国王比兰德拉时，也作了同样的承诺。其后，赵朴初会长为即将修建的中国寺院定名为“中华寺”，并亲笔题写寺名。

中国政府为中华寺的筹建拨出 300 万元人民币专款。中国佛协委托浙江一家古建筑研究院负责中华寺的建筑设计。后来，尼泊尔政制发生变化，比兰德拉国王于 1990 年将君主制改变为君主立宪制，宣布解除党禁，实行多党议会民主，结果政府频繁更迭，政策缺乏连续性，致使兰毗尼的开发进程也受到影响。而在中国方面，随着时间推移，建筑材料价格不断上涨，300 万元的专款也做不了多少事情了。就这样，中华寺在筹建阶段一拖便拖了 10 年。

圣园考察

1996 年 2 月上旬，我对兰毗尼作了一次专门的实地考察。这次我是乘车去的，一大早出发，翻山越岭、跨沟过涧，360 多公里的路程走了近 10 个小时，下午 4 时才抵达。

兰毗尼国际开发委员会副主席维玛拉南达热情地接待了我，首先向我介绍了兰毗尼的发现过程。他说，兰毗尼的发现首功当归中国古代高僧。后人是依据法显的《法显传》、玄奘的《大唐西域记》和义净的《南海寄归内法传》中的有关记载，寻访、发掘和认定佛陀诞生地是兰毗尼。

1896 年，尼泊尔西部城镇官员克哈德卡和德国考古学家费约赫尔首次在这里发现阿育王柱，柱上的文字说明，这个地方就是释迦牟尼佛诞生地。1899 年，印度考古学家木克赫约在这里挖掘发现佛母摩耶夫人庙遗址，出土的文物中有一块生动地描绘释迦太子诞生情景的浮雕。1932 年至 1939 年，印度考古局再次对这里进行反复考核，认定这里就是释迦牟尼的诞生地兰毗尼，并否定了考古人员一度提出的印度境内另一个兰毗尼的假设。1956 年，尼泊尔国王马亨德拉在纪念佛陀涅槃 2500 周年的时候提出要开发兰毗尼的设想，并将倒下的阿育王柱重新竖立起来。1967 年，联合国秘书长吴丹考察兰毗尼，表示支持尼泊尔开发兰毗尼，希望把兰毗尼建设成为一个保卫世界和平、促进国际文化交流与合作的中心。1968 年，联合国教科文组织考察并认定兰毗尼为世界历史文化遗产。1970 年，联合国开发计划署考察兰毗尼并和尼泊尔政府一起成立了兰毗尼国际开发委员会（简称“兰开委”），总部设在联合国，加德满都设分部，兰毗尼设办事处。兰开委的会员有阿富汗、孟加拉国、不丹、缅甸、柬埔寨、印度尼西亚、老挝、马来西亚、尼泊尔、巴基斯坦、斯里兰卡、新加坡、泰国、越南等。世界佛教徒联谊会也号召所属（包括中国佛协在内）的 70 多个分会支持兰毗尼的开发。

维玛拉南达告诉我，按规划，兰毗尼圣地开发区南北长 5 公里，东西宽 1.6 公里，总面积为 8 平方公里。由三部分组成：圣园区、寺院区和绿化区。圣园区在最南端，由圣园的摩耶夫人庙遗址往北有一中轴线，一直延伸到最北端的世界和平塔。中轴线东侧为上座部佛教寺院区，西侧为大众部佛教寺院区。圣园区和寺院区周围是绿化区。经过多年的努力，兰毗尼圣地建设已初具规模。

维玛拉南达副主席派了一位名叫班德里的导游陪同我参观。我们先去圣园，老远就看见一棵菩提树，枝叶繁茂，郁郁葱葱。树旁是一个澄澈的大水池。水池北面是阿育王石柱，柱上有用梵文刻写的说明，意为："阿育王于灌顶之第20年亲自来此朝拜。此乃释迦牟尼佛诞生之地。谨造石像、立石柱以兹纪念。并特谕准兰毗尼村减免赋税，每年仅缴纳收入的八分之一。"阿育王柱的东面是佛母摩耶夫人庙遗址。这一场景与玄奘在《大唐西域记》中的记载完全一致。

《大唐西域记》第六卷的一段文字有这样的内容：来到兰毗尼看见一个大水池，池水"澄清皎镜"，池旁"杂华弥漫"。"其北二十四五步有无忧花树，今已枯悴"。此乃佛陀"诞灵之处"。水池"不远有大石柱，上作马像，无忧王之所建也"。后柱遭"霹雳"，"中折仆地"。

班德里解释说，玄奘法师当年看到的是一棵无忧树，且已枯悴。现在我们看到的菩提树是后人于600年前在原地重栽的。玄奘所说的无忧王即阿育王。阿育王柱曾遭雷劈倒地，柱子上端的马像被劈毁了，所以今天我们看到的阿育王柱只有柱子没有马像了。

班德里深情地说，倘若没有中国高僧典籍的准确记载，就没有兰毗尼的发现和开发。兰毗尼与中国的缘分太深了！

离开圣园，我们来到寺院区。导游介绍说，在大众部佛教寺院区，计划建寺的有中国、日本、越南、韩国、蒙古、不丹、马来西亚、新加坡、美国、德国、法国等。在上座部佛教寺院区，计划建寺的有斯里兰卡、泰国、缅甸、印度、老挝、柬埔寨、尼泊尔等。在建的有缅甸、泰国、斯里兰卡、印度、尼泊尔、日本、韩国和越南的寺庙。

中华寺的预留地址在寺院区的西南部。这是一块正方形的土地，面积25600平方米。地上长满一人多高的茅草，偶有野兔奔逐。导游说，许多国家都计划在兰毗尼建寺庙，但我们尼泊尔人最希望看到中华寺早日建成。

我们路过一座藏寺，经幡飘动，人来人往。班德里告诉我，这里有的藏寺得到达赖集团的资助。到寺里的藏人，既有从西藏过来的，也有从印度过来的。有人在这里或明或暗地搞分裂中国的活动。我们尼泊尔人不喜欢有人利用我们的国家做对中国不利的事情。我向他介绍了我们在涉藏问题上的立场和政策，感谢他所持的正义立场和友好态度。

这次考察给我的突出感受是，兰毗尼自古与中国有密切关系，现如今这里的发展也需要中国的支持和帮助。

建议与决策

从兰毗尼回到使馆后，我当即和杨明清参赞以及研究室、文化处的同志们一起开会，研究中华寺问题。大家分析了方方面面的情况后认为，中华寺承诺10年而未动工，既有尼方的原因也有我方的原因。现尼方催我方尽快动工，我方宜采取积极态度。

我国在兰毗尼尽快建寺适应三个“需要”。一是人权斗争的需要。尼方虽未将中华寺问题与人权问题直接挂钩，但尼方表示将在日内瓦人权会上支持中方立场时，表示了对中华寺何时动工的关切。作为朋友，应该“投桃报李”。二是反分裂斗争的需要。达赖分裂势力在兰毗尼地区活动猖獗，有的藏传佛教寺庙成了达赖集团活动据点。据尼方透露，台湾方面曾试探赴兰毗尼建寺的可能性，“台独”势力与达赖集团在兰毗尼也有往来。中华寺的兴建必将对这些势力在兰毗尼的分裂活动产生震慑和遏制作用。三是促进中尼人文交流、国际佛教文化合作的需要。据此，我驻尼泊尔使馆向国内提出报告，建议尽快将在兰毗尼建寺计划付诸实施。

我们很快收到国内的积极答复。事后我们得知，国务院总理办公会议专门研究了中华寺问题，肯定了使馆的看法和意见，决定再拨款 3300 万元，连同前期拨款 300 万元，共 3600 万元作为中华寺的建筑费用。由宗教局和中国佛协负责与尼方商定建寺有关条款，适时签约。派工作组赴尼实地考察，尽快确定设计和施工方案，做好施工前的各种准备，争取年内动工。

1996 年 4 月 18 日，时任国务院总理李鹏在北京人民大会堂与应邀访华的德乌帕首相举行会谈时，正式告诉对方，中国政府决定拨款 3000 多万元人民币在尼泊尔兰毗尼建一座中国寺庙，支持尼泊尔对兰毗尼的开发，希望此举有利于增进两国之间的交流与合作。德乌帕表示非常感谢。

比兰德拉国王得到这消息后对我说，开发兰毗尼是马亨德拉国王的决策，此后得到联合国和世界佛教徒联谊会的支持，几十年来开发工作断断续续，中国的参与将有力推动这一进程，标志兰毗尼将进入一个新的发展阶段。

1996年9月，国内派出第一个建寺工作组赴兰毗尼作实地考察。工作组由宗教局、中国佛协和施工单位浙江省国际经济技术合作公司联合组成。工作组告诉我，中华寺总体设计方案已经敲定。设计的初稿由浙江一家古建筑研究院提出，宗教局和中国佛协委托怀善法师作了较大修改。中华寺将是一座宫廷寺院式的坐北朝南、既符合佛学和堪舆学要求又具有民族古建筑特色的寺院。工作组在兰毗尼实地考察后会见了兰毗尼国际开发委员会的负责人，就中华寺设计方案征求意见并得到对方的认可。

奠基与落成

1996年9月，尼泊尔首相德乌帕向我提出，12月1日是兰毗尼阿育王柱发现100周年纪念日，尼政府和佛教界将在兰毗尼举行盛大的纪念大会，邀请世界各国佛教组织派团参加。特别希望中国派高级别代表团出席，同时举行中华寺奠基仪式。兰毗尼国际开发委员会负责人也向正在兰毗尼考察的中华寺工作组提出同样的请求。

我馆认为，尼方提议于尼于我都有利。尼方希借中华寺奠基为阿育王柱发现百年纪念会添彩，我方则可借纪念会为中华寺奠基扩大影响。按计划，时任国家主席江泽民将于12月4日对尼泊尔进行国事访问，中华寺的奠基也可为这次重要访问作铺垫。因此，我们建议国内对尼方提议予以积极考虑。

国内完全同意使馆的意见，积极克服时间紧等方面的困难，如期完成组团和奠基前的有关准备工作。

代表团由 65 人组成，时任国家宗教局局长叶小文为总团长。下设两个团，一是工作团，由中央统战部、国家宗教局、国家民委、外交部、财政部、中国佛协等部门的干部组成；一是法务团，由各名山长老、住持和法师组成。

1996 年 11 月 29 日，中尼双方关于中国在兰毗尼建造中华寺协议签字仪式在加德满都尼泊尔文化部举行，时任中国佛协副会长阿嘉、兰毗尼国际开发委员会副主席维玛拉南达在协议上签字，时任国家宗教局局长叶小文、尼泊尔文化大臣巴尔·巴哈杜尔出席见证。

12 月 1 日，中国代表团抵达兰毗尼，首先出席阿育王柱发现 100 周年纪念会，接着举行中华寺奠基仪式。尼泊尔文化大臣、各国参加阿育王柱发现 100 周年纪念会的代表团团长和高僧大德、驻尼使节以及僧俗群众 200 多人出席和观礼。仪式按佛教仪轨隆重举行。鼓乐齐鸣，梵呗袅绕，花雨缤纷，一派祥和喜庆气氛。我邀上尼泊尔文化大臣以及缅甸、韩国、斯里兰卡等几个国家大使，和叶小文局长、中国佛协领导以及高僧大德一起为中华寺基石培土。吉祥的泥土抛向空中又缓缓落下，一块铸造了 10 年的基石稳稳地铺上了兰毗尼的土地。一位高僧对我说，中华寺奠基可谓“精神饱满、法喜充满、功德圆满”！

世界媒体，特别是尼泊尔、印度、斯里兰卡、泰国、缅甸、新加坡、中国香港等国家和地区的媒体对中华寺奠基作了广泛报道。舆论评称，中国在兰毗尼动工建寺是对尼泊尔开发兰毗尼的有力支持，对那些关于中国违反人权、没有宗教自由的诬蔑是一个有力的回击。

仪式结束以后，叶小文局长立即召集宗教局、中国佛协和施工单位的领导和有关人员开会，告诫大家：中华寺是我国在国外建设的第一座寺院，是一项非同一般的特殊工程，一定要高质量按时完成任务。这是为佛教做事，要把功德放在首位，作行善积德的考虑，把中华寺建成优质工程、形象工程、良心工程。

经过一番必要准备后，1997 年 3 月 7 日，中华寺开始施工。浙江公司的工人和技术人员努力克服交通运输困难、材料短缺、食品匮乏、天气炎热等不利条件，吃苦耐劳，顽强拼搏，工程进展顺利。宗教局和佛协悉心指导、认真监督，使工程质量得到了保证。

1998 年 6 月，我奉调回国担任外交部亚洲司司长。临行前，我最后一次赴兰毗尼检查中华寺的建设情况。当时，山门、大雄宝殿、寮房、回廊等都基本完工，中华寺的雄伟英姿已经显现出来，开始赢得周围寺院朝觐者和游人的赞赏。我心里感到踏实和愉悦。

1999 年 1 月，中华寺竣工。验收合格，并被评为优良工程。验收报告中有这样一段文字："从远处眺望，万绿丛中，中华寺掩映其间，红墙黄瓦，熠熠生辉，壮丽非凡。从近处看，大殿巍峨壮观，气势雄伟，雕梁画栋，金碧辉煌……东西配殿拥立两旁，院落宽敞而协调，后院的禅堂和生活区则显得十分幽静。"字里行间反映出验收人员的满意心情。

2000 年 5 月 27 日，中华寺举行落成典礼。时任国务委员司马义·艾买提、国家宗教局叶小文局长、中国佛协副会长一诚法师、副会长兼秘书长刀述仁等出席。尼泊尔首相柯伊拉腊出席。司马义国务委员发表讲话，称赞中华寺凝聚了中尼两国佛教界的友谊，是中尼友好的又一座历史丰碑。

柯伊拉腊首相在致词中对中华寺的落成表示热烈祝贺，称赞中华寺为尼中友好关系增添了一块新的基石。他对中国政府和佛教界支持兰毗尼开发表示诚挚感谢。

我驻尼泊尔大使曾序勇出席了中华寺落成典礼。国家宗教局和中国佛协也盛情邀请我参加这场活动，但当时我手头有重要事情实在走不开。曾大使深知我的关切，在电话里向我详细介绍了庆典盛况。中华寺的建设在我担任大使时开始，在他的任上完成，我们都为此感到欣慰。

驻锡与管理

中华寺建成后是否由我国僧人常驻和管理，从一开始就存在两种意见。1996 年 4 月，国务院有关会议的决定是拨款建寺，寺院建成后交由尼泊尔方面管理。我驻尼泊尔使馆始终坚持建寺并管理的意见，认为只有驻人和管理，才能保证中华寺真正成为中国佛教阵地，才能发挥介绍中国佛教文化、开展对外佛教文化交流合作以及在佛教领域反对分裂、维护祖国统一的作用。

后来我得知，有关职能部门也是赞成使馆意见的。

1998 年 9 月，国家宗教局牵头再次将这种意见呈报国务院，国务院最终作出决定，一俟中华寺建成即派僧人常驻和管理。人员的派出和经费筹措均由中国佛协负责。

1999 年 3 月，中国佛协派出第一批常驻中华寺的僧人，他们主要是中国佛学院的学僧，带有打前站性质。

2000 年 3 月，中国佛协正式任命怀善法师为中华寺首任方丈，并于 2000 年 5 月 27 日将方丈升座结合中华寺落成、佛像开光一并举行典礼。中华寺自此步入正常运作的轨道。

怀善出生在广西全州，20 世纪 60 年代毕业于广西工学院水利工程专业，1980 年获得工程师职称。后又进修于中国语言与逻辑函授大学宗教系，并在北京大学哲学系读研。1985 年在南岳上封寺拜宝昙法师为师，后又师从本焕长老、一诚长老、佛源长老。1990 年任江西省佛协副会长、萍乡市佛协会长、宝积寺住持。1995 年调中国佛协，受命负责对北京佛牙塔地宫和塔院的改造设计。1996 年受命赴尼泊尔负责对兰毗尼中华寺的总体设计。2002 年 9 月起，任中国佛协副秘书长。

在怀善方丈的带领下，常驻中华寺的僧人团坚持早晚课诵、暮鼓晨钟；坚持农禅并重，打扫卫生，挑水种菜；坚持对外交往，结交兰毗尼各国僧团，参加兰毗尼的国际法会和参禅活动；坚持维护和完善寺内设施和财产。使中华寺很快就在兰毗尼树立了良好的形象和声誉，获得广泛好评。

2009 年 7 月，我和江伟副处长等一起出差尼泊尔，再访兰毗尼，拜访了怀善法师。法师领我们上香礼佛，参观殿堂、寮房、庭院、菜地和施工中的扩建工程，并以禅茶瓜果款待。他以豁达、前瞻的态度向我们简要介绍十多年来中华寺的风雨历程，对种种磨难一语带过，说得最多的是“因缘殊胜，稀有难得”，“既为佛子，当尽佛事”，常驻兰毗尼的经历是“人生中最美妙的乐章”。他特别向我们提及，中华寺与各国在兰毗尼的常驻僧人往来密切，建立了友谊，相处融洽。每年二三月份藏传佛教都会在兰毗尼举办为期两个月的法会，达赖亲往讲经。自中华寺建立以来，达赖不来了。他说，一定要像叶小文局长说的那样，做“苦行僧、文化僧、和合僧”，一定要把中华寺办成中国佛教的窗口、中国文化的窗口、中国人民友谊的窗口，成为佛陀诞生地的一颗璀璨明珠。

回到加德满都以后，我与当时我国驻尼泊尔大使邱国洪交换意见后一致认为，中华寺的兴建和派僧人常驻管理是完全正确的。中华寺正在成为中国佛教和中国形象的展示窗口、中国佛教文化对外交流与合作平台、维护国家统一和民族团结的前沿阵地。而且，从初步实践经验看，中华寺还可以成为我们锻炼和培养僧人队伍的一所学校。

前景

2012 年初，我到北京广济寺拜访了怀善法师。

中国佛教协会总部设在广济寺。怀善法师自 2011 年 5 月从兰毗尼中华寺方丈的岗位期满回国以后，就一直住在这里。他以中国佛教协会副秘书长的身份参与处理会务，特别是与中华寺有关的各项事宜。他还不定期赴尼泊尔交流，与尼佛教复兴会、兰开委、尼中友好协会、尼中文化交流协会以及一些政要、名流都有联系。他告诉我，尼政府对开发兰毗尼有一些新设想。主要是：

解决交通问题。计划修一条由加德满都至兰毗尼的高速公路，也考虑建高速铁路。同时增加飞往兰毗尼的航班，并考虑条件成熟时开通直达兰毗尼的国际航班。

解决朝觐者和旅游者的住所问题。鼓励各国在兰毗尼的寺庙开设和增加客房。在兰毗尼增建一批中低档的旅游宾馆。

除释迦牟尼诞生地兰毗尼之外，还计划开发迦毗罗卫国都城、佛陀舍利塔、净饭王与摩耶夫人墓等一批佛教遗址，形成以兰毗尼为中心的佛教圣地群。

资金来源主要靠吸引外资。目前，已有东南亚、东北亚包括中国香港、台湾地区的佛教徒企业家表现出浓厚的兴趣，有的正在进行有关项目洽谈。

“问题是，尼泊尔政局动荡不止，政府频繁更迭，各政党之间存在严重矛盾和分歧，这会不会影响兰毗尼开发政策的一贯性?”我表示了一种担心。

怀善法师取出一罐上好的铁观音，亲自煮水泡茶。禅茶一味，谈兴更浓。法师说，从他所接触到的尼泊尔政府官员和政党领导人的谈话来看，在开发兰毗尼问题上，无论执政党和反对党都持积极态度。这也是情理之中的。兰毗尼的开发既符合国家和民众的利益，也符合各政党利益。看来，各政党都愿意举这面旗帜。

我说，尼泊尔佛教复兴会主席鲁克·达杉先生曾表示，要把兰毗尼建设成佛教徒心中最神圣的地方，就如同麦加之于穆斯林、梵蒂冈之于天主教徒一样，您觉得如何?

怀善法师说，佛教有四大圣地：佛陀诞生地兰毗尼、佛陀悟道成佛地菩提伽耶、佛陀初转法轮地鹿野苑、佛陀圆寂地拘尸那迦。兰毗尼在尼泊尔，其余三个地点在印度，且都处于恒河流域，相距都不远。2007 年 7 月，他从兰毗尼出发先后朝觐了佛陀悟道、布道、圆寂三大圣地以及其他佛陀圣迹，身心受到一轮净化与升华。遗憾的是这些圣迹没有得到很好的管理和保护，令人有些沮丧。但一回到兰毗尼，心中的不快便一扫而空。这里已经有 18 个国家建立起 34 座各具特色的佛寺，均由本国僧人常驻管理。每月的月圆日，各国寺院的常驻人员都自发到摩耶夫人庙组织一场法会，不同国度、不同种族、不同肤色、不同语言的僧侣集体诵经，将从这里发源而传播到世界各地与当地文化相融合后的佛教又带了回来。这是回报“四恩”——父母恩、师长恩、国土恩、众生恩，也是“乌鸟之情”。尼泊尔计划在十年内将兰毗尼建设成世界级的中等城市。世界佛教组织提出要将兰毗尼建成世界佛教中心。人们看好了这块风水宝地，各国在这里建的寺庙都体现本国经济实力，尽可能地融入本国文化特色，从某种意义上说，兰毗尼也是“世界之窗”。从建设规模上说，兰毗尼已经超过麦加和梵蒂冈。兰毗尼正在发展中。兰毗尼必将成为全世界佛教徒心所向往并踊跃朝觐的圣地。

我说：“佛教产生 2500 多年来，几度兴衰沉浮，您对佛教的前景如何看?”

怀善法师说，佛教的兴亡从来同地区和世界的变化紧密相连。当今世界正在发生着深刻变化，中国、印度等新兴力量国家迅速崛起，人们说21世纪是亚太世纪。在这个大背景下，佛教也出现了一个新的发展势头。他预期，21世纪也将是佛教复兴的世纪。

“那么，您对兰毗尼中华寺的前景如何估计呢?”我接着问。

怀善法师说，2011年5月，印顺法师接替他出任中华寺新一任方丈。印顺法师师从本焕长老，而后担任深圳弘法寺方丈，曾就读于北京大学和泰国朱拉隆功大学佛学院并获得相应学位，年轻有为，在中国佛教界高僧大德和僧众的支持帮助下，必能带领常驻僧人把中华寺越办越好。中华寺将继续在推广佛教、维护祖国统一、促进中尼友好与开展国际合作中发挥积极作用，也将在兰毗尼开发和佛教振兴中作出贡献。中华寺有着广阔的发展前景。

在我们的谈话即将结束的时候，我对怀善法师说，今日听君一席谈，胜读十部书。法师忙说，他还有书相赠。说着递过刚刚出版的两部新著《佛陀故乡驻锡记》和《印度朝圣记》，前者是他2004年回国治病期间写成的，记述了他住持中华寺的经历、见闻、感受和经验。后者是他2007年赴印度朝觐后写成的，详细记录了各处圣迹的真实情形，对了解佛教很有参考价值。中国佛教协会副会长刀述仁居士为《佛陀故乡驻锡记》作序，高度评价怀善法师前后十六年为中华寺建设和佛教事业筚路蓝缕执着奉献，感谓“大道之行，常以孤者力行为最，而去国怀乡，矢志不渝近可歌可泣者，舍怀善法师其谁”，并评价该书是“一本集史料性、知识性、趣味性等为一体的可读性很强的著作”，“十分难得珍贵，读来令人欢喜，令人发思”。我如获至宝，深表谢意。

揖别怀善法师，我走出禅房。

在料峭的寒风中，我仰望院子里参天的国槐，隐隐约约看见枝头已泛出几分绿意。

春天来了！她给大地带来新的生机，也将给中华寺带来更加明媚的风景。

中尼友谊峰

我常驻尼泊尔期间，曾经三次走近珠穆朗玛峰。一次乘直升机从南面抵近并降停在南麓海拔约 5000 米的雪坡上，仰望珠峰。一次驱车从加德满都去拉萨，翻越喜马拉雅山后，停车定日，从北坡眺望珠峰。一次乘飞机从拉萨至加德满都，从空中俯瞰珠峰。从不同方向和角度观察和感受珠峰的高寒与沧桑、巍峨与俊美、雄壮与磅礴、神秘与奇诡，增加了我对它的热爱、敬畏和好奇之心。我从对它的见闻出发，进一步研究有关它的记载，对它的方方面面有了更多的了解，它所承载的中尼友谊也给我以新的启迪。

为珠峰正名

据史料记载，公元 1715 年至 1717 年，康熙皇帝派遣朝廷理藩院主事胜住、喇嘛楚儿沁藏布兰木占巴两人对西藏地区进行地理勘测，他们采用经纬图法和梯形投影法，初步测定珠穆朗玛峰的位置和高度，并在 1718 年完成的《皇舆全览图》上作了明确的记载。1719 年制成的铜版《皇舆全览图》用满语标出珠峰的名称，1721 年制成的木版《皇舆全览图》又用汉语“朱母朗马阿林”（“阿林”意为山峰）标注。这是有文字依据的对珠穆朗玛峰最早的发现、命名和记载。

此后到了 1852 年，英属印度测量局在印度平原地带，用大地测量法对喜马拉雅山诸高峰进行遥测，测得珠穆朗玛峰的高度 8839.8 米，为世界最高峰，他们声称此峰无名，以该局前局长乔治·额菲尔士（George Everst）的姓氏名之，英国皇家地理学会予以认可。于是，“额菲尔士峰”的称谓在西方被广泛采用。

新中国成立后，由于清朝绘制的《皇舆全览图》一直未能出版使用，一些书刊在提到珠穆朗玛峰时也采用“额菲尔士峰”的说法。时任上海开明书店编辑主任的王鞠侯看到这种情况很是不安。

王鞠侯是浙江慈溪人，地理学家。1922 年考入东南大学，师从竺可桢并做其助教。曾任暨南大学教授、教务长。1949 年底进入开明书店任自然科学编辑室主任。毕生挚爱地理研究，潜心著述。他对珠穆朗玛峰有研究，了解康熙年间对珠峰的勘探，觉得有必要让更多人知道这一史实。他撰写了《大小高低》一文发表在 1951 年《开明少年》2 月号上，指出早在 1917 年中国清代就对珠穆朗玛峰作了勘测，确定了它的位置并命名，提出应把“额菲尔士峰”正名为“珠穆朗玛峰”。文章发表后引起《人民日报》领导的重视，报社约请王鞠侯对有关资料详加核实。王鞠侯抱病到故宫查阅考证有关原始资料，确定准确无误。3 月 4 日，即《大小高低》在《开明少年》发表 16 天后，《人民日报》以《我们伟大祖国有世界上最高的山峰》为题并加编者按全文转载王鞠侯的文章，引起积极广泛反响。1952 年 5 月 8 日，中央人民政府内务部和出版总署联名发布文告：中国境内西藏地区原“额菲尔士峰”正名为“珠穆朗玛峰”。

1958年，著名地理学家、北大教授林超经过深入细致研究后写成《珠穆朗玛峰的发现和命名》长篇论文，以中英文发表。该文以无可辩驳的事实和翔实的论据指出，是藏南地区的藏族同胞最早发现珠峰并给了它“朱母朗马”（意为大地之母）的名字。而最早把珠峰记录在地图上的是清代的胜住、楚尔沁藏布兰木占巴。1852年英国人对史实充耳不闻，硬是将珠峰命名为“额菲尔士”，“这是一种带有殖民主义色彩的傲慢”。此文受到竺可桢院士的赞赏。时任政务院副总理的黄炎培先生致函林超，称“此是有益于世道之作”。林超的论文在国际上产生广泛积极的影响。

1961年，尼泊尔政府也宣布，停用“额菲尔士峰”，并根据当地习惯，改称“萨迦玛塔峰”。1996年，尼泊尔外交大臣洛哈尼曾对我说，中尼两国都曾遭受西方列强的侵略，不少地方留有殖民主义残余，珠峰的称谓就是一例，尼方愿同中国一道做好去殖民化的工作。

就叫中尼友谊峰

中国与尼泊尔自古以喜马拉雅山为国界。乾隆五十八年（1793年），福康安将军奉命统军赶走入侵西藏的廓尔喀兵以后，又受命厘定中尼边界。经双方勘定，垒石堆为界桩（当地称鄂博）。虽久经沧桑，到1960年，边界上还留存有12个鄂博。

新中国政府为发展同周边国家的睦邻友好关系，20世纪50年代后期开始与缅甸谈判解决边界问题并取得较好进展，于是决定开启与尼泊尔的边界谈判。

1960年3月，尼泊尔首相柯伊拉腊应邀访华。周恩来总理同他就中尼边界问题进行了三轮谈判。双方同意在传统边界线的基础上争取把两国边界确定下来。中方表示，原则上清楚的可先肯定下来，有争议的协商解决，未定的把它定下来。并提出三点具体意见：两国地图相符，且管辖权没有争议的地方，边界是有效的；两国地图相符，但在管辖权上存有争议的地方，通过谈判予以解决；在那些两国地图既不相符，管辖权又存在争议的地方，则重新定界。尼方认为中方的意见积极可行，并同意成立一个联合委员会负责落实双方共识。据此，两国总理于3月21日在北京签署中尼边界协定。

中尼边界的划定，最大难点是珠穆朗玛峰的归属。会谈中，周恩来总理说，我们说珠穆朗玛峰属于中国是有充分依据的，尼方说珠峰属尼则缺乏依据。柯伊拉腊首相强调尼泊尔人一直认为珠峰属尼方，他若丢掉珠峰将无法向国人交代。毛泽东主席会见柯伊拉腊首相时说，珠穆朗玛峰是世界最高峰，把它全划给他们，我们接受不了，全都划给我们，他们接受不了。那就一半一半，双方共同拥有，就叫中尼友谊峰！毛主席一锤定音，排除了中尼划界的最大障碍。

1960年8月11日，中尼边界联合委员会成立，开始履行中尼边界协定赋予的职责，落实两国领导人达成的共识。联委会轮流在加德满都和北京开了三次会议并及时披露工作进展情况。他们比照地图找出共同点。对于图上不相符、实际管辖存有争议的地方，本着友好协商原则一一加以解决。然后起草并草签中尼边界条约文本。

就在中尼边界联委会紧锣密鼓努力工作的一年时间里，外界纷纷攘攘干扰不断。印度出于私利不愿意看到中尼边界问题顺利解决，散布谣言称中国欲趁划界之机侵蚀尼领土。加德满都一度出现针对中国的示威游行。迫于印度的压力，柯伊拉腊首相态度曾出现反复。我常驻尼泊尔期间，前首相比斯塔对我提到过当年的情况，他说，印度对中尼亲近本来就心存芥蒂，自从达赖叛逃印度，中印边界出现纷争，印对尼中关系持续向好就更加担心，所以使出一些手段予以牵制。但马亨德拉国王很清醒，他拿定主意改善对华关系，借以逐渐摆脱印度的种种控制。

1961 年 9 月 28 日，马亨德拉国王应邀访华，并于 10 月 5 日和时任国家主席刘少奇共同签署了中尼边界条约。条约像一根纽带把中尼两国更加紧密联系在一起，成为中尼关系发展的一个里程碑。

南北双向登顶跨越

登上世界最高峰珠穆朗玛峰，是世界登山爱好者的追求和梦想，也是人类探索精神的缩影。自 1921 年有记载的人类第一次攀登珠峰算起，据不完全统计，100 多年来超过 6500 人次成功登顶。

翻开珠峰攀登史，我们发现 1950 年以前的攀登活动完全由英国垄断。究其原因，乃殖民主义使然。18 世纪中叶印度开始沦为英国殖民地。19 世纪 20 年代，尼泊尔遭英国入侵，逐步沦为英国的半殖民地。19 世纪末 20 世纪初，英国两次入侵西藏，迫使西藏地方签署《拉萨条约》，攫取了许多特权。加之当时掌握西藏权柄的十三世达赖及其继承者首鼠两端，英国人在珠峰两侧逐渐得以呼风唤雨。从 1921 年起到 1950 年近 30 年时间里，英国人对珠峰组织了 9 次攀登，而且都在中国西藏一侧，但都没能登上顶峰。

新中国成立初期，在还不可能实施有效管理的情况下我们暂不允许外国人在北坡攀登珠峰。攀登活动自 1950 年后转入南坡。1953 年 5 月 29 日，尼泊尔夏尔巴人丹增·诺尔盖作为向导和新西兰登山家埃德蒙·希拉里，在人类第 15 次对珠峰的攀登中首次成功从南坡登上顶峰。

新中国非常重视对珠峰的攀登探索。50 年代末，尽管遭遇中苏关系恶化、三年困难时期和西藏叛乱等诸多问题，国家依然坚定不移地积极开展登山活动。1960 年 5 月 25 日凌晨 4 时 20 分，中国登山队王富洲、贡布、屈银华三人从北坡登上珠穆朗玛峰，在地球的最高处升起鲜艳的五星红旗。这是人类首次由珠峰北坡成功登顶。

1975 年 5 月 27 日，中国登山队女队员潘多和 8 名男队员再次从北坡登上珠峰。潘多成为世界上第一位从北坡登顶珠峰的女性。这次登顶还创下了一次男女混合集体登上世界最高峰人数最多的世界纪录。

1988 年 5 月 5 日，中国、尼泊尔和日本三国登山家携手挑战珠峰，首次从南北两侧会师珠峰，并且成功实现双向大跨越。

此后，中尼两国登山爱好者成功登顶珠峰的人数越来越多，同时为国际攀登活动提供了许多支持和帮助，彼此结下深厚友谊。

共同宣布珠峰高程

有地图和文字为证，对珠穆朗玛峰的勘测最早可以追溯到18世纪初，康熙皇帝曾派测绘人员进藏对珠峰作实地勘测，并将之载入《皇舆全览图》。只可惜没有留下珠峰高程的相关数据。

19世纪中叶，英属印度测量局对喜马拉雅山进行测量，并于1852年宣布，他们在印度平原用大地测量法，测得珠峰高度为8839.8米，是世界最高峰。1902年到1907年印度测量局在1852年测量基础上又将在大吉岭和孟加拉平原观察到的数据加入计算，得出珠峰高度为8882米。这个数值曾为美国等一些国家采用。我国地图在一段时间里也标注过此数值。

自20世纪60年代以来，我国对珠峰进行过6次大规模测量和考察，其中于1975年、2005年和2020年三次测定和发布珠峰高程。1975年5月27日，我国对珠峰高程进行了一次精准测量。这次测量首次在峰顶竖起红色觇标，大大缩小了照准误差。高程测定结果中扣除了覆雪厚度，得到了珠峰的地面高程。用探空气球测定了测区上空的温度垂直梯度值，有效地削弱了大气折射对高程测定值的影响。沿线进行了天文、重力测量，推算高程时用了较精准的改正数。并征求了尼泊尔方面的意见。1975年7月23

日，新华社宣布了这次测量结果，珠峰高程新数据为8848.13米。此后，这个数据在国内外被广泛使用。

2005年5月22日，我国再次测量珠峰。这次测量采用GPS测量系统，使用冰雪深雷达探测仪、激光测距手段，进一步提高了精准度。2005年10月9日，中国国家测绘局公告，珠峰峰顶岩石面海拔高程为8844.43米。

2015年4月，尼泊尔发生8.1级大地震，对地球局部地区地表形状、地貌产生显著影响，珠峰高程有何变化成为各国关注的科学问题，期待有一个权威的答案。

2019年，尼泊尔开展了本国首次珠峰高程测量。与此同时，随着技术的发展和国产设备的成熟，中国也准备作新的一次珠峰高程测量活动。

2019年10月12日至13日，习近平主席对尼泊尔进行国事访问，两国在联合声明中提出：考虑到珠穆朗玛峰是中尼两国友谊的永恒象征，双方愿推进气候变化、生态环境保护等方面的合作。双方将共同宣布珠峰高程并开展科研合作。

2020年5月27日，时值人类首次从北坡登顶珠峰60周年，以及中国首次精准测定并公布珠峰高程45周年，中国登山测量队又一次登顶并对珠峰高程作新一次测量。和以往不同的是，此次由包括北斗卫星导航系统、5G通信网络等国产技术和仪器装备担当重任，测量结果精准度达到前所未有的水平。

2020年12月8日，习近平主席同尼泊尔总统班达里互致信函，共同宣布珠穆朗玛峰的最新高程为8848.86米。

习近平主席指出，珠峰是两国世代友好的重要象征。两国将这一世界最高峰确立为中尼之间的界峰和“中尼友谊峰”。如今双方共同宣布珠峰最新高程具有承前启后的时代意义，也充分体现了中尼关系持续发展的高水平。中方愿同尼方一道，积极推进珠峰生态环境保护和科学研究合作，守护好两国人民共同的宝贵财富和家园。班达里在信函中表示，很高兴同习近平主席一道宣布珠峰的最新高程。尼中是好邻居、好朋友、好伙伴，双方在经济发展、互联互通、人文等领域合作符合两国利益。珠峰是尼中传统友谊的长久象征。

圣火在珠峰顶上传递

2007 年 4 月 26 日，北京奥运会组委会宣布第 29 届国际奥运会火炬传递计划路线，境外传递城市 19 个，境内传递城市和地区 116 个，特别提及将在珠穆朗玛峰上传递，引起世界广泛关注。

2008 年 3 月 24 日，奥运圣火采集仪式在希腊奥林匹亚举行，31 日圣火抵达北京。4 月，奥运火炬在国外传递，经过伦敦、巴黎、旧金山等城市时遭到西方反华势力的严重阻挠。我当时担任驻泰国大使，密切跟踪着火炬传递情况。情报显示反华势力也企图在曼谷破坏火炬传递。我拜会并邀请诗琳通公主出席圣火抵泰迎接仪式。公主非常重视，4 月 18 日晚在湄南河畔出席了圣火迎接仪式，次日又观看了火炬在王宫周边的传递，对火炬在曼谷成功传递发挥了重要作用。

诗琳通公主知道我曾经担任中国驻尼泊尔大使，对火炬的珠峰传递表示关切。她表示，圣火能否在世界最高峰点燃举世瞩目，希望能顺利实现。公主身边的人告诉我，公主看到火炬传递在西方受阻很是担心。我告诉公主，火炬在珠峰北坡传递当万无一失，如果问题出在南坡，根据我对尼泊尔的了解，相信尼方会全力配合。

后来尼泊尔朋友告诉我，尼政府和人民把珠峰火炬传递看作一件神圣的事情，做好保障是尼中两国的共同责任，决不允许任何人通过南坡实施破坏。本来这时正是尼泊尔对外开放攀登珠峰收益最好的旅游季节，但为防止坏人混入登山队伍，尼政府果断宣布临时关闭登山一个月。同时派军警把守要道，实行严格检查。4 月 23 日，尼方安全人员在接近珠峰的一个关卡检查发现一名美国“登山者”背包中藏有支持“藏独”的横幅标语，当即将其扣留带回加德满都，最后遣返美国并禁止他未来两年入境尼泊尔攀登珠峰。担任过尼泊尔驻华大使的潘迪先生曾对我说，在共同维护珠峰圣火传递这样的重大的问题上，尼泊尔上下一致，不会有半点含糊。

2008 年 5 月 8 日清晨，当第一缕金色阳光照耀在珠穆朗玛峰上时，中国登山队已在珠峰顶上准备就绪。队员罗布占堆郑重地取出火种灯，用引火棒点燃第一棒火炬手吉吉手中的祥云火炬，经过王勇峰、尼玛次仁、黄春贵三位火炬手传递之后，站在峰顶的次仁旺姆接过并高高举起火炬。奥运圣火在世界最高峰熊熊燃烧，万丈光芒照亮通向第 29 届夏季奥运会之路，洒向人类文明辽远广袤的天空。这也象征中尼友谊的神圣和永恒。

翻越喜马拉雅山

喜马拉雅山雄踞亚洲西南，是世界最高最大的山脉。它西起克什米尔南迦一帕尔巴特峰，东至雅鲁藏布江大拐弯处的南迦巴特峰，长约 2400 公里，宽 200～300 公里。全世界海拔 8000 米以上的 14 座山峰中有 10 座耸立在这里，其中珠穆朗玛峰 8848.86 米，为世界第一高峰。喜马拉雅山是东亚大陆与南亚次大陆的天然界山，也是中国与尼泊尔、印度、巴基斯坦、不丹的国界。它是青藏高原之巅，总领群山众水，滋养东亚和南亚文明，演绎了许许多多震古烁今、脍炙人口的故事。学生时代我曾从西宁到青藏高原，工作以后又曾到拉萨，在远眺中感受喜马拉雅山的风姿神韵，希望有一天能拥抱它，近距离感受它。这一天终于来了，西藏自治区外事办公室邀请我访藏，我高兴地接受了邀请。我决定乘吉普车翻越喜马拉雅山，沿途考察中尼公路，并了解这一地区的情况。

阿尼哥公路

1997 年 5 月 17 日，我们一早就离开加德满都向中尼边境口岸樟木进发。与我同行的有使馆研究室负责人兼大使秘书白天、主管涉藏事务的一秘王英杰和商务一秘李杰峰。

车子走在阿尼哥公路上，起初还比较平稳，进山以后逐渐颠簸起来。道路崎岖，不时可看到滑坡的痕迹，沟壑里有滚落的巨石。此时我们正经过一处事故多发路段。两年前，我们使馆曾有同志在这里遭遇山体滑坡罹难。当时他们的车子行至此处，发现前方出现山体滑坡，3 位男同志下车探路，让 3 位女同志留在车上等候。不料偏偏就在停车处滚下巨石，3 位女同志不幸遇难。我让车子鸣笛通过，表达对逝去同事的哀思。

这条公路建成于 20 世纪 60 年代。此前西藏赖以和南亚往来的只有亚东一条通道。1962 年中印边境冲突后亚东口岸关闭，中央考虑打通经由樟木到尼泊尔的通道。尼泊尔作为内陆国家，因需借道印度出海而受制于印，也希望修通与中国的通道。中尼双方达成一致，遂于 1963 年签署经济技术合作协定，决定修建连接两国的中尼公路。中国境内路段完全由中方负责，尼境路段由中方提供经济技术援助。这个消息一经宣布便遭到印度及西方国家的非议，他们造谣说中国是要通过修这条路控制尼泊尔，尼泊尔将把“赤祸”引进南亚。马亨德拉国王反驳说“共产主义不会用汽车运进尼泊尔”。他顶住压力，将协议付诸实施。

公路开建后，尼泊尔又提出，从科达里到巴拉比斯 30 公里路段，由于地形险峻、地质复杂，尼方没有施工能力，希望中方派工程队帮助施工。1963 年 11 月，尼泊尔全国评议会议长塔帕访华时，在上海向会见他的毛泽东主席表达了尼方的要求。据后来接替我担任驻尼泊尔大使的曾序勇同志回忆说，那次会见是他做的翻译，毛主席当即表示，中国可以派不穿军装的工程兵部队帮助修建。塔帕非常高兴，一再表示感谢。3 个月以后，一支着深灰色工装的工程兵以“中国筑路工程大队”的名义开赴尼泊尔独立承担最艰险地段的筑路任务。曾序勇同志被借调做随队翻译。1964 年 2 月，他搭乘一辆卡车从拉萨出发，在沙土路上颠簸了两天才到聂拉木。然后换乘军用吉普继续前行。走了约 10 公里，后面的路就更难走了，一边是峭壁一边是深涧，路面很窄，有时半个车轮子悬空，他紧紧抓住扶手，一颗心提到了嗓子眼儿。最后车子也走不了，只好徒步。好不容易到了樟木，从一座小木桥跨过边界，在科达里半山腰的一顶帐篷里安顿下来。在此后 10 个月时间里，他和筑路大队同志们同吃同住，主要负责协助与尼方的沟通和协调，也学习了工程兵吃苦耐劳、奋勇争先、纪律严明的优良作风，为中尼友谊路的建成作出了积极贡献。

1967 年 6 月，科达里至加德满都公路竣工，马亨德拉国王携尼泊尔政府要员出席通车典礼。曾序勇同志这时又恰在我国驻尼使馆工作，随杨公素大使参加了有关活动并为双方讲话做翻译。尼方把这条从科达里至加德满都的公路命名为“阿尼哥公路”。尼交通大臣说，这是为了纪念古代尼泊尔中尼友好使者阿尼哥，同时表达尼方传承和弘扬中尼传统友谊的意愿和决心。

经过 4 个多小时的行程，我们抵达科达里中尼友谊桥。友谊桥建成于 1964 年，是一座横跨中尼界河波达柯西河的钢筋水泥拱桥。桥长 45 米，宽 8 米，可双向行车。桥上有护栏。两岸绿树掩映，桥下浪花奔涌。我们的车子缓缓驶过友谊桥，进入我国边陲小镇樟木。西藏自治区外办副主任巨建华同志在桥头迎候，对我们访藏表示欢迎，并全程陪同参观考察。

樟木镇和樟木沟

樟木镇坐落在半山腰上。从友谊桥头到镇上还有 10 公里的盘山路，弯弯曲曲，陡峭难行。雨季常有滑坡，阻断交通。1996 年 10 月，王毅同志率团赴尼泊尔举行外交磋商后取道樟木回国就在这里遇上塌方，车子过不去只好下车步行，雇用背夫搬运行李。同行的还有布建国、陈锋等，他们都是第一次遇到这种情况。

镇上房屋依山沿街而筑，既有传统木屋也有钢筋水泥楼房。楼下开店铺，楼上住人。铺子里陈列着来自全国各地的产品，电器、丝绸、瓷器、茶叶、日用杂货应有尽有。过往的车辆形形色色，载货的卡车、越野吉普、面包车，不一而足。车牌以川、藏居多，也有沪、粤、京、津的。街上行人的穿着既传统又时髦，有藏袍、夹克、牛仔服、乞丐裤等。

当地同志介绍，樟木镇人口 1840 人（1997 年），包括夏尔巴人、藏人和汉人。夏尔巴人最善爬山，多以登山向导和背夫为业。藏人和汉人主要是耕牧和经商。改革开放以来，经由樟木口岸的商贸、旅游往来大幅增加。1995 年出入境人数 18000 人，边民往来 30 万人次，进出口货物约 4000 万美元。

晚上，我们在一家川菜馆用餐。红白火锅热气腾腾，大家吃得酣畅淋漓。当地同志告诉我们，这里的餐饮业很是兴旺，除川藏风味外，也有粤菜和淮扬菜。这都得益于改革开放，一荣俱荣，百姓生活越来越好，真心感谢党的好政策。镇领导告诉我们，镇上有一位藏族老妈妈叫次仁曲珍，自 1965 年起每天在家中升国旗，她说她“虽身在边陲但心向北京”。老妈妈数十年如一日，坚持以这种方式表达对党和国家的无比热爱和忠诚。

这是我担任驻尼泊尔大使后第三次来樟木镇。由于尼泊尔物资匮乏，我们驻尼使馆每隔几个月就到樟木镇采购一次，镇里给我们提供许多方便，我对他们的工作表示赞赏的同时也感谢他们对使馆的帮助。他们请我题词，我留下一首《樟木行》权作纪念：

加都驱车北，行程百里加。
遥看白云处，参差有人家。
似曾与相识，疑是布达拉。
飞瀑落翠谷，曲涧走白沙，
湍流成疆界，威武有哨卡。
桥横弘友谊，路转绕山崖，
层楼立陡坡，绿树笼烟霞。
信步街巷里，琳琅目不暇。
市列川沪锦，门停百埠车。
话可通五洲，视亦接京华。
日暮华灯上，歌盈乐舞嘉。
共饮渝州楼，细听友人夸，
昔日萧疏地，何来此变化？
改革加开放，政策威力大。

民族团结紧，携手共擘画。
流通多商贾，食宿服务佳。
雪城好窗口，广连大南亚。
更上一层楼，重彩绘新画。
临别留赞语，边陲一奇葩。

第二天，我们一早就上路。距离樟木镇七八公里处，我们到了一个险峻山坳。去年10月我送王毅同志一行离镇，在这里遇上了严重的山体滑坡，再加上山洪冲刷，路基完全被毁，别说行车，人走过去都十分困难。大家只能试着一步一步地朝前挪移，倘若脚下石头松动或者鞋底打滑，随时可能跌下万丈深渊。谢天谢地，我们总算安全通过了这段险路。从拉萨赶来迎接的自治区外办主任索朗等同志就站在对面，屏住呼吸紧紧地盯着这边小心翼翼行进的人们。当最后一人安全通过，他们忍不住鼓掌庆贺，笑逐颜开。这次我们经过此地，毁坏的地方已经修好，但险情并未得到根本性改变。而这种情况并非独此一处。过去从樟木镇到聂拉木县本来就只有一条羊肠小道，是我们的筑路大军不畏艰险，在悬崖峭壁上硬是一锤一钎凿出来的公路。有的战士为筑路献出了宝贵生命，长眠在这雪域高原的春风翠谷里。

路险方有美景。来自印度洋的暖流滋润了峡谷的土壤和植被，铁杉、乔松、槭树、栎木等常年郁郁葱葱，流泉飞瀑随处可见，飞禽走兽不时出现在眼前。巉岩上偶有猿猴攀爬。沟谷时宽时窄，有时让你觉得伸手就能够得着对岸。公路就像一条曼妙的丝带，顺着幽深的峡谷飘向远方。

我突发奇想，倘若在山坡上支起一顶帐篷观山听籁，岂不快哉！

随着海拔逐渐升高，植被由阔叶变成针叶，再变成似有似无的高原苔藓。我们的车子爬上海拔 5126 米的通拉山口。这里是樟木沟尽头，也是我们此行登上喜马拉雅山的第一个山口。站在寒意逼人的高坡上回望沟谷，东边是云遮雾罩的卓奥友峰，西边是白雪皑皑的希夏邦马峰，南边是蜿蜒曲折的绿色长廊，置身在这高寒与温暖、苍凉与繁茂的交汇点上真切感受咫尺之间的两重天地，一种莫名的亢奋从心中涌起，大自然真是太神奇了！

我们离开聂拉木，过定日，走拉孜。车子在海拔 4000 米以上的路段徐徐行驶，然后爬上嘉措拉山口。这里海拔 5248 米，是 318 国道的最高点。318 国道即沪聂线，以上海市人民广场为起点，以西藏聂拉木县樟木镇为终点，全长 5476 公里，是我国目前第二长的国道。站在山口但觉天高地阔，时空无垠。蓝得醉人的天空下，卓奥友峰、洛子峰、马卡鲁峰 3 座 8000 米以上的高峰伴随着世界第一高峰珠穆朗玛峰一字排开，耸入云端。五色经幡随风飘舞，一群黄羊从眼前奔逐而过又消逝在辽远的荒漠。这光景，又岂止“壮观”二字了得！

傍晚时分，我们抵达日喀则。

扎什伦布寺

5 月 19 日上午，我们参观日喀则尼色日山下的扎什伦布寺。陪同参观的喇嘛介绍说，扎什伦布寺于明正统十二年（1447 年）由宗喀巴的弟子一世达赖根敦朱巴兴建，四世班禅罗桑却吉坚赞扩建后奠定了现在的规模。扎什伦布寺与拉萨甘丹寺、哲蚌寺、色拉寺、青海塔尔寺、甘肃拉卜楞寺并称藏传佛教格鲁派的“六大寺”。

放眼望去，扎什伦布寺依山而建，殿宇巍峨，院墙蜿蜒，甚为壮观。喇嘛说：“寺内有殿堂 57 间，各种经房僧舍 3600 间。你们时间有限，重点看一下强巴佛殿、甲纳拉康和灵塔殿吧。”

强巴佛殿于 1914 年由九世班禅曲吉尼玛主持修建，是一座五层大殿，自下而上逐层收拢，每层顶角蹲踞石狮一尊，殿檐上系缀铜铃随风作响。整座建筑由石块垒砌，朴拙而伟岸。殿前幡杆高高矗立，直入云端。大殿里一尊大佛安详端坐。喇嘛介绍，莲花座高 3.8 米，佛像高 26.2 米，肩宽 11.5 米，耳长 2.8 米，是巨型雕塑中的珍品，也是世界最高最大的铜塑佛像。由 110 个工匠花费 4 年时间打造完成，共耗黄金 6700 两、黄铜 23 万斤。强巴佛在藏传佛教中是未来佛，在汉地称弥勒佛。

甲纳拉康，意为“汉佛堂”。正殿挂有清乾隆皇帝身穿袈裟手持法轮的大幅画像。每逢下诏，班禅接旨受封后要在此叩首谢恩。偏殿设有驻藏大臣与班禅会晤室。汉佛堂里珍藏着历代皇帝赐予的金银酒盏、玉碗瓷盘、丝绸锦缎等。有唐代的青铜佛像，相传是文成公主带进藏的；有元代的一尊骑在野猪上的赤身度母铜像；还有清朝皇帝赐予班禅的一枚重 16.5 斤，镌刻着汉、藏、蒙三种文字的金印。喇嘛说，汉佛堂内的珍藏证明西藏地方与历代中央朝廷有着紧密的隶属关系。

接着，我们参观扎什伦布寺的灵塔殿。灵塔是班禅的舍利塔。四世班禅的灵塔殿显得格外豪华，陪同参观的喇嘛介绍说，一世达赖初创扎什伦布寺时规模不是很大，四世班禅任住持以后励精图治，弘扬佛法，增建寺宇，寺院地位提高，影响扩大，后世为他建造灵塔时倾注了感恩之情。“扎什南捷”是五至九世班禅的合葬灵塔殿。五至九世班禅的灵塔在“文化大革命”期间被毁，十世班禅在中央和西藏地方政府的大力支持下主持重修。5 位班禅的遗骨分别以檀香木盒装殓，一同安放在灵塔的同一宝瓶里。塔身镏金并以银皮包镶，遍嵌珠宝，庄严而华美。十世班禅曾说，扎什南捷的建成是藏汉人民共同劳动的结晶，是西藏僧俗大众爱国主义精神的体现，是藏汉民族团结的象征。“释颂南捷”是十世班禅额尔德尼·确吉坚赞的灵塔殿。1989 年 1 月 28 日，十世班禅在日喀则视察期间圆寂。1990 年 9 月 20 日，开始建造灵塔。国家拨款 6424 万元，黄金 614 公斤，白银 275 公斤。各界群众捐款捐物，参加义务劳动。历时 3 年，于 1993 年 9 月 4 日举行落成开光典礼。整座建筑以西藏古代宗教建筑风格为主，吸收了唐、清建筑艺术特色。灵塔面积 253 平方米，高 11.55 米。塔上有金顶，塔身以金皮包裹，嵌满珠宝，美轮美奂，庄严大方。喇嘛说：“十世班禅大师爱国爱教，厥功至伟，我们永远怀念他。”我说：“十世班禅大师是伟大的爱国主义者，著名的国务活动家，中国共产党的忠实朋友，中国藏传佛教的杰出领袖，为维护祖国统一和增进民族团结作出了不可磨灭的贡献。他曾于1986年访问尼泊尔，表示要在佛祖释迦牟尼诞生地兰毗尼建一座中华寺，中华寺已于1996年12月动工兴建，可以告慰大师在天之灵了。”走出灵塔殿群，我问陪同喇嘛，为何没看见一至三世班禅的灵塔？喇嘛说这个问题问得好，因为一世班禅曾任甘丹寺第3任住持，圆寂后灵塔建在了甘丹寺。二、三世班禅曾任恩贡寺住持，圆寂后灵塔建在了恩贡寺。

在参观过程中，我还先后向喇嘛提出一些问题，如藏传佛教的起源及沿革、派别的形成和特点等，他一一作答，使我们对藏传佛教有了更多的了解。

他说，藏传佛教起源于7世纪中叶。吐蕃赞普松赞干布迎娶尼泊尔尺尊公主和唐朝文成公主，两位公主带来8岁和12岁释迦牟尼等身像。松赞干布建大昭寺、小昭寺供奉，并皈依佛教。8世纪，赤松德赞邀请印度僧人寂护和莲花生入藏，建成西藏第一座佛寺桑耶寺。7位吐蕃青年受戒出家，称为“七觉士”。同时一批梵文佛经被译成藏文。至此，佛之“三宝”齐备。赤祖德赞继位后也大力推动佛教发展。史家将松赞干布、赤松德赞、赤祖德赞并称“祖孙三法王”。9世纪中叶，西藏佛教遭到严重破坏，佛教进入100多年的沉寂时期，史称“朗达玛灭佛”黑暗期。10世纪末，佛教在吐蕃逐渐复兴，并形成自己的特色，即大小乘兼学，显密宗双修，见与行并重，同时又保留了当地苯教的某些做法。藏传佛教至此基本形成。

11世纪以后，藏传佛教逐渐形成四大派：宁玛派，因戴红色帽又称红教；萨迦派，因寺院围墙涂红、白、黑三色花条又称花教；噶举派，因穿白花僧衣又称白教；噶当派，因戴黄色僧帽又称黄教。15 世纪以后，格鲁派蓬勃兴起并逐渐取代了噶当派。藏语“格鲁”意为善律，该派特别强调严守戒律。创始人宗喀巴原为噶当派僧人，故该派又称新噶当派。一般认为，1409 年（明永乐七年）拉萨甘丹寺的建造标志着该派的正式形成。格鲁派是最后形成的教派，但发展迅速，最终占据藏传佛教主导地位。

政教合一曾经是藏传佛教的一大特点。公元 1269 年，元世祖忽必烈册封萨迦派主持人八思巴为“帝师”，将西藏政教管理大权赏赐给他，政教合一由此萌生。1354 年，由朗氏家族主持的噶举派开始掌管西藏地方政教大权，得到明朝中央政府的册封，使西藏政教合一制度得以进一步加强。1642 年，格鲁派取得西藏政教大权，五世达赖喇嘛受到清朝政府的册封。乾隆朝先后出台章程《十三条》和《二十九条》，不仅实现清政府对西藏管理的制度化、规范化，还由此正式确定藏传佛教格鲁派达赖系统和班禅系统的宗教领袖地位，使之与驻藏大臣以平等的地位共同履行对西藏的治理权。西藏政教合一制度由此进入完备期。1959 年西藏实行民主改革，政教合一制度宣告结束。

藏传佛教的传承，有师徒传承，也有家族传承，还有活佛传承。活佛传承始于 1283 年（元至元二十年），噶举派首领圆寂，该派在后藏寻得并确认一位“转世灵童”做继承人，成为藏传佛教的第一位转世“活佛”。自此藏传佛教各教派竞相仿效。15 世纪格鲁派也采用活佛转世制度。1546 年（明嘉靖二十五年），二世达赖根敦嘉措去世后，格鲁派寻找到年仅3岁的索南嘉措为“转世灵童”，确立为该派继承人。此后清政府制定金瓶掣签等典章，将活佛转世程序完全纳入历史定制和宗教仪轨。

我对喇嘛的讲解和有关介绍表示感谢，喇嘛连诵“阿弥陀佛”!

亚东沟与乃堆拉山口

离开扎什伦布寺，我们驱车前往亚东县。

亚东县隶属于日喀则市，它像个楔子一样穿过喜马拉雅山伸进南亚次大陆。经由白朗、江孜、康马，我们进入亚东县境。车窗外，多庆湖波澜不兴，像一面镜子映照着远处的雪山。一望无际的草原上，牛羊遍布，马儿扬鬃嘶鸣。头一次来的同事都说，想不到雪域高原上竟有如此肥美的草场。当地同志介绍说，印度洋吹来的暖风顺着亚东沟直抵帕里草原，进而北上江孜，使年楚河流域成为“西藏粮仓”。

说话间，我们来到帕里镇。一眼望去，房屋整齐划一，几乎都是石木结构，给人以规整、古朴感。帕里镇坐落在喜马拉雅山山脊的一个坝子上，海拔4300米，有“世界第一高城”之称。这里也是亚东县北高南低地形的分界，由此向南便一路下坡，到下亚东乡海拔降至约2000米。

车子顺着亚东河（又称春丕河）沿岸行驶。水流湍急澄澈，跳跃着朵朵浪花。两岸青山耸峙，松杉挺拔，野花烂漫。时有水汽形成的薄雾拂面，细腻而润滑。“这分明是烟雨江南啊!”我脱口而出。外办同志笑着说：“亚东素有

‘西藏小江南’的美誉。”

傍晚，我们抵达下司马镇，这里是亚东县府所在地。县领导邀请我们共进晚餐，向我们介绍近年来亚东县改革开放和发展情况，我对他们取得的成绩表示赞赏，同时也向他们请教亚东历史、文化和对外交往情况。

餐馆临河。月光下，流水哗哗，晚风送爽。我们默默地聆听当地同志讲述亚东的故事。

18 世纪到 19 世纪中叶，英国通过一系列战争将南亚逐渐变成它的殖民地和半殖民地。1757 年到 1849 年，英国完成对印度的占领。1816 年，英国通过《萨高利条约》实现对尼泊尔的控制。1865 年，英国通过《辛楚拉条约》将不丹变成它的半殖民地。1887 年，英国占领锡金。此后英国便将魔爪伸向我国西藏。1888 年（清光绪十四年）英军发动第一次侵藏战争，向镇守亚东与锡金交界的隆吐山藏军发起进攻，藏军因武器落后抵挡不住，英军占领亚东。1890 年，驻藏大臣升泰与英属印度总督兰斯顿签署《中英会议藏印条约》，承认锡金为英国保护国，开放亚东为商埠，英国在亚东享有治外法权。1904 年，英国发起第二次侵藏战争。英军数千人在荣赫鹏率领下由亚东向北进攻。我藏族军民在帕里镇北的曲美雄谷关隘顽强抵抗，虽然只有火铳、弓矢，但布防有序，令英军寸进不得。英军使诈，假装谈判而偷袭破关，我千余名藏族军民惨遭屠杀。英军接着对江孜发起大规模进攻。面对敌人的洋枪洋炮，我藏族军民毫不畏惧，顽强坚守。从 4 月战至 7 月，终因火力悬殊，江孜失守。最后守军凛然跳崖，宁死不屈。英军直逼拉萨，十三世达赖逃到青海，后又逃往蒙古。1904 年 9 月，英军首领荣赫鹏与西藏代表签订《拉萨条约》。1905 年，清政府派唐绍仪为代表同英国代表签订《中英续订藏印条约》。英国提出诸多侵犯中方主权的无理要求，终因我藏族军民及全国人民的坚决反对以及顾忌列强在华利益矛盾，不得不承认西藏是中国的领土，清政府则保证英国在西藏享有排他性特权。

餐毕，大家倚栏喝茶。我说，近代以来由于列强入侵，我们的国家、民族和人民蒙受屈辱和苦难。在中国共产党领导下各族人民得以翻身解放，正昂首阔步走在富强和复兴的大路上，任人宰割的时代一去不复返了。大家频频点头。接着口岸办的同志向我们介绍亚东口岸的情况。

亚东自古就是茶马古道上的一个重要中转站。19 世纪末，英国人开始在亚东设立商务代理处、驿站、电话电报局，享有种种特权。1947 年，印度独立后继承了这些特权，直至 1954 年，中印关于西藏地方与印度交通和通商协定签署，印度才将亚东交还中国。50 年代，亚东口岸业务一度十分繁忙，1956 年口岸贸易额达 3000 万元人民币。我国出口羊毛、皮革、牦牛尾巴等，进口衣服、烟草、肥皂和手表。1962 年中印边境冲突后亚东口岸关闭。近年随着中印关系改善，亚东口岸正在做重新开放的准备。

第二天上午，我们从下司马出发，经过一个半小时车程登上海拔 4730 米的乃堆拉山口。碑石上镌刻着“乃堆拉山口”的红漆大字，非常醒目。哨所的班长领着我们参观，伸手指着告诉我们，前面是锡金，左边不远为洞朗地区，再过去就是不丹。1962 年、1967 年中印曾在这里发生武装冲突。近年来随着中印关系改善，双方守军互相有些交往。但身为军人，戍边守土，职责如山，一刻也不会放松警惕。时值五月，艳阳高照，山头上依然覆盖着厚厚的积雪。当地同志告诉我们，再过两个月这里的杜鹃花就要盛开了。我望着雪地里荷枪站岗的战士，他们那挺拔的身姿，红扑扑的脸膛儿，一副威武不屈、凛然不可侵犯的模样，心想这不是比杜鹃花还要美丽的风景么！

返程路上我们参观了百年前的抗英遗址。在曲美雄谷，面对古关隘的断壁残垣，我恍惚看见当年藏族军民英勇抗英而惨遭杀戮的壮烈情景，再次领悟对那些嗜血成性的强盗切不可轻信他们的甜言蜜语，切莫被他们的道貌岸然所蒙骗，任何时候都不可松懈战斗意志。我们登上雄踞山顶的江孜古堡，抚摸为抗击侵略者立下汗马功劳的古炮，又来到宁死不屈、慷慨赴死的抗英勇士跳崖处，在晚风残阳中久久伫立，深切缅怀当年血洒疆场为国捐躯的英烈，矢志为实现中华民族伟大复兴而努力奋斗。

在拉萨

5 月 21 日，我们离开日喀则前往拉萨。

车子沿着雅鲁藏布江行驶。远山西驰，江水东流，旭日冉冉升起，高原晨景犹如一轴画卷徐徐展开。我从心底赞叹，雪域高原如此多娇！

在拉萨，我们拜会自治区领导，走访自治区外办、旅游、边防、海关、安全等部门。地方上的同志向我们介绍西藏改革和发展取得的成就，就藏尼关系与我们交换意见，也对使馆工作提出要求和希望。我谈了此番沿途考察情况并提出相应建议。我表示，西藏地方与尼泊尔的关系是中尼关系重要组成部分，藏尼关系的好坏对整个中尼关系有直接重要的影响。我驻尼使馆把藏尼关系置于议事日程中非常重要的位置。我们将一如既往积极配合国内防止达赖分裂势力通过尼泊尔对西藏进行破坏活动。我们将与西藏有关部门一起加强调研，更多地掌握达赖集团有关动向，争取做到及时准确制止一切分裂行径，同时更有效地放开和活跃边境往来，促进藏尼经贸和旅游业发展。我指出，中尼公路自 20 世纪 60 年代建成以来，为促进中尼合作发挥了非常重要的作用，但也存在雨季严重塌方、冬季大雪封阻等问题，建议尽可能拓宽和加固路基，争取建成全天候交通线路。同时建议考虑增辟经由吉隆到尼泊尔的支线，将来条件成熟，修建中尼铁路也可取道吉隆。这次西藏之行历时一周，增加了我对藏尼边境地区的了解，填补了对喜马拉雅山认知的空白，感受颇深，收获不少。

5 月 24 日，我们乘西南航空公司班机由西藏返回加德满都。自治区外办主任索朗同志到贡嘎机场送行。我对她和区外办热情周到的安排表示衷心感谢。

机翼下，喜马拉雅山壮阔而雄浑，一座座雪峰连绵不绝，横空出世，宛若玉龙飞舞，气象万千。透过这万千气象，我似乎读到了它对中国与尼泊尔友好关系的加持，对中国与南亚加强合作的助力，对“环球同此凉热”的期许。

沙阿王朝的兴亡

王室血案

2001年6月1日晚，尼泊尔发生一起骇人听闻的王室血案。这天晚上是王室成员每月一次的例行聚会，比兰德拉国王和艾什瓦尔雅王后以及其他王室成员悉数齐集。按程序，大家先饮酒聊天然后用餐。酒至半酣，王储迪彭德拉离席。约一刻钟后返回时，他换了装束，身着迷彩服，帽檐低压，手持冲锋枪，一进门就扣动扳机，从国王开始将所有人疯狂射杀。人们未及反应，顷刻间倒在血泊中。最后迪彭德拉本人也饮弹自戕。

何以至此？据说是王储婚恋引发王室矛盾激化的结果。王储迪彭德拉与女子德维雅妮·拉纳相恋多年，但德维雅妮有印度贵族背景，又有拉纳家族血缘。尼泊尔王室不满印度的颐指气使自不待说，对拉纳家族曾经篡夺并占据世袭首相权位、架空国王达百年之久的耻辱更是耿耿于怀。所以国王和王后不喜欢此女，王后为王储另外找了一个女子，但王储对她毫无兴趣，发誓非德维雅妮不娶。国王和王后下最后通牒，倘若王储执迷不悟，将失去继承王位的资格。王储心生怨恨，借着酒劲走上极端，与全家人同归于尽。一言以蔽之，此案是王储迪彭德拉个人所为。官方随后发布的调查结果对此作了认定。此案之原委也有别的版本，但这些说法都无从考证，于是舆论称“此案或成千古之谜”。

时任中国驻尼泊尔大使的曾序勇同志后来回忆说，此案发生后举世震惊。由于政府未及时发声，加德满都一时间人心惶惶，不少人走上街头，高喊怀念国王、反对政府的口号，甚至与警察发生冲突，一度出现局部骚乱。6 月 2 日下午，曾序勇大使接到通知，携夫人前往陆军医院向国王和王后遗体告别。到场的首相、议长、大臣们个个惊恐悲恸，相视无言。国王和王后遗体分别安放在临时搭起的两顶帐篷里。曾大使和夫人在哀乐声中随着其他吊唁者缓缓步入帐篷。走出帐篷，曾大使心情沉重，就在三个月前他和夫人还陪同比兰德拉国王和艾什瓦尔雅王后访华，从海南到北京连续 7 天相随相处。半个月前，还出席国王和王后在王宫为时任国务院总理朱镕基访尼举行的晚宴。国王和王后的音容笑貌犹在眼前，突然间已是阴阳相隔，不由得感慨万千。

比兰德拉国王逝世后，时任国家主席江泽民和时任国务院总理朱镕基分别发表谈话并致唁电表示深切哀悼和痛惜，高度评价他为中尼睦邻友好关系所作的卓越贡献，表示中国人民将永远怀念他。

我当时任驻新加坡大使，虽远隔千里仍时时关注尼泊尔的局势。对比兰德拉国王罹难深为震惊，为中国失去一位真诚的朋友扼腕痛惜。同时意识到此案对尼泊尔王室将是致命一击，预感这个由一把弯刀起家的王朝可能由此步入末路穷途。

廓尔喀弯刀

我书房的案几上摆着一把廓尔喀弯刀，它是尼泊尔武装部队参谋长塔帕上将赠予我的纪念品。

这是一把反曲刀，刀身长40厘米，前宽后窄，刀刃宽约1厘米，刀头尖锐，根部有血槽。刀把为雕花硬木，刀鞘为红丝绒包裹的皮套子。专家说，廓尔喀刀造型看起来怪异，但很符合力学原理。作为随身短兵器，攻防俱佳，攻可致敌死命，守则有效御敌。它也是廓尔喀人野外生存的必备工具，既可用以劈柴、割肉、切菜，也可对付凶禽猛兽的侵袭。廓尔喀刀为尼泊尔士兵必备兵器，人在刀在，是士兵荣誉的象征。

塔帕说，廓尔喀刀对沙阿王朝有奠基开业之功。早在公元前几百年，加德满都河谷就开始出现国家。尼泊尔历史上的第一个王朝是基拉特王朝，延续约900年之久。公元5世纪至13世纪为李查维王朝，尺尊公主与吐蕃赞普松赞干布联姻就发生在这个时期。此后是玛拉王朝，曾有工艺师阿尼哥应元世祖忽必烈之邀监造北京妙应寺白塔。后因内部争斗导致国家陷入长期分裂。剽悍尚武的廓尔喀人在乱世中脱颖而出，其国王普里特维·纳拉扬·沙阿带领廓尔喀军东征西讨，将廓尔喀弯刀的独特优势发挥得淋漓尽致，逐一征服各部落，于1768年重新统一尼泊尔。进而又开疆拓土，将尼泊尔疆界往西推至克什米尔，往东扩至锡金。

廓尔喀刀在反击英国入侵的战争中也发挥了重要作用。1814 年，英国入侵尼泊尔，连续发动三次战役，试图一举将尼吞并。娴熟于弯刀砍杀的廓尔喀军，以近战肉搏之长有效压制英军火器优势，使英军伤亡惨重而寸步难进。英军指挥官感叹廓尔喀兵是“最英勇善战之兵”，以致英国后来决定在英军中招募并组成一支廓尔喀雇佣兵。这支雇佣兵在第一、第二次世界大战以及英国和阿根廷的马岛之战中都曾扮演重要角色。由于廓尔喀军人及其弯刀的蜚声世界，有好些国家如印度、新加坡、文莱，香港地区等至今乐于雇用他们。

福康安平定廓尔喀

廓尔喀统一尼泊尔后，野心膨胀，屡屡向邻国用兵。清乾隆五十三年（1788 年），廓尔喀趁西藏发生内部纷争，以贸易不公为借口，出兵侵占聂拉木、吉隆和定日。乾隆皇帝派御前侍卫巴忠为钦差大臣赴藏，会同地方驱逐廓尔喀。巴忠等擅自“偿银赎地”，却谎报廓尔喀被击退，奏凯复命。1790 年，廓尔喀派人索要偿银不果。1791 年，廓尔喀以藏官爽约为由再次入侵，占领后藏，洗劫扎什伦布寺，抢走大量佛像、法器和金银珠宝。乾隆闻报大怒，将巴忠等一众佞臣革职查办，调两广总督福康安入京授以“大将军”衔，又以海兰察为参赞统兵入藏征讨廓尔喀。福康安雷厉风行，进兵神速。12 月抵西宁，次年 2 月抵藏。由西宁至拉萨 2500 公里，僧侣商贾至少用 120 天左右，福康安仅用 50 天。福康安在拉萨与达赖、班禅会面后，根据敌情作出相应部署，随即发兵逐虏。依次收复日喀则、定日、聂拉木和吉隆，至5月廓尔喀兵已被全部逐出藏境。福康安又乘胜追击，沿吉隆河南下，破关夺隘，势如破竹。7月兵临阳布（今加德满都）城下。廓尔喀请降，福康安受降班师。随后廓尔喀遣使入京称臣为藩。福康安又奉旨与尼方共同勘定两国边界，沿喜马拉雅山山脊垒石12堆作界碑（鄂博）。福康安还会同八世达赖、七世班禅拟订藏内善后举措呈报朝廷。经清廷修订后以《钦定藏内善后章程》二十九条颁布实施，其中包括驻藏大臣和达赖、班禅的地位、权力以及"金瓶掣签"认定活佛转世灵童等措施，对加强西藏地方与中央的隶属关系、规范西藏地方僧俗活动并形成历史定制起到积极重要的作用。

乾隆对福康安平定廓尔喀之役褒奖有加，龙颜大悦，称此战为其继位以来用兵平乱"十全武功"之一，并作《十全记》曰："十功者，平准噶尔为二，定回部为一，扫金川为二，靖台湾为一，降缅甸、安南各一，即今二次受廓尔喀降，合为十。"乾隆又将此记手书勒石，自称"十全老人"。《十全记》御碑当年即立于拉萨布达拉宫前，至今保存完好。

自清乾隆五十七年（1792年）"廓尔喀之役"后，中国和尼泊尔持续保持了半个多世纪的睦邻友好关系。

英国入侵和拉纳篡权

1757年英国入侵印度后即觊觎尼泊尔。1791年英属东印度公司强迫尼泊尔签订不平等"通商条约"。1814年，英国以印度和尼泊尔边界纠纷为借口，从东、西、南三面对尼发动大规模进攻，试图一举将尼吞并。尼泊尔军民英勇抗击，重创英军。英军连续发动马龙战役、卡朗战役和德瓦塔战役，耗时两年，损兵折将却未能如愿。但尼泊尔毕竟国小力弱，实力对比悬殊，最终被迫与英签订《萨高利条约》，割让特莱平原 1 万平方公里土地给英属印度，允许英国在加德满都设立总督代表官邸，英国获得在尼泊尔的各种特权。

1846 年，在英国支持下，尼泊尔发生“拉纳政变”。拉纳原为国王的一名侍卫，因善察言观色而平步青云，官至官务总管。拉纳政变后自任首相，总揽大权架空国王，开启其家族世袭首相独裁统治尼泊尔的百年历史。

1850 年拉纳在英属印度总督的安排下，赴英考察，对英国的方方面面佩服得五体投地，又受到维多利亚女王的接见，从此更加亲英。1857 年印度民族大起义，拉纳派出 1.5 万廓尔喀兵参加镇压，对英效尽犬马之劳。为进一步笼络拉纳，1923 年英国承认尼泊尔“独立”，与尼签订“永久和平条约”，归还曾经强迫尼泊尔割让的特莱平原的土地。拉纳政权由此更加沦为英国的傀儡。

依仗英国的撑腰，尼泊尔拉纳政府疏离与清朝的关系。1856 年拉纳政府发兵攻打西藏。此时对外屈服于英国鸦片战争、对内忙于镇压太平天国运动的清廷，对尼泊尔入侵采取妥协退让政策，责令驻藏大臣出面议和并签署《藏尼条约》，允西藏每年向尼泊尔赔偿一万尼币，尼泊尔在藏派驻官方代表机构，享有治外法权，西藏开放亚东、江孜、聂拉木、吉隆等地为商贸市场，尼人在藏经商免除关税。1792 年乾隆年间由福康安开创的中尼睦邻友好局面至此完全逆转。

祖孙三王的功与过

“二战”后民族解放运动风起云涌，1947 年英国被迫承认印度独立，尼泊尔民众倍受鼓舞，掀起反对拉纳家族亲英独裁统治的浪潮。1950 年 11 月 10 日，特里布文国王在印度驻尼使馆的安排下潜逃德里，与在印的尼泊尔大会党领导人会商结盟，共举反对拉纳独裁统治争取独立民主的大旗，尼各界纷纷响应。印度顺势出面“裁决”，拉纳被迫下台。1951 年 2 月 18 日，特里布文国王回到加德满都，宣布尼泊尔实行君主立宪多党议会民主制度。

但尼泊尔人很快发现，他们刚摆脱英国的控制又跌入印度的掌控之中。尼报称“走了一只狼又来了一只狼”。特里布文国王说，他变成了尼赫鲁总理手中的人质。一位印度绅士做了他的秘书，两名印度军官保卫他的安全。这些是尼赫鲁先生送给他的特殊礼物，他怎忍心拒绝？他已不再受拉纳首相的奴役，可是他自由了吗？尼泊尔不得不接受印度安排好的“民主制度”。尼外交部的重要文件须交印驻尼使馆过目，接受他们指导。印驻尼军事代表团俨然是尼军统帅部，印把喜马拉雅山视为自己的天然边界，在这里设检查站和哨所……尼泊尔的主权比拉纳时期丢失得还要多。时为王储的马亨德拉对父王的痛苦与无奈有着深刻的记忆。1996 年在一次会见中，前首相比斯塔曾对我说起这些往事。

1955 年马亨德拉国王继位后立志摆脱印度的控制。1960 年 12 月，他宣布尼泊尔实行“潘查亚特”即无党派评议会制度。宪法规定国王“至高无上”，是“权力的源泉”。全国设中央、县、村三级评议会，议员直选产生，任期 5 年。马亨德拉此举摆脱了印度对尼政府决策的干预，但激起政党的不满。

1972 年，比兰德拉国王继位。印度不甘心逐渐失去对尼泊尔的控制，不断给尼制造麻烦。1989 年，印对尼实施禁运，严重影响尼经济运作。尼大会党联合尼共（联）等政党发起声势浩大的反评议会运动，比兰德拉被迫取消实施了 29 年的评议会制，恢复君主立宪多党议会制。比兰德拉行事温和，处理对外关系比较注意平衡，既不轻易得罪印度，又积极发展对华友好关系。他一生 11 次访华，对中国有友好感情。同时保持与南亚国家及世界各国的友好交往，借以平衡印度的强权压力。比兰德拉关心民瘼，是一位平民化君主。1996 年的一天，我在使馆为他设宴，他自己开着一辆吉普车就来了。我在门口迎候，车子停稳后招待员上前打开车门，跳下车来的却是司机，从司机位子上走下来的才是国王。若非正式场合，比兰德拉国王总是说不必拘礼。

从特里布文国王到马亨德拉国王再到比兰德拉国王，纵观祖孙三王在位 50 年历程，他们为争取民族独立、维护民族尊严可谓苦心孤诣，不遗余力，成效显著。但对国家的发展却重视不够、措施不力，以至尼泊尔经济社会发展滞后，长期处于欠发达国家行列，人民生活没有明显改善，社会矛盾激化，政局动荡。这责任不全在王室，特别是在君主立宪多党议会制时期执政党难辞其咎。是故，若论功过，祖孙三王功不可没，过亦显见。

日落廓尔喀

廓尔喀镇位于加德满都西北方向的一个山谷，沿着加德满都至博卡拉公路行车约 80 公里即可到达。在镇子旁边的山坡上有一座旧王宫，这就是廓尔喀王朝即沙阿王朝的发祥地。2009 年的一个下午，我驱车来到这里，面对废殿、荒苑、残垣，心头掠过些许凄凉，眼前浮现王朝末日的几个画面。

2001 年 6 月 1 日，纳拉扬希提王宫血案后的第二日，王宫顾问委员会宣布，正在医院接受抢救的迪彭德拉继承王位，已故国王比兰德拉的弟弟贾南德拉为摄政王。6 月 3 日夜里迪彭德拉去世，贾南德拉由摄政王变成国王。

2005 年 2 月 1 日，贾南德拉国王以内阁“腐败无能”为由，宣布解散内阁，中止议会，由他亲政。尼泊尔退回到封建君主制。

2006 年 4 月，尼泊尔 7 个主要政党结成同盟并联合尼共（毛主义中心）发起反国王街头运动。国王被迫妥协，宣布恢复议会，还政于政党。

2008 年 5 月，尼泊尔制宪会议宣布废除国王和君主制，改国体为联邦民主共和国。

2008 年 5 月 29 日，沙阿王朝王室旗帜从王宫旗杆上悄然降落。在尼泊尔这块土地上存在了240年的沙阿王朝消失在历史长河里。

晚风中，衰草摇曳，落日渐渐隐没在廓尔喀的群山里。火烧云升腾起来，很快映红半边天。我突然感悟，随着旧世界的逝去，一个新世界已然诞生。

出使新加坡篇

PART 2

伊斯丹纳宫

新加坡乌节路东头有一座大花园，古树参天，碧草如茵，莺飞泉鸣，绿荫掩映着错落的楼宇，在繁华闹市中显得格外幽静，这便是伊斯丹纳宫（The Istana）。新加坡总统、总理日常在此办公，故又称总统府。

抵任新加坡不久，我便先后拜会了伊斯丹纳宫的纳丹总统和王鼎昌、黄金辉两位前总统。

向纳丹总统递交国书

2000 年 8 月 31 日，我抵达新加坡，出任中国驻新加坡大使。9 月 4 日，向新加坡外交部礼宾司司长递交国书副本。9 月 15 日，前往伊斯丹纳宫向纳丹总统递交国书。

上午 10 时 30 分，车子从大门驶入，门口两旁卫兵持枪肃立，行注目礼。进门但见碧油油的草地，如同一块硕大无朋的地毯向山坡上伸展。车子顺着草地边沿行驶，在一幢小楼前停了下来。礼宾官把我和我的随同人员领进客厅。我们一边饮茶，一边听取他关于递交国书程序的介绍。然后，他引领我走到门口，兴致勃勃地介绍总统府的来历。

18 世纪后期起，英国逐渐控制马六甲海峡。1786 年占据槟城，1819 年占据新加坡，1824 年又从荷兰手中夺得马六甲。1826 年，英国将槟城、新加坡、马六甲整合，成立海峡殖民地，隶属英国东印度公司。殖民地首府初设于槟城，1832 年移至新加坡。1867 年，海峡殖民地改由伦敦殖民本部直接管辖。也是在这一年，海峡殖民地当局开始兴建伊斯丹纳宫，建成后一直是殖民地总督办公和居住的场所。1942 年 2 月至 1945 年 9 月日本侵占新加坡期间，伊斯丹纳宫一度沦为占领军总部。1946 年，海峡殖民地解散，新加坡成为英国直属殖民地。1959 年，新加坡成为自治邦。1963 年，新加坡加入马来西亚。1965 年，新加坡退出马来西亚成立共和国。从此，伊斯丹纳宫成为新加坡共和国总统和政府总理办公场所。

新加坡是一个年轻的国家，历经百年风雨而保存下来的建筑不多。所以，政府很重视对伊斯丹纳宫的保护，每年拨出专门预算进行维修和保护。山坡上一栋栋形态各异的欧式建筑，有罗马式的、哥特式的，还有维多利亚式的，楼前楼后树木葱茏，小桥流水，鸟语花香，西洋风格与本土特色融为一体，可谓东西合璧了。

11 时 30 分，我们乘车来到主楼前。楼前的平坝上，仪仗队列队完毕。中华人民共和国国旗和新加坡共和国国旗在蓝天下高高飘扬。

我登上检阅台，乐队奏响两国国歌。礼毕，我走下检阅台，在仪仗队指挥官的陪同下，从仪仗队队前徐步走过。仪仗队全体队员的目光紧随着我的行进移动，表现出训练有素的、对一个国家特命全权大使的应有的礼遇和尊重。我鞠躬致谢，然后随着礼宾官走进大楼。

宽敞的大厅，华灯齐放。纳丹总统站在大厅中央，他中等身材，着浅灰色西服，双目炯炯有神。我着深蓝色西服手持国书，沿着红地毯稳步向前走去。

我与纳丹总统虽未曾谋面，但对他并不陌生。他是印度裔，毕业于马来亚大学（新加坡国立大学的前身），曾任外交部常秘、国家情报局局长、海峡时报执行主席、驻马来西亚最高专员、驻美国大使、南洋理工大学国防战略研究院院长。1999 年 8 月，当选为新加坡共和国总统。我的前任陈宝鎏大使告诉我，纳丹总统学识渊博，视野开阔，且平易近人。所以，我第一眼看到他就有一种亲近感。

走到纳丹总统跟前，我立正，鞠躬，双手递过国书，说道：“尊敬的总统阁下，我荣幸地向您递交由国家主席江泽民阁下亲署的中华人民共和国国书。”纳丹总统双手接过国书，紧紧握住我的手说：“欢迎！欢迎大使阁下！”然后，我向他介绍我的夫人唐黎珍、公使衔参赞管木等随同人员。他也将他的夫人介绍给我们认识。

总统领着我走进客厅，落座。服务员在茶几上摆上茶水和点心。

我首先表示，很高兴出任中国驻新加坡大使。中新建交 10 年来两国关系迅速发展，双方在各领域进行了卓有成效的合作，展现出广阔的前景。我愿全力推动中新关系在现有基础上提升到一个新的更高的水平。纳丹总统表示将全力支持我的工作。我称赞新加坡走出了一条独具特色的发展道路，建国时间不长就从一个弱国跻身发达国家行列，值得学习和借鉴。纳丹表示，新加坡块头小，很难与中国相比。新加坡有一些成功的经验愿与中国分享，挫折和教训也愿坦诚相告。纳丹还赞扬中国改革开放取得举世瞩目的成就，令人钦佩。

会见后，纳丹总统为我举行了一个小型招待会。新方总统府和外交部官员、随我前来的使馆外交官参加。招待员端来两杯威士忌，纳丹总统递给我一杯，自己端上一杯，靠过来故作神秘地对我说："大使阁下，我很愿意跟你站在一起交谈，"说话间狡黠地眨了一下眼，"知道为什么吗？"我说："我们谈得来呀！""不只这个，"他说，"还有，我们个头相仿，彼此都不用仰视啊！""哈哈，对极了！"我说着，举起酒杯跟他一碰，"干杯！"

纳丹总统告诉我，新加坡共和国自 1965 年成立以来已经历五任总统，他本人是第六任。他和他的前任王鼎昌都是民选产生的。王鼎昌前总统得了淋巴癌，目前已经治愈。他提议我去看看他。

我说，王鼎昌总统访华时我见过他，他给我留下很好的印象。我将尽快联系，争取早日拜访他。

王鼎昌翰墨传情

2000 年 9 月 29 日，我拜会新加坡前总统王鼎昌。他告诉我，他得了一场大病，但恢复得不错。我看他精神矍铄，气色很好，对他的康复表示祝贺。我邀请他和家人方便时到我官邸品尝中国菜，他欣然答应。

记得那是个周末。傍晚，墙头上的三角梅在夕照下格外艳丽，凉风习习，流水潺潺。我们早早打开院门，迎候客人的到来。6 时许，王鼎昌携家人如期而至。

宾主落座。王先生端起茶杯，看着色如琥珀、清香幽微的茶汤，轻轻啜了一口，赞道：“好茶!”我说，这是福建铁观音。他说，他最喜欢安溪铁观音，家里有收藏，闲暇时会沏上一壶，慢慢地品酌。

王鼎昌祖籍福建同安。1918 年，王鼎昌的祖父南渡新加坡谋生。祖父爱读诗书，对王鼎昌影响很大。王鼎昌 7 岁就能背诵《大学》。他小时候家境并不富裕，曾摆过地摊补贴家用。在学校里勤奋好学，学习成绩一直很优秀，从新加坡大学毕业后曾获得奖学金留学英国利物浦大学攻读城市规划专业。学成后曾供职于新加坡设计局。后从政，当选国会议员，先后出任文化部长、交通部长、劳工部长、副总理。1993 年，当选新加坡首任民选总统。

席间，服务员端上一个瓷罐子，盖子掀开，香味四溢。我请王先生首先品尝，他当即动筷，然后说：“软嫩柔润，荤而不腻，堪称上品。”又说：“是佛跳墙?”我说：“正是!”我告诉他，我曾在福州聚春园吃过此菜，据大厨介绍，此菜始于清朝道光年间，为当时老板郑春发首创，他将鱼翅、鲍鱼、海参、蹄筋、香菇等烩于一锅，文火慢炖而成，首次上桌就倾折满堂宾客。有文人即席赋诗，其中有句“坛启荤香飘四邻，佛闻弃禅跳墙来”，“佛跳墙”因此得名。王鼎昌听后高兴地说：“想不到我的桑梓之地还有这么好的菜肴，此处当浮一大白!”他的夫人提醒他遵医嘱，少喝酒。他说：“今晚例外!”说着端起一杯茅台一饮而尽。

我赞赏王先生中文水平高，对中华文化有研究。他说，中华文化如同大海，来到岸边饮得半瓢已是受益匪浅。每次到中国访问既是工作也是学习，都很有收获。他特别提到 1995 年 8 月对中国的国事访问，并且说记得我也参加了这次访问活动。我说，当时我是外交部亚洲司副司长，全程陪同他的访问。王鼎昌说那次访问有三场活动令他特别难以忘怀。

第一是时任国家主席江泽民的会见。8 月 21 日下午，江主席在人民大会堂东门外广场举行欢迎仪式后在河北厅会见王先生，江主席在谈话中揭露李登辉搞“台独”，自以为得计，“一心以为有鸿鹄将至”，但他打错了算盘，是绝不会得逞的。

王鼎昌说，我当即向江主席表明，新加坡始终坚持一个中国政策，对“台独”持反对态度。江主席的谈话引经据典，言简意赅，令人印象深刻。我说，会见后江主席还让工作人员把“鸿鹄将至”这个典故找出来交给新方陪同人员，供你们参考。王鼎昌说，是的，事后我研究了这个典故。

第二是参观大草原。8 月 23 日，代表团从海拉尔去满洲里，途中在呼伦贝尔草原访问牧场，观看“那达慕”大会，有套马、赛马、摔跤等精彩表演。牧民的勇敢、剽悍、豪迈令人赞叹。次日，归途下起瓢泼大雨。但草原的雨说来就来说去便去。不一会儿，云散雨霁，代表团停车休息。

我说，记得总统阁下走下车来，面对广阔无垠的草地和白云缓缓飘过的湛蓝天空，大发感慨：“来到草原方知个人之渺小啊!”王先生马上接过话头：“是的，记忆犹新。

当时心境特别好，我放开嗓子背诵了《敕勒歌》：天苍苍，野茫茫，风吹草低见牛羊。”我说，那一刻，全体随行人员无不感受到总统阁下的万丈豪情！都为您鼓掌了。

第三是登长白山。8 月 24 日，代表团来到吉林延边准备攀登长白山。出发之前，当地陪同说，游长白山有两个看点，一是观赏植被，二是俯瞰天池。因为峰顶气候无常，能否看到天池很大程度要凭运气。25 日下午 2 时 30 分，我们兴致勃勃地出发了。从海拔 500 米的山脚到 2700 米的顶峰，沿途我们目不暇接地欣赏了从红松阔叶林、针叶林、岳桦林到高山苔原的垂直植被景观。越到峰顶云雾越浓，大家都有点担心见不到天池。登临绝顶但见云开雾散，一泓碧水在群峰簇拥下毫无保留地展现在眼前。总统阁下快步走到岸边，由衷赞叹：“真是人间仙境啊！”

我说，大家都很高兴，笑称这是总统带来的好运，要求跟总统合影留念。王鼎昌说，这珍贵的照片他至今保存着呢。

下山后，当地希望前总统题字留言，他大笔一挥，书写了“今古奇观”四个大字。

王鼎昌说，中国历史悠久，文化博大精深，而且正在发生着日新月异的变化，值得了解、研究、学习的东西很多。他尽管不做总统了，仍然希望经常去中国看看。

餐毕，我请王鼎昌来到书房欣赏官邸的字画。桌子上铺开了四尺宣纸，置放了墨汁和笔。他站在桌前，提笔蘸墨，写下“春风得意马蹄疾”条幅，然后说，他借孟郊诗句祝愿中新两国友好合作关系取得更快更好发展。大家交口称赞并报以诚挚的掌声。

黄金辉请我喝茶

2000 年 10 月 18 日，我拜会新加坡前总统黄金辉。我的车子一进院门，便看见他身着浅灰色西服，系紫色领带，面带微笑，站在宅邸门口。我从车上下来，快步走上前去握着他的手说："很高兴到您家来。"他说："欢迎！欢迎！"

在会客室里，他请我喝武夷岩茶大红袍。深橙色的茶汤，澄澈明丽。我端起茶杯呷了一小口，顿觉舌底生津，口留清韵。不禁赞道："您这是难得的好茶啊！"他说："这是中国朋友送的，大使是内行，特请您品评。"我说："内行谈不上，喜欢喝茶，略知一二而已。"我又讲到几年前，我曾应邀游览武夷山，到过九龙窠，那里云烟轻笼，茶园滴翠飘香。峭壁上赫然可见"大红袍"三个字，据介绍是天心禅寺僧人手笔。"为什么叫大红袍？"黄先生问。我说，有多种说法，当地茶人的说法是，春茶萌发时通树艳红似火，远看若红袍加身，故而得名。我抿一口茶，接着说，武夷岩茶与安溪铁观音、福鼎白茶并列福建三大名茶，都属于半发酵或微发酵茶，介于红茶与绿茶之间。大红袍居岩茶之首，有"茶中状元"之称，兼具红茶的甘醇与绿茶的清香，所以我比较偏爱。黄先生端起茶杯高兴地说："我为我的祖籍地有这么好的物产而骄傲！今天就让我以茶代酒，欢迎大使履新！"我愉快地端起茶杯表示感谢。

黄金辉祖籍福建龙海。2000 年 5 月，他曾携子孙返闽寻根问祖。黄金辉出生在新加坡。早年做过记者，办过报。后出任新加坡驻马来西亚高级专员、驻日本和韩国大使、新加坡广播局主席。1985年8月至1993年9月任新加坡总统。

黄先生向我介绍了新加坡总统职能。1965年新加坡共和国成立并制定宪法，规定总统为国家元首，由议会选举产生，每届任期4年。总统根据议会决议任命议会中占最多数的政党领袖为政府总理，而后根据总理提议任命内阁成员。总统和议会共同行使立法权。

1991年初，新加坡议会通过宪法修正案。根据这一法案，总统不再由议会选举，改由全民选举产生，任期由4年改为6年。总统权力有所扩大，有权否决政府动用储备金，有权否决政府财政预算案。对国家安全法、维护宗教和谐法，对国家反贪污工作，总统有权监督。为协助总统执法，法案规定设立总统顾问理事会，总统作出决定使用上述权力之前必须征求总统顾问理事会的意见。总统因故不能行使职权或缺位时，理事会主席为代总统。实际上，总统权力扩大了，限制也增加了。黄金辉说，新加坡政体对总统的设置既参照西方又根据本国国情作了适当调整，这些年的实践证明，它有利于新加坡的稳定和发展。

黄金辉喝了一口茶，接着说，新加坡是一个小国，没有回旋余地。就像大海里的一叶扁舟，经不起大风大浪。国际因素对新加坡影响极大，比如1968年至1971年间英军从新加坡撤出，新加坡20%的GDP一下就没了着落。1973年中东石油危机导致新加坡经济衰退。1997年亚洲金融危机对新加坡经济造成巨大冲击，这个影响至今还在发酵。所以，新加坡十分注意国际风云变幻，重视同大国的交往，小心处理与邻国的关系。

他特别强调，新加坡坚定不移发展同中国的友好关系。中新建交 10 年，双方在各领域进行了卓有成效的合作。他在总统任上时，与中国驻新加坡首任大使张青、第二任大使杨文昌关系密切。卸任后，与第三任大使傅学章、第四任大使陈宝鎏也保持联系。他说，现在你来了，希望我们保持经常往来。我愿在有生之年为两国关系发展继续贡献绵薄之力。

说到这里，他站起来走到书柜前，取出几张照片让我观赏。我一看，这是他在漓江上的留影。他说："1979 年我任驻马来西亚高级专员时曾携家人访问桂林，第一印象是这种山水之美为世界独一无二。1991 年我以总统身份再次往访，山水依旧，但旅游设施、服务、管理有了很大加强。当地领导有一句话，我至今还记得：桂林山水甲天下，广西处处有桂林。他们告诉我这里包含两层意思，一是除桂林外，广西还有很多像桂林一样美的地方；二是要把整个广西都建设得像桂林一样美。广西是个好地方。我知道你是广西人，我为你的家乡高兴。"

我对黄先生客观友善的赞美表示感谢。同时送他一盒六堡茶。他一看就说："这是广西黑茶，堪比云南普洱，有清暑祛湿、明目清心、健胃清食功能。"我说："六堡茶今天遇到'知己'了！此茶没有大红袍名气大，但有其特色，您喜欢就好。"他愉快地收下了。

我向黄先生告辞，他起身送我。在房门口，我请他留步。他却拉起我的手，边走边叮咛道：“新加坡天气热，湿气大，你刚从北京来要特别注意防暑，坚持每天饮茶大有好处。”说着说着，一直把我送上车，看着车子缓缓驶离。我打开车窗向他挥别，他慈祥友善的笑容久久定格在我的脑海。

纳丹访华谈观感

2000 年 10 月，在伊斯丹纳宫的一次外交活动中，纳丹总统向我提出希望 2001 年访问中国。我当即报告国内，国内表示欢迎。经双方协商和安排，2001 年 9 月 12 日至 22 日，纳丹总统对中国进行正式国事访问。我奉命回国全程陪同纳丹总统的访问。结束访问的当天中午，他在上海金茂大厦设宴答谢北京陪同人员。

金茂大厦位于上海浦东陆家嘴，1999 年建成并投入使用。楼高 420.5 米，88 层，是当时上海的最高楼。新中国成立 50 周年之际，金茂大厦荣获“上海十大经典建筑金奖”首奖。站在 88 层观光厅，浦江两岸的繁华锦绣尽收眼底。

席间，纳丹总统愉快地回顾 10 天的访问行程。在北京，时任国家主席江泽民举行隆重的欢迎仪式、会谈和宴请。时任全国人大常委会委员长李鹏、时任全国政协主席李瑞环、时任国家副主席胡锦涛分别会见。双方就双边关系和共同关心的国际问题交换意见，取得广泛共识。此后访问了西安、武夷山、厦门、苏州和上海，增进了对中国经济、社会和文化的了解，很有收获。他对大家为此访提供的帮助表示诚挚感谢。

纳丹总统邀我坐在他的旁边，边吃边聊。他对我谈了此次访问中几点比较突出的感受。

他说，李瑞环主席在谈到民主的时候说，民主不是目的，是手段，是过程。任何民主都是相对的，一国的民主制度要依一国国情而定。他赞成这个说法。英美曾要求新加坡向他们的民主制度看齐，新方没有照搬。

我说，1993 年时任全国人大常委会委员长乔石访问新加坡时曾向李光耀资政介绍我们的人民代表大会，指出这是中国独创性的民主制度。李光耀说："西方攻击你们是独裁，因为不合他们的胃口。他们起初也曾责问新加坡为什么是人民行动党一党长期执政。后来我们发展起来了，成功了，他们便不再说了。不要管他们，符合自己国情就好。"

纳丹说，这就是李光耀的思想，好与不好要看能不能解决问题。中国举世瞩目的成就证明你们的民主模式是管用的。

纳丹接着说，中国发展市场经济同时坚持适当的政府调控，取得很好的效果，这令我印象深刻。据徐匡迪市长介绍，2001 年上半年上海市经济同比增长 10.3%，全年可望增长 10.5%。中国国家统计局报告，今年以来投资、消费、外贸均持续增长，预计全年 GDP 同比增长 7%以上。在世界经济不景气的情况下，中国经济"逆风飞扬"。

纳丹说，1997 年金融危机使东南亚经济遭受重创，迄今未走出困境。2001 年新加坡经济萎缩 2%左右。新加坡和东盟各国都感激中国在金融危机中与受害国“感同身受”“同舟共济”，坚持人民币不贬值，并向受害严重的国家提供了有效的帮助。新加坡和东盟各国都希望继续搭乘中国经济“顺风车”。

我说，中国领导人已经明确表示，中国与新加坡和东盟国家是亲密友好邻邦，休戚与共，愿彼此守望相助，携手共同发展，欢迎搭乘中国的“顺风车”。纳丹表示铭感在心。

纳丹还说，中华文化博大精深。从长城、故宫、兵马俑坑、上海博物馆的青铜器，可以看到中国几千年深厚的文化积淀。在武夷山九曲溪，当地学者遥指隐屏峰下紫阳书院遗址讲述孔孟之道与程朱理学，使我感受到儒家学说的魅力。儒家学说是开放的、发展的。中国的改革开放丰富了这一学说的内涵。中华文化是中国民族复兴的内在动力，也将对人类进步产生积极影响。我对纳丹总统的积极评价表示感谢。

餐毕，我们来到窗前，纳丹总统俯瞰如春笋般拔地而起的楼宇感慨地说，几年间浦东崛起为一座现代化新城，这是中国速度、中国奇迹，它让困顿的世界看到了新希望。

我在新加坡的整个任期里，纳丹总统是我接触最多的领导人之一。除单独会见外，在许多外交场合都有机会见面和交谈。我常常就国际和地区问题与他交换意见，他对许多问题都有比较客观、公正的分析和见解，他的睿智、坦诚和友善给我留下了深刻印象。

建交十年话友谊

文华酒店的聚会

2000 年 9 月 18 日，中国使馆与新加坡中华总商会、华文报业控股集团、东亚研究所、新中友协、文华酒店等联合举办“中新建交十周年回顾与展望研讨会”。当天晚上，我在文华酒店举办到任招待会，主要话题也是“建交十周年”。各界人士踊跃出席，气氛热烈。大家从不同角度历数十年来两国在各领域开展友好互利合作的丰硕成果。

自 1990 年中新建交以来，两国领导人频繁互访。中国国家主席杨尚昆、江泽民，国务院总理李鹏、朱镕基；新加坡总统黄金辉、王鼎昌，总理李光耀、吴作栋等相继互访。李光耀卸任总理改任资政后仍然经常往访中国，10 年间访华 16 次之多。领导人之间密切接触，增进了彼此的了解和信任，有力推动了两国关系发展。

两国贸易迅速发展。1991 年两国贸易额为 30 亿美元，1995 年两国贸易额增至 69 亿美元，1997 年增至 87.8 亿美元，1998 年因受亚洲金融危机影响出现负增长，1999 年又回升至 85.6 亿美元，2000 年突破 100 亿美元。新加坡成为中国第 7 大贸易伙伴。

两国投资合作快速增长。建交以来，新加坡企业踊跃对华投资，呈现项目规模大、范围广的特点。不仅重点经营苏州工业园区，注重对山东的投入，还同河南、四川、湖北、吉林等省市签订合作协议，成立了工作联合委员会，有序推动各种投资项目。到 1999 年底，新加坡在中国投资协议金额达 332.5 亿美元，实际投入 148 亿美元，在中国吸收外资国家排名中名列第 4 位，居东盟国家之首。

两国大力开展人才培训合作。中国从中央各部门到地方政府不断派团组到新加坡考察学习。新加坡以大学和研究机构为依托，举办各种经济和社会管理培训班，每年吸纳数以千计的中国官员和企业界人士前来参训。新方也派人到中国去考察和进修。

两国文化科技交流活跃。双方签署了文化、教育、科技合作协议。在文教、体育、艺术、卫生、广播、电视等领域交往频繁，每年互派的留学生逐年增多。文艺团组经常互访。高校、研究机构学术交流密切。

为什么中新关系能在 10 年时间里取得如此突出的成绩？与会人员进行了深入探讨，给出了许多解读，最突出的有两条。

一是彼此尊重对方所选择的发展道路。中国赞赏新加坡建国以来走出了一条既符合本国国情又符合时代特征的独特的发展道路，在不长的时间里从发展中国家跻身发达国家的行列。邓小平明确提出中国要向新加坡学习。新加坡赞赏中国的改革开放政策和在国家建设中取得的成就。李光耀明确指出，中国式的民主符合中国国情，西方的一人一票选举制在中国行不通。邓小平比戈尔巴乔夫要高明得多。1989 年政治风波发生之后，李光耀明确表示“我们不批评中国政府”。他对中国的发展前景持乐观态度。

二是两国都实行开放、包容式的发展。1990 年中新建交恰逢两国领导人新老交替。中国新领导人坚持进一步推进改革开放，以更加优惠的政策招商引资。吴作栋出任总理后提出，新加坡来到一个新的起点，要在前 30 年的基础上开辟新境界，创造新业绩。李光耀支持吴作栋的主张，鼓励企业家走出国门，到世界去谋求新发展。正是两国理念和政策的契合，促成大量新加坡资本在中国这片热土上生根开花。

大家在发言和交谈中，都真挚地提及源远流长的中新友谊。早在新加坡开埠之前，就已经有中国人在这里耕商渔樵，从事对这座小岛的开发。新加坡成为英国殖民地以后，这里是中国最早设领的地方。清末民初，新加坡华人给予孙中山的革命事业有力的支持。抗日战争中，新加坡华人筹赈参战，救亡图存，作出了积极贡献。新中国成立、新加坡建国以后，两国人民往来不断，守望相助。人们深情地提及中新关系演进过程中的一些重要地点比如晚晴园、怡和轩等，以及一些杰出人物比如孙中山、黄遵宪、陈嘉庚等。我深知，了解过去才能更好地认识今天和展望未来。在随后的日子里，我对这些不同寻常的地点和相关人士逐一走访。

新加坡是中国最早设领的地方

2000 年 10 月初的一天，我应邀与谢镛先生在东陵俱乐部共进午餐。

谢镛祖籍福建诏安，1926年出生于新加坡。年轻时供职于南洋商报，曾因撰文批评英国殖民当局被捕入狱。后期从事海运业务，与中国远洋运输公司有良好的合作。曾任新加坡寄货人协会会长、诏安会馆主席。中国与新加坡建交后，谢镛牵头筹建新中友好协会。1993年新中友好协会成立，谢镛被推举为首任会长。

服务员端上餐食，谢镛要了牛排，我要了三文鱼。他端起葡萄酒杯与我轻轻一碰："欢迎张先生出任中国驻新加坡大使!"我说："谢谢您的款待!"他饮了一口酒，接着说："新中友协是在中国首任驻新加坡大使张青的倡议下成立起来的，一直致力于促进两国民间的友好往来。"我说："新中友协成立7年来做了许多有益的工作，中国使馆将一如既往对友协给予支持和帮助。"谢镛说："今天请大使在这里共餐，首先让我向您介绍一下这家俱乐部。"

他说，东陵俱乐部始建于1845年，主要是供欧美人士餐饮和休闲。如今范围已经扩大，但仍主要是成功人士进出的地方。俱乐部实行会员制，他本人是会董。每届董事会都会吸收几名在社会上有影响的人士做名誉会员，他已提议吸收中国大使为名誉会员并获董事会同意。名誉会员不需要交会费，也无任何附加条件。谢镛说，东陵俱乐部是新加坡最早的交际场所，各国外交官常在此活动，所以建议我接受俱乐部的邀请。我应允并表示感谢。

我接着表示："知道谢先生对南洋华侨史有研究，很愿意听听您在这方面的一些介绍。"

谢镛哈哈一笑说："您这是搔到我的痒处了，让我跟您说几个掌故。"于是，他边喝酒边娓娓道来。

1819 年英国人莱佛士登岛之前，新加坡是个小渔村，已经有华人定居。此后随着港口的开发，中国的茶叶、丝绸、瓷器、印度和阿拉伯的香料等特产在这里频繁转运，新加坡河两岸从事搬运和做生意的华人逐渐增多。华人遭遇欺负和纠纷的事常有发生，对他们的正当权益的保护成为一个日益突出的问题。

1876 年冬，清政府首任驻英国公使郭嵩焘赴任途经新加坡了解到这一情况，当即建议清廷在新加坡派驻领事实施对侨民的保护。次年，清廷向英国政府提出要在新加坡设领事，英方先是推托、阻挠，最后不得不同意但要求清廷在新加坡物色领事人选。自此，中国和新加坡建立领事关系，开启官方往来。

在清末 30 多年的中新领事关系中，有三个人是不可忘记的，他们是胡璇泽、左秉隆和黄遵宪。

1877 年 10 月，胡璇泽被清廷委任为首任驻新加坡领事。胡璇泽又名胡亚基，祖籍广东番禺县黄埔乡。1830 年，15 岁的胡璇泽随其父移居新加坡，佐理杂粮买卖。因经营得法，又能结交上层，得以专营对殖民当局和英军的牛肉、面包、蔬菜水果供应，逐渐发迹，小粮店变成颇具实力的"黄埔公司"，胡璇泽被当地人尊称为"黄埔先生"。1871 年前后，胡璇泽被殖民当局委以立法会非官方议员、行政议会议员和太平局绅。他不仅做了中国驻新加坡领事，还先后做了俄国、日本驻新领事。胡璇泽以其在社会上的地位和影响为维护新加坡华人利益发挥了一定的作用。1880年3月胡璇泽病逝于新加坡，其遗体运回番禺黄埔安葬。今之黄埔村胡氏族谱尚有记载："十八世胡璇泽，钦命新加坡领事。"

胡璇泽逝世以后，由于清廷力争，英方终于同意中方从国内派遣驻新加坡领事。左秉隆成为第一位由国内派出的驻新加坡领事。任期从1881年到1891年，长达10年之久，是中国驻新加坡领事中任期最长的。早年左秉隆肄业并任教于广州和北京同文馆。驻英使臣曾纪泽赏识左秉隆，对左出任驻新加坡领事寄予厚望，赠赋诗激励："花萼初春日未中，左郎夭矫气成虹。"左秉隆抵任后，办同济医院，赠医施药；设保良局，救助妇孺；取缔"猪仔"，保护劳工权益。特别是大力倡办学校，组织"会贤社""雄辩会"，教授华文，宣讲孔孟之道，使新加坡"再华化"。左秉隆有自嘲诗曰："笑余九载新洲住，不似他官似教官。"南洋史学界称其为"新文化奠基者"，将他的"领新惠政"与"韩（愈）之于潮，苏（轼）之于琼，朱（熹）之于漳"相类比。左秉隆离任时华人前往码头相送，"车水马龙，络绎于道"。

此后，清廷决定将驻新加坡领事升格为总领事，领区扩大至槟城和马六甲。1891年11月，黄遵宪出任中国驻新加坡首任总领事。黄遵宪，广东梅州人。1876年中举，李鸿章称之为"霸才"。1877年以后先后担任驻日本使馆参赞、驻美国旧金山总领事、驻英国使馆参赞。1891年驻英国公使薛福成推荐黄遵宪出任驻新加坡总领事，称其"精明干练，措置裕如”。左秉隆与黄遵宪过从甚密，惺惺相惜，为黄履新赋诗：“汉家循吏推黄霸，看取声威慑百蛮。”黄遵宪抵新后深入了解侨情，为侨民排忧解难。其中有两件事至今为人们所津津乐道。一是促成清政府解除禁海令。清廷自1717年实施禁海，律例规定：“一切官员及军人等，如有私自出海经商者，或移往外洋海岛者，应照交通反叛律处斩立决。”后虽有所松动，但地方污吏依旧据此对回国华侨动辄裁以“逃犯”“叛国者”“人口贩子”罪名，勒索敛财，杀人害命，华侨有家难回，苦不堪言。黄遵宪义愤填膺，上书朝廷直陈利害，建议尽快取消此令，救侨于水火。1893年清廷终于废除实施了170多年的禁海令。海外侨民无不额手称庆。二是颁发护照。黄遵宪针对海外中国人群体中存在的种种乱象，对华侨实行注册登记，颁发护照。这对华侨华人的有效管理具有重要和积极的作用。人们称赞黄遵宪忧国忧民，既有开阔视野，又有务实作风。他经常深入市井与侨民促膝攀谈，对侨风民情了如指掌。他“都缦都典尽，三日口留香”的诗句生动描绘了东南亚“卖了纱笼吃榴梿”的民俗。黄遵宪在新加坡常驻虽然只有三年多，但业绩突出，深得侨心，广受好评。梁启超对他的评价是：“明于识，练于事，忠于国。”孙中山说他是“做大事，不做大官”的人。

我感谢谢镛先生的介绍。此前，我也读过一些资料，他的讲述使我对这段史实的了解更加丰富和清晰。新加坡是中国设领事的第一个国家。从1877年至1911年辛亥革命爆发前的34年间，清廷共任命12位驻新加坡领事和总领事。其中首任领事胡璇泽、首位由国内派出的领事左秉隆、首任总领事黄遵宪对中新领事关系发展都有突出贡献，尤其是黄遵宪，人们至今念念不忘。

临别，谢先生赠我谢锡铭诗集《梦草轩诗存》和谢松山诗集《血海》。《梦草轩诗存》为线装，叶恭绰题签。两书均刊印于 20 世纪 50 年代，册页已经发黄，很是难得。谢锡铭是谢镛的祖父，清末曾任贵州知县、知州，民国初年任诏安知县，工书善诗。谢松山是谢镛的父亲，1932 年移居新加坡，在南洋商报做副刊编辑，曾发表大量诗篇揭露日本侵略罪行，引起强烈反响，后结集《血海》连出 4 版。新中国成立后，谢松山在南洋商报撰文欢呼“中国人民站起来了”。1957 年应邀回国参加国庆观礼，受到周恩来总理的接见。谢镛说：“我出身书香门第，从商坚持取之有道，始终不忘根本，决心一辈子致力于中新友好。”我握着谢先生的手，感谢他的赠予，欣赏他的家国情怀，并对他的先人表示敬意。

孙中山与晚晴园

2000 年 10 月底，我走访了晚晴园。

晚晴园位于大巴窑附近，大人路 12 号。一栋独立二层小楼，红顶白墙，周围有走廊。楼前安放一座孙中山坐式雕像。庭院鲜花吐艳，树木葱茏。

晚晴园现为孙中山南洋纪念馆。冯仲汉馆长陪同我参观。他满头银发，热情爽朗，边走边叙说晚晴园的历史变迁。

晚晴园原名珍庐，为粤籍商人梅泉宝于1902年所建。1905年，潮籍橡胶巨子张永福购得此屋，供其母亲颐养天年，故借李商隐诗句“夕阳怜芳草，人间重晚晴”易名为“晚晴园”。恰在此时，孙中山来到新加坡。张永福与其母商议拟将晚晴园供孙中山使用。老太太一口答应，称赞儿子“深明大义”。自此，晚晴园成为孙中山在东南亚开展革命活动的重要据点。

从1900年到1911年，孙中山8次来新加坡，7次住在晚晴园。

1900年7月，孙中山首次来新加坡。戊戌政变失败后，康有为逃亡日本，同时在日的孙中山规劝其转变思路共同反清未果。这年初，康有为到新加坡活动。日本朋友宫崎寅藏自告奋勇，代表孙中山来新做康有为的劝说工作。康冥顽不化，反诬宫崎为“刺客”并将其告发，致使宫崎被殖民当局逮捕入狱。孙中山不顾当时正遭清廷通缉的危险处境，前来营救。宫崎获释，但孙中山被殖民当局驱逐，5年内不得入新。这次新加坡之行，使孙中山最终看清康有为改良派的保皇本质，从此丢掉幻想，分道扬镳。

1905年7月，孙中山时隔5年后再次来新加坡。孙中山是接到尤列报告后来新的。尤列是孙中山在香港医学院的同窗好友，赞同孙中山“医人不如医国”“借医术为入世之谋”的主张。1901年，尤列受孙中山委托到新加坡发展革命力量。他开设医馆，在“望闻问切”间结交忧国忧民之士，成立了华侨革命团体“中和堂”。一批“热血同志”在中和堂交流切磋，实现从保皇到反清、从改良到革命的思想转变。尤列写信将这一情况报告孙中山。孙中山很高兴，便在由法国去日本途中经停新加坡。他与张永福、陈楚楠、林义顺等人促膝长谈，解疑释惑，升华了他们的革命思想，为同盟会在南洋的组织发展做了准备。

1906年，孙中山两次来新加坡。2月，孙中山在晚晴园成立同盟会新加坡分会，陈楚楠为会长、张永福为副会长，发展了12名成员。在宣誓仪式上孙中山亲自领誓并发表激情洋溢的讲话，鼓励大家胜不骄、败不馁，敢于斗争，不怕牺牲，为实现民主共和国一往直前。7月，孙中山先到新加坡后去吉隆坡、槟城和怡保等地活动并发展了一批会员，将同盟会新加坡分会改称南洋分会。

1907年3月，孙中山来新加坡作短暂停留。1908年3月至1909年5月，孙中山在新加坡停留前后达14个月之久，是时间最长的一次。除新加坡、马来西亚外，还去了泰国。孙中山在曼谷唐人街发表演讲，号召华侨支持同盟会，以革命手段推翻清廷，实现民主共和。

1910年7月，孙中山由横滨来新加坡，然后去槟城。11月13日和黄兴、赵声、胡汉民等在槟城打铜仔街120号召开著名的“庇能会议”，策划第10次武装起义即1911年4月27日广州黄花岗起义。

1911年12月15日，孙中山自欧洲回国途中在新加坡停留一天。这时南洋分会的同盟会员已发展到1500人，大家对辛亥革命的成功欢呼雀跃，聚集码头热烈欢送孙中山回国。这是孙中山第8次也是最后一次来新加坡。

后来，张永福家道中落，将晚晴园卖给了一个印度商人。1937 年，李光前等 6 位侨胞将晚晴园购回交给新加坡中华总商会管理。1942 年至 1945 年，晚晴园被日军占据。1964 年，中华总商会将晚晴园恢复原貌。1994 年，新加坡政府将晚晴园列入历史古迹保护名录。1995 年 2 月，新加坡新闻及艺术部部长杨荣文视察晚晴园，指出孙中山领导的辛亥革命不仅改变了中国而且影响了世界局势。晚晴园是一个重要的历史见证者，要用以教育后代。1996 年，中华总商会决定重修晚晴园，在此设“孙中山南洋纪念馆”。委派冯仲汉为馆长，负责收集整理孙中山在南洋革命中的历史文物加以陈列，适时对公众开放。

冯仲汉供职于新加坡广播电台、电视台 30 余年，熟悉文化新闻工作，退休后在中华总商会主管文化社会事务。他说，他崇敬孙中山先生，平常就关注孙中山的史迹。担任馆长既感光荣也深知责任重大，故多次奔波于东南亚和中国各地搜集文物资料，争取尽快完成筹展工作。

冯馆长引领我从楼下到楼上，让我看了孙中山先生当年的办公室、卧室、会客室和会议室以及已经收集到的文物。然后对我说：“这次只能请您作个大概浏览，向您作个简单介绍。我们争取再用一年时间布展完毕，届时请您再来参观指导。”

我感谢冯馆长的热情接待，表示中国使馆支持晚晴园的工作，将积极提供支持和帮助。

一年后，我如约再访晚晴园。记得那是一个下午，夕照满园，清风送爽。

我在冯仲汉馆长的引导下，仔细地观看了布置一新的孙中山南洋纪念馆。展览通过大量的文物展示孙中山波澜壮阔的革命生涯，特别突出孙中山在新加坡和东南亚的光辉史迹。展品十分丰富，实物充盈，图文并茂，其中有不少真品真迹。布置得脉络分明、条理清晰。读来令人兴趣盎然，启人心智。有几件展品，特别引起我的注意。

一幅题为《孙中山在南洋》的巨型油画，几乎占据了展厅整面墙壁。画面上，孙中山站在中央，挥动右手，竖起三个指头，似在慷慨激昂而又耐心细致地讲解三民主义。周围聚拢着150多个人物，有他的战友和同志，有胶农、矿工、商贩，有男女老少，有的赤膊荷锄，有的挑担持筐，衣着或整齐或褴褛，姿势或站或蹲或坐，但目光都在孙中山身上，如众星拱月。作为背景的椰林和茅屋告诉人们这是在东南亚乡村。整个画面色彩绚丽，人物栩栩如生，生动地表现了孙中山当年在南洋深入群众宣讲革命道理的情景。

展厅里有一组名为《策划》的群雕。20多个人物和桌椅、茶具、书报等由高分子聚合材料塑造，和真人实物一般大小，惟妙惟肖，几可乱真。孙中山在主持会议，黄兴站立发言，似在部署行动方案，周围坐着尤列、陈楚楠、张永福、林义顺、胡汉民、汪精卫等。革命女侠陈粹芬手提茶壶在斟茶。陈粹芬的哥哥陈和作为孙中山的贴身卫士，站在窗前警惕地注视着楼外的动静。冯仲汉解释说，孙中山发动10次武装起义，其中有3次在新加坡策划。所以筹展时特地设计了这个场景，借以突出孙中山的革命实践。

庭院里陈列着几块书法石刻。一块红色巨石上镌刻着孙中山手书名言——“天下为公”，苍劲有力，熠熠生辉，传递着先生胸襟博大、心底无私的革命情怀。另一块赤褐色的大石上刻着李光耀的一句话：“孙中山，一个改变中国命运的人。”这是李光耀 1997 年 4 月 7 日接受《时代周刊》的采访时讲的话，原文为英文：One man who changed China，Dr Sun Yat-sen.

一棵百年老树下竖着一块碑刻，上有“烈士树”三字，为海协会会长汪道涵所书，意在纪念追随孙中山革命斗争中牺牲的万千先烈。一棵仁心果树下竖着一块碑刻，上有“仁心果”字样，是海基会会长辜振甫手迹。仁心果是孙中山在南洋活动时最爱吃的水果之一。冯馆长说，这两块碑由一块大石头劈成两半制成，蕴含对两岸实现统一的期盼，也是孙中山遗嘱“革命尚未成功，同志仍须努力”的应有之义。

参观完毕，我邀请冯仲汉馆长一起来到新加坡河畔共进晚餐。冯先生意犹未尽，接着刚才的话题说，他在研究孙中山过程中有三点突出感受。一是孙中山重视宣传。“攻心为先，以理服人”。他善于演讲，常常令听众“热血沸腾”。他亲自撰文在新加坡《图南报》《中兴报》以及马来西亚槟城的《光华日报》上发表，影响极大。二是注重行动。他常说，光说不做没有半点好处。他总是身先士卒，亲力亲为。从不顾个人安危，越是艰险越向前。三是愈挫愈奋。十次起义十次失败十次奋起，不达目的决不罢休。

我对冯先生所做工作表示钦佩和赞赏，希望晚晴园为传承孙中山革命精神，促进中新友好发挥更大作用。

2001 年 11 月 12 日，在孙中山诞辰 135 周年之际，晚晴园孙中山南洋纪念馆正式开幕，李光耀资政亲临剪彩。我应邀出席。李资政握着我的手说："感谢中方对孙中山南洋纪念馆工作的支持和帮助。今天我们共同见证晚晴园揭开新的一页！"

陈嘉庚与怡和轩

怡和轩位于牛车水武吉巴梳路 43 号。历经百年沧桑，仍旧从容挺立。这是一栋三层楼房，"怡和轩"匾额横嵌在三楼正面窗楣上方，十分醒目。

2000 年 11 月中旬的一个上午，我应邀前来拜访。孙炳炎主席和几位董事站在门口迎接。我大步走上前去握手问候。我对孙主席说："看到您耄耋之年依然身板硬朗，精神矍铄，我很高兴。"孙主席风趣地说："人逢喜事精神爽，大使的到来令敝轩蓬荜生辉啊！"他拉着我的手走进楼里，边走边指着一张张图片和一件件实物，迫不及待地讲起怡和轩的历史沿革。

怡和轩俱乐部成立于 1895 年，会所初设于达士敦山，1925 年迁来这里。俱乐部打破帮派藩篱，广纳侨贤，旨在联络感情，团结互助，协力公益，造福社会。当时正值辛亥革命前夕，陈楚楠、张永福、林义顺等一批会友都是同盟会南洋分会骨干，追随孙中山为推翻清廷、实现共和做了许多工作。日本发动侵略战争以后，俱乐部通过筹赈等各种方式，支援祖国抗日救亡。战后，俱乐部积极参与反对英国殖民统治，争取国家独立和公民权利。从怡和轩创建到新加坡共和国成立之前的70年，是充满疾风骤雨的斗争年代。此后我们进入一个平和的年代，俱乐部的工作转变为互助与公益，用我们的一句话来说就是“集贤达于一轩，寓娱乐于公益”。

这时，招待员端上茶水，孙主席请大家入座接着谈，几位会董也穿插发言，深情地回顾那段逝去的不寻常岁月。

在过去105年时间里，俱乐部有过7任主席（初称总理），其中任期最长、贡献最大的有4位：一是林推迁，功在创会；二是陈嘉庚，肩负民族大义，举起救亡国存的旗帜；三是陈六使，团结华人为争取公民权而斗争；四是孙炳炎，顺应时势，将俱乐部领进一个互助公益新时期。

人们谈得最多的是陈嘉庚。陈嘉庚有两大功绩最为人们称道。一是抗日。1937年卢沟桥事变后，南洋各地纷纷成立各种救亡团体。1938年10月10日，来自南洋各地的40多个救亡团体的120名代表聚集到新加坡华侨中学，宣布成立“南洋华侨筹赈祖国难民总会”（简称“南侨总会”），陈嘉庚被推选为主席。当时因殖民当局不允许提“抗日”，故以“筹赈”为名。总会号召华侨“各尽所能，各竭所有，有策自鞭，自励自勉，踊跃慷慨，贡献国家”。在南侨总会领导下，各地抗日救亡运动轰轰烈烈地展开。募捐成绩非常突出，仅1938年和1939年两年间南侨总会的救亡捐款就达1.4亿元，占同期海外华侨捐款总数的70%。陈嘉庚本人每月认捐2000元，直至抗战结束。

此外，南侨总会还积极组织华侨青年回国参战。1939年初开通的滇缅公路是当时我国大后方的唯一国际通道，严重缺乏司机和机修工。南侨总会根据国内要求发出通知，陈嘉庚亲自到各地演讲动员，很快组成3200人的机工队伍回国参加军事运输。他们在1200公里长的极其艰险的路段，冒着敌机的狂轰滥炸，浴血奋斗，保证了战时交通线的畅通。最后1000多名优秀华侨青年献出宝贵生命。在昆明滇缅公路起点耸立着一座“南洋华侨机工抗日纪念碑”，碑文写道：“三千余南洋机工，以自己的生命、鲜血和汗水，在华侨爱国史上谱写了可歌可泣的壮丽篇章，也在中国抗日战争史和世界人民反法西斯战争史上建立了不可磨灭的功绩。”

1942年，日本占领新加坡后四处通缉陈嘉庚，他被迫潜逃到印尼泗水，直到1945年10月才回到新加坡。11月，重庆各界召开“陈嘉庚安全庆祝大会”，毛泽东同志特地送去条幅：“华侨旗帜，民族光辉。”

二是办学。1894年，陈嘉庚捐献2000银圆在福建老家创办惕斋学塾。1913年3月创办集美高初两小学，此后相继创办幼稚园、小学、中学和师范、水产、农林等专科学校，逐步建成校用医院、科学馆、图书馆、体育场，最后成为一个综合性的集美学村。1921年，陈嘉庚创办厦门大学，并独立维持16年之久。他还联络新加坡华侨组织同安教育会，支持同安县创办40多所小学，又先后补助福建省73所中小学。在新加坡，陈嘉庚相继创办了南洋华侨中学、南侨女中、南侨师范和水产、航海学校等。陈嘉庚舍家兴教的义举佳话，久久为人们所传颂。

次日，孙炳炎主席又邀我在四季酒店共进晚餐。说起陈嘉庚，他仍然激动不已。他从年轻时开始跟随陈嘉庚办学、抗日、学做生意，了解陈嘉庚的为人处事，钦敬他舍家报国，佩服他眼光独到。陈嘉庚较早看清汪精卫的汉奸面目，在重庆《中华日报》发表著名提案："在日寇未退出我国土之前，凡公务员任何人谈及和平条件者，当以汉奸国贼论。"他率团考察重庆、延安后，公开表示反对蒋介石的独裁和内战政策，崇敬和拥护毛泽东，认为中国的希望在延安。

孙炳炎说，陈嘉庚 1950 年回国定居以后，怡和轩俱乐部工作重心开始转移。这时国际形势发生重大变化，英国殖民主义者退出，新加坡获得独立并建国。华人和其他族群一起成为新加坡的主人。怡和轩处事不再以中国而是以新加坡为本位，中国由祖国变成了友邦。新加坡由"外国"变成了"我国"。这在当时，大家都有一个调适的过程。但新加坡华人永远不会忘记自己的根在中国。中国是"娘家""亲戚"，亲戚要常走，常走常亲。孙炳炎强调："我本人是经常回老家的，有投资也有捐赠。同时教育后代也要这样做。"

我感谢孙先生坦诚和深入的交谈，表示希望怡和轩一如既往，继续为新加坡发展和增进中新传统友谊作出贡献。我以茶代酒祝他健康长寿，他祝我在新加坡工作顺利。餐毕，我拉着他的手一起走出酒店大门，送他上车，目送他的车子驶上华灯闪烁的马路，我才离开酒店。

邓小平手植友谊树

在新加坡裕廊镇的"名人园"里，有一棵枝繁叶茂的海杧果树。这是邓小平1978年访问新加坡时，亲手栽下的友谊树。

2000年11月的一个周末，风和日丽。我和使馆的几位同事一起驱车来到这里，看到这棵友谊树迎风挺立，长势喜人，心里非常高兴。睹物思人，我不禁想起那次具有历史意义的重要访问。

1978年11月11日至14日，邓小平对新加坡进行正式友好访问。邓小平虽以副总理身份往访，但新方给予最高领导人的接待规格。李光耀总理率吴庆瑞副总理、拉惹勒南外长、王鼎昌交通兼文化部长等内阁成员到机场迎接。王鼎昌并作为陪同团长全程陪同访问。新方为邓小平举行了隆重的欢迎仪式和盛大国宴，安排了正式会谈和多项参观活动。

会谈中，邓小平阐述对国际和地区形势的看法，指出苏越大小霸权相勾结威胁着地区安全，表示中国愿与东盟国家合作，共同维护地区和平稳定。李光耀表示，东盟国家对中国存有疑虑，中国还需要做些工作。邓小平问，要他做些什么。李光耀后来回忆说："我当时吃了一惊，从未遇到过一位共产党领袖，在现实面前会愿意放弃一己之见，甚至还问我要他怎么做。要告诉这位身经百战、久经风霜的革命老将应该怎么做吗？我不免心存犹豫，不过他既然问了，我也就直说了，停止那些电台广播，停止发出号召。中国必须停止马来亚共产党和印尼共产党在华南所进行的电台广播。邓小平说，他需要时间考虑我所说的话。"不久，中国调整了对东南亚一些国家共产党的政策，停止了马共、印尼共等在华电台广播。这对促进中国与东盟国家友好合作，推动柬埔寨问题政治解决，促进地区和平与发展起了积极作用。

邓小平此访另一个重要目的是了解和借鉴新加坡的发展经验。邓小平说，58年前，他去法国勤工俭学曾途经新加坡，那时新加坡还是个贫穷落后的小渔岛，而今到处高楼大厦、风光秀丽，变成一个繁荣昌盛的国家，他想请李先生谈谈发展经验和方针政策。李光耀介绍了新加坡经济社会发展中他认为成功的做法，并表示可安排邓小平看一些具体项目。

次日，邓小平在主管经济的副总理吴庆瑞陪同下参观了裕廊镇工业园。在工业园管理大楼的平台上，吴庆瑞指着周围厂房，讲述工业园的创办过程。他说，裕廊原是一个荒芜的小岛，只有沼泽和丘陵，面积约60平方公里。1961年李光耀授命他在这里建一座工业园。白手起家，举步维艰。1968年基础设施基本建成，开始招商引资。又经过10年努力，进驻外资、合资企业达500多家，涵盖码头、造船、炼油、钢铁、石化、电子等多个领域。初始引进的项目多为劳动密集型，吸纳了30多万职工，为解决就业问题发挥了大作用。现正向资本、技术密集型转变。邓小平特别关注园区引进外资的具体政策和做法，吴庆瑞一一说明，邓小平边听边点头，还不时发问。一年以后邓小平在一次讲话中说，他到新加坡去考察他们怎么利用外资。新加坡从外国人所设的工厂中获益。首先，外国企业根据净利所交的35%税额归国家所有；第二，劳动收入都归工人；第三，外国投资带动了服务业。这些都是国家的收入。

吴庆瑞建议邓小平在裕廊工业园植树留念，邓小平欣然答应。邓小平在吴庆瑞陪同下登上一座小山，来到名人园，他接过工作人员递来的铁锹培土，又提起小桶浇水，种下一棵海杧果树苗。吴庆瑞说："这种树耐碱抗风，适宜在海边栽种，要不了几年就会长成大树，象征中新友谊充满生机活力。"邓小平颔首微笑。

邓小平边走边对吴庆瑞说："你退休以后到中国来给我们做经济顾问好不好?"吴庆瑞说："我是华人，根在中国，愿意为中国经济发展效力。""好！一言为定。"邓小平说着，跟吴庆瑞握了一下手。

1984 年，吴庆瑞从新加坡内阁卸任。1985 年即受聘担任中国沿海开发区经济顾问兼旅游业顾问达 6 年之久。谷牧副总理负责与吴庆瑞直接联系，邓小平每年都要见吴庆瑞，听取他的意见和建议。当时我是外交部亚洲司主管副处长，曾多次参与有关事务。

我这次出任中国驻新加坡大使，抵新不久便拜访了吴庆瑞先生，他年逾八十，身体还硬朗，记忆力很好。交谈中，他愉快地回忆起跟邓小平的接触，说邓小平视野开阔，睿智而坚定，是他敬佩的领导人。

邓小平 1978 年对新加坡的访问，也可以说是对李光耀 1976 年访华的回访。20 世纪 70 年代中期，美国从越南撤军。苏联推行南下战略，试图填补"真空"。东盟国家为应对"前门拒狼，后门进虎"的局面，积极寻求改善对华关系。从 1974 年到 1975 年，马来西亚、菲律宾、泰国先后与中国建交。新加坡表示还是要等待印尼与中国复交后才与中国建交，但也采取一些积极步骤改善同中国的关系。正是在这样的背景下，李光耀总理于1976年5月实现对中国的首访。毛泽东主席抱病在中南海会见了他，华国锋在人民大会堂和他会谈。他还访问了西安、延安、大寨、上海和广州。此后，李光耀总理又于1980年、1985年、1988年先后三次访华。两国领导人的频繁接触推动了双方在各领域的交流和合作。

20世纪80年代以后，中新两国陆续签署了贸易协定、投资保护协定和避免双重征税协定。1980年6月，两国签署互设商务代表处协议。次年9月，双方商代处正式挂牌。商代处其实是带有官方性质的机构，它除处理两国经贸事务外，还负责办理签证等其他有关事项。商代处官员“享有驻在国给予外交人员的特权和豁免”。这些举措有力地促进了两国的经贸往来。1975年中新贸易额仅为2.7亿美元，到1985年增至22.8亿美元，1989年又增至31.91亿美元，占中国整个对外贸易的20.86%，新加坡成为我国第六大贸易伙伴。1981年新加坡企业开始来华投资，1989年新在华注册的投资项目已达281个，实际投资金额达6.4亿美元，仅次于中国香港、日本、美国，居在华外资第四位。

舆论评称，中国与新加坡关系已进入“准正常化”状态。

三轮谈判建邦交

2000年10月31日，我拜访许通美大使。走进他的办公室，一眼就看到墙上挂着的书法条幅，那是一副藏头联："通晓天下事，美化世间人。"许大使说："这是新加坡著名书法家潘受先生送我的，我很珍惜。"我说："这幅字骨硬肌秀，堪称神品。内容也很好，是对您的褒奖啊！"许大使说："是对我的鞭策！"

许通美祖籍福建，1937年出生在新加坡。从小聪颖过人，勤奋好学。从新加坡国立大学法学系毕业，获一级荣誉学士学位，而后赴哈佛大学和剑桥大学深造。1968年，年仅31岁的许通美就出任新加坡驻联合国代表。在此期间，曾任联合国国际海洋法公约会议主席，在各国间折中调和，为最终制定国际海洋法公约作出积极贡献，获得广泛赞誉。1974年至1984年，先后任新加坡驻墨西哥和加拿大大使。1984年47岁的许通美被派驻美国大使。1990年任满回国，在外交部做巡回大使。

我们在沙发上坐下，招待员端上咖啡来。许大使对我在中新建交10周年之际出任驻新加坡大使表示欢迎。他说，10年前他刚卸任驻美大使便受命率团与中方谈判建交事宜。中方由徐敦信部长助理兼亚洲司司长领衔，包括张青副司长等重要成员。我们各自为着自己国家的利益，寻找最大公约数，最终达成协议。我说来新之前，他们二位特地让我问候他，同时都向我叙说了当年谈判建交的情况。我诚挚地表示："感谢你们当年所作努力，你们的工作将载入中新友好关系史册。"

"那是一段难忘的经历！"许先生喝了一口咖啡，便打开话匣子，我也时不时搭话，就这样，我们愉快地回忆起当年两国建交谈判的情景。

事情始于1989年2月，在东京出席日本天皇葬礼的时候，印尼总统苏哈托与时任中国外交部部长钱其琛举行会晤，双方同意采取措施尽快实现两国关系正常化。同年12月，两国开始复交谈判。1990年5月，双方草签复交协议文本。同年7月，印尼外长阿拉塔斯访华，双方宣布将于8月8日正式恢复外交关系。

新加坡原先就表示，将在中国和印尼复交后同中国建交。于是，1990年4月，新加坡总统王鼎昌约见中国商务代表王久安，表示新加坡政府决定与中国进行建交谈判。5月，李光耀总理派他的政治秘书吴博韬携他给时任国家主席江泽民的亲笔信赴华。江主席会见吴先生时表示，中国同印尼复交谈判进展顺利，基本达成共识。希望中新之间的建交谈判尽早开始。随后，李光耀约见中国商务代表王久安表示，赞成江主席意见，两国外交部可随时举行建交谈判，什么级别、什么地点都可以。并且希望在年内他卸任总理职务之前完成。两国外交部当即启动建交谈判进程。

第一轮谈判，1990年7月6日，在北京钓鱼台国宾馆举行。中方代表团由时任外交部部长助理兼亚洲司司长徐敦信任团长，成员有时任外交部副司长张青等。新方由外交部巡回大使许通美为团长，成员有李崇严大使、新闻司长陈庆荣、新加坡驻华商务代表黄铭光。谈判主要集中在台湾问题上。徐敦信表示，一个中国原则是中国同各国建交的基础，中新建交也必须恪守这一原则。许通美表示，1971年新加坡支持中华人民共和国恢复在联合国的合法席位时曾经声明，新加坡政府只承认一个中国，中华人民共和国政府是中国唯一合法政府，台湾是中国领土不可分割的一部分。这一立场没有也不会改变。中新建交后，新加坡同台湾将不再有官方关系，只保持民间交往和经贸往来。经过几次会议，双方原则上达成共识，但在一些具体问题上存在分歧。7 月 13 日，时任外交部部长钱其琛会见双方代表团，肯定谈判取得积极进展，剩下的问题双方将继续寻求解决办法。许通美对钱外长的会见表示感谢，同时转达李光耀总理的口信，邀请李鹏总理择时访新。

第二轮谈判，1990 年 7 月 27 日，在新加坡莱佛士宾馆举行。中方因徐敦信部长助理另有安排，此次由张青牵头，新方人员不变。张青首先表示，中国和印尼已经完成关系正常化的谈判，定于 8 月 8 日正式宣布复交。届时时任国务院总理李鹏将应苏哈托总统邀请访问印尼。结束在印尼的访问后，李鹏总理拟应李光耀总理之邀访问新加坡，如果来得及，届时双方可签署建交联合公报。张青说到这里语气一顿，未及说下去即被许通美举手打断，许通美说："你所谈的问题非常重要，我需要马上报告政府，建议现在进行会间休息。"张青表示同意。他回到房间点燃了一根香烟。出发前，李鹏总理指示务必争取新方同意他访新，如建交谈判中有些问题一时谈不拢，可留给领导人谈。新方会同意李鹏总理的访问吗？张青心里有些忐忑，香烟抽完一根又点着一根。

1 个小时后，谈判继续。许通美高兴地说："李光耀总理诚挚欢迎李鹏总理对新加坡进行正式友好访问，尽管两国尚未建交，新方将以政府首脑的礼宾规格接待李鹏总理。他要求我们加快谈判进程，争取尽快达成协议。”张青把手伸过来握住许通美的手，高兴地说：“你们工作效率很高，谢谢你们的努力!”双方谈判团队经过一番磋商和探讨，依然有些分歧未能弥合。

8 月 11 日，李鹏总理结束对印尼的访问由巴厘岛飞抵新加坡，对新加坡进行正式友好访问。李鹏总理向李光耀总理通报与印尼复交情况，并表示，中国与新加坡建立外交关系的时机已经成熟。李光耀说，中国与印尼实现关系正常化将对本地区和平和发展产生积极影响。新加坡希望在近期能与中国建交。他还表示，新加坡将按照一个中国原则处理好与台湾的关系，请中方放心。接着，李光耀提出双方建交谈判代表团未能谈拢的一个关键问题，新加坡军队在台湾受训的问题。李光耀：“新加坡建国之初，国防建设需要在国外找一块地方训练军队，就在四处寻找而不可得的时候，蒋经国先生邀请我们的军队到台湾去训练，我们只付给台湾在那里消费与使用设备的费用，一块钱也没有多给。这是一种特别的关系，我们需要继续保留。”李鹏对此表示理解，并说中方不坚持新加坡必须定下结束在台湾军训的期限。李光耀表示感谢。同时又表示，今年年底他将辞去总理职务，无论如何要在此之前实现两国关系正常化。李鹏表示，请他退下来之前访问中国，届时双方签署建交公报。李光耀表示，中新建交已成定局，不必等在他访华时签约，最好在这之前就办妥。李鹏总理访问结束时，两国发表联合新闻公报表示：“双方同意尽快完成关

尼泊尔篇

1995 年 12 月 22 日，张九桓大使向尼泊尔国王比兰德拉递交国书。

1996 年 8 月，尼泊尔国王比兰德拉做客中国驻尼泊尔使馆，与张九桓大使亲切交谈。

1995 年 12 月 22 日，尼泊尔外交部长洛哈尼出席张九桓大使的到任招待会，表示将积极支持张大使为促进中尼友好所作的一切努力。

1996 年 1 月，尼泊尔首相德乌帕与张九桓大使交谈，表达访华愿望。

1996 年 4 月，尼泊尔首相德乌帕成功访华后做客中国使馆，与张九桓大使及馆员合影。

1996 年 8 月，比兰德拉国王在拉萨参观，西藏自治区主席江村罗布和张九桓大使等陪同。

张九桓在喜马拉雅山南麓。

这是尼泊尔武装部队参谋长塔帕上将赠予张九桓大使的廓尔喀刀。塔帕说廓尔喀刀为尼泊尔士兵必备兵器，人在刀在，是士兵荣誉的象征。

新加坡篇

2000 年 9 月 15 日，张九桓大使向新加坡总统纳丹递交国书。

2001 年 1 月，张九桓大使拜会新加坡总统顾问理事会主席、报业集团主席林金山，林金山曾任新加坡国防、财政、发展部长，被誉为“开国元勋”之一。

2004 年月 3 月 27 日，张九桓大使应邀与新加坡总理吴作栋打高尔夫球。

2002 年 11 月，新加坡资政李光耀到访中国使馆，与张九桓大使亲切交谈。

2003 年 11 月 22 日，新加坡总理吴作栋登上云南玉龙雪山，与中方陪同人员合影。

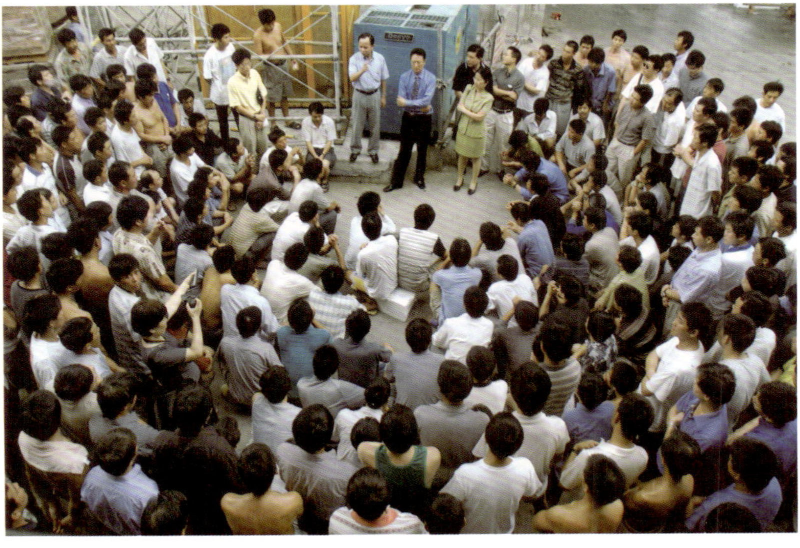

2002 年 2 月 11 日（农历除夕），张九桓大使和周洪立商务公参、黄晓健领事参赞等来到在新加坡的中国工人中间，对他们蒙受诈骗表示慰问并做疏导工作。

2003 年 7 月，李肇星外长访问新加坡，为吴作栋总理访华作准备。在李外长与贾古玛外长见证下，张九桓大使与新加坡外交部常秘陈振忠签署《中新两国外交部互惠培训合作协议》。

2002 年 5 月 21 日，中国驻新加坡使馆举行新馆舍启用仪式，唐家璇外长和新加坡第二外长李玉全共同剪彩，新加坡各界人士和驻新使节应邀出席。

2003 年 7 月李肇星外长访问新加坡期间，前往中国使馆看望馆员并了解新馆舍使用情况。

2002 年，新加坡资政李光耀会见常务副校长郑必坚率领的中共中央党校赴新考察高级学员班，张九桓大使陪同。

泰国篇

2004 年 9 月 29 日，张九桓大使在华欣行宫向普密蓬国王递交国书。

张九桓大使与同日递交国书的利比亚大使、尼日利亚大使和克罗地亚大使以及泰方陪同官员在行宫前合影。

2004 年 7 月，诗琳通公主做客中国使馆，向张九桓大使及馆员介绍访华观感。

2007 年 12 月 25 日，诗琳通公主代表泰国兰甘亨大学授予张九桓大使名誉博士学位。

2008 年 1 月，泰国总理素拉育代表普密蓬国王授予张九桓大使特级皇冠勋章。

2007 年 3 月 26 日，张九桓大使陪同诗琳通公主为泰国朱拉隆功大学孔子学院揭牌。

2009 年 1 月 11 日，诗琳通公主为张九桓诗书展揭幕并题词“诗书传友情”。

2008 年 4 月 19 日，张九桓大使将火炬交给曼谷市长阿披叻，开始北京奥运火炬在曼谷的传递。

由北南下的湄公河至此掉头向东，由西流过来的鲁克阿河恰在这里注入，两河交会处成为泰国、缅甸、老挝接壤的三角地带，人称“金三角”。

张九桓大使在新加坡出版《张九桓诗集》和《张九桓书法集》，而后又出版《张九桓诗二集》《俯仰集》《行路集》。

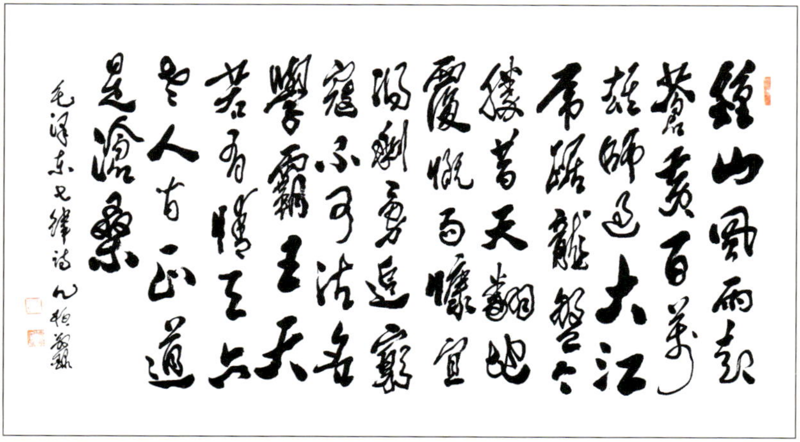

张九桓大使的书法作品。

于两国建立外交关系的谈判。”“应李鹏总理邀请，李光耀总理将于年内对中华人民共和国进行正式友好访问。”

这时，招待员过来为咖啡续杯。许通美大使说：“两国总理达成的重要共识为我们的建交谈判解决了一个大难题，我们下一步就是如何落到实处了。”我说：“中国有一句话，办法总比困难多。”许通美说：“说的是。所以，我们工作层已是信心满满。”

第三轮谈判，1990年9月中旬，在北京钓鱼台国宾馆举行。双方代表团组成人员与第一轮相同。此轮谈判的任务是根据两国领导人达成的共识，寻求解决问题的具体途径和方式并作出准确的表述。双方代表团抓紧谈判，废寝忘食。最后一天从早晨9时连续工作到次日凌晨3时。经过3天努力，最终达成协议。双方代表团团长徐敦信和许通美草签了协议文本。大家举杯相庆，连日疲劳为之一扫。张青兴之所至吟诗一首，其中两句是：“有心何惧题难解，谈判三轮堪酒醪。”

1990年10月3日，在纽约联合国大厦，中新双方共同举行隆重签字仪式，中国外长钱其琛与新加坡外长黄根成正式签署《中华人民共和国与新加坡共和国关于建立外交关系的公报》，宣布：“中国政府和新加坡政府决定，在和平共处五项原则和联合国宪章的原则基础上，中华人民共和国与新加坡共和国于1990年10月3日起建立外交关系，双方互派大使，为对方使馆履行公务提供方便。”

两国宣布建交后，中国驻新加坡商务代表处随即更换牌匾为“中华人民共和国驻新加坡共和国大使馆”，并升起五星红旗。新加坡驻华商务处亦做了同样的变更。

1990年10月16日，李光耀总理如期应邀对中国进行正式友好访问。这是中新建交后他作为总理首次访华，也是他作为总理最后一次访华。李光耀担任新加坡总理30多年，终于在交棒的最后一刻实现中新建交的夙愿，他感到高兴和自豪。李鹏总理同他会谈，时任国家主席杨尚昆、时任中共中央总书记江泽民分别同他会见。他将接班人吴作栋介绍给中国领导人。他访问了北京、乌鲁木齐、敦煌、厦门和深圳。李光耀结束访问抵达香港，应询对记者表示，他认为中国新一代领导人将继承邓小平的改革开放事业，他对中国和中新关系发展前景充满信心。

我抬腕看表，我们的谈话已将近50分钟，按约定时间，我该告辞了。我端起杯子对许通美大使说："您是中新建交的有功之臣，我以咖啡当酒敬您！"许大使说："您在中国外交部长期主管亚洲特别是东南亚事务，是出任驻新加坡大使的合适人选，相信一定能做出好成绩。"说着端起咖啡朝我深情地一举，轻轻抿了一口。

许大使送我走出门口，院子里阳光灿烂。我说："过去的10年中新关系发展顺利，希望下一个10年双方合作前景更加美好！"他紧紧握着我的手说："让我们共同努力。"

苏州工业园区初创往事

2000年8月，我出任中国驻新加坡大使之初就面临一个棘手的问题，即苏州中新工业园区遇到了麻烦。这个工业园区是由中国和新加坡于1994年合作兴建起来的。开始时热热闹闹，双方配合得不错，但后来出现一些矛盾，分歧越来越大，一时间竟闹得不可开交。以至于新加坡方面有人觉得这步棋走错了，当初就不应该到苏州去办这样一个园区，甚至主张撤出。1999年经双方协商找到了解决问题的办法。但我没想到一年过去了，狮城街头巷尾还是一片抱怨声。

那么，这到底是怎么回事呢？

事情从头说起

1992年2月，邓小平在南方谈话中提到要向新加坡学习。他说，新加坡的社会秩序算是好的，他们管得严，我们应当借鉴他们的经验，而且要比他们管得更好。

时任新加坡内阁资政李光耀得知这个消息后“很震撼”，马上对内阁部长们说：“邓小平此话一出，一定会有很多中国团组来新加坡考察，我们务必采取开放态度，他们问任何问题，要任何资料，我们尽量以中文提供。”

果然，中国从中央到地方赴新加坡考察学习的人员络绎不绝，一股“新加坡热”悄然兴起。新加坡媒体曾这样描绘当时情景：新加坡对这些来访者颇具吸引力。他们带着录音机、摄像机、笔记本，把这个城市国家放在显微镜下观察。凡有可能在中国复制的，如城市管理、道路交通、居民住宅、绿化环保，还有港口、机场、高速公路、炼油厂建设，以及如何防止和惩治官员贪污受贿，甚至如何制止公众随地吐痰、乱扔垃圾等，都仔细观察，寻根问底。他们对新加坡能让80%的人口安居在政府组屋，避免了房地产的商业炒作，这一极富“新加坡特色”的“社会主义”尤其感兴趣。他们发现新加坡的许多做法适合中国国情。据统计，仅1992年就有400多个中国团组访新。

新加坡有点应接不暇了。情况反映到李光耀那里，李光耀对部长们说：“我们何不到中国去办一个工业园区，把新加坡的发展理念和做法搬过去，这不更便于中国朋友借鉴学习吗?”

1992年9月，吴作栋总理、李光耀资政访问中国。访问中，新方提出双方在中国创办工业园区的设想。中方对新方的提议表现出浓厚兴趣，双方经过一番探讨后，很快达成共建园区的共识。

花落谁家

这个工业园区办在哪里好呢?

中方表示愿意首先听取新方意见。在此后一年多时间里，新加坡领导人从总统、总理、资政到部长多次来华考察选址。他们先后到访吉林、山东、江苏、浙江、福建、广西、广东、海南等省区，看了许多地方。正处在招商引资热潮中的各地，都希望能把这个园区项目争取到手，这当中恐怕要数苏州最积极了。

1992 年 9 月，李光耀访问无锡后赴上海经停苏州，时任苏州市市长章新胜热情接待并陪同参观游览。章新胜曾留学美国哈佛大学，担任过国家旅游局副局长，视野比较开阔。他不失时机地向李光耀推介苏州。李光耀对苏州地处“长三角”的优越位置和深厚的文化底蕴很感兴趣，但也流露出对苏州发展滞后的惋惜。章新胜于是对李光耀表示，希望新加坡帮助苏州的发展，苏州需要资金、先进技术和管理经验。他甚至援引世界银行报告说，新加坡国库里有 500 亿美元的储备金，可以拿出 10%来帮助苏州。李光耀笑着说：“你有办法弄出一块土地来发展一个小型新加坡吗?”章新胜脱口而出：“可以呀!”然而，当时李光耀对这位年轻市长的话并没有放在心上。后来，李光耀曾在不同场合忆起当时的情景。

10 月，中国驻新加坡大使张青回国述职，北京的事情办完以后应邀去安徽考察，这天晚上住在黄山，突然接到章新胜打来的电话，问张大使能不能到苏州去一趟，有要事跟其商量。张大使说，我已经买好机票，明天一早飞北京，然后就要返馆，没有时间去苏州了。章市长说，既然如此，那他明天也飞北京。第二天章新胜赶到北京向张青郑重建议，把中新工业园区项目放在苏州。我当时是外交部亚洲司副司长，主管东南亚事务，张青大使把他同章新胜市长的谈话向我作了详细的叙述。

张青大使回到新加坡以后，把国内对双方合作办工业园区的一些具体想法，当然也包括苏州市的想法跟新方做了沟通，李光耀资政、吴作栋总理、王鼎昌副总理都很高兴，对苏州尤其表现出特别的兴趣，李光耀说请章新胜市长到新加坡来一趟好不好，具体谈一谈。章新胜很快飞到新加坡，见了李光耀、吴作栋和王鼎昌等领导人之后，还参加了一个企业家座谈会。章市长在这个座谈会上把苏州的优势和设想作了一番介绍。在介绍的过程当中，他发现有的人听得似懂非懂，于是改用英文陈述，效果很好，气氛一下子活跃起来。他的表现赢得了新加坡人的好评和信任。

经过几轮磋商后，中新双方同意把苏州确定为合办工业园区的地点。

奠基与签约

1994 年 2 月，时任国务院副总理李岚清和李光耀资政在北京签署中新合作在苏州兴办工业园区的协议。协议明确，由中新双方合作建设苏州工业园区。新加坡把他们办工业园区的成功经验介绍过来，结合中国国情，尊重中国主权，依照中国法规，来开展这项工作。目标是要建成一个以高新技术为先导、现代工业为主体、第三产业和社会公益事业配套的有一定规模的现代化的工业园区。为此，双方决定成立一个中新开发联合公司，这个联合公司将投资 1 亿美元，注册资本 5000 万美元，其中新方占大股为 65％，中方占小股为 35％。

同年 5 月 12 日，苏州中新工业园区举行隆重的奠基仪式。中方李岚清副总理、新方李光耀资政出席。这天，金鸡湖畔张灯结彩，锣鼓喧天，气氛喜庆热烈。李光耀发表讲话，他非常动情地说，这是新加坡和中国非常用心地共同兴办的一个项目，相信这对于中国借鉴新加坡经验，进一步搞好改革开放和经济建设，并促进两国关系的发展是很有益处的。他说，相信十年之后这个项目会取得初步成功，如果他坚持不到成功的那一天，即使在九泉之下也要起立脱帽向中国致敬。他的讲话赢得热烈掌声。

我参加了园区奠基仪式，当时情景给我留下深刻的印象。

分歧与磨合

工业园区建设初期双方合作愉快。

1995 年 5 月，时任中共中央总书记江泽民到园区考察并高兴地为园区题词：加快建设苏州工业园区，为发展中外经济建设，互利合作积累新经验。这对园区建设者无疑是极大鼓舞，他们明白这是总书记对园区的期望和定位。同年 8 月，李光耀资政访华并再次来到苏州。园区把江总书记的题词镌刻在一块红木板上，作为礼物送给李资政。李资政很珍视，把它带回国内摆放在自己的办公室里。两国领导人的重视和双方建设者的热情，使园区建设很容易就有一个好的开端。

但好事多磨，没过多久问题就出现了。慢慢地，双方的建设团队开始发生理念上的碰撞，新方的想法时不时跟苏州的想法对不上茬。比如，新方坚持园区地面必须高出黄海高潮时水平面 1.5 米。园区所在地原是一片农田和沼泽，要达到这个标准就要大量填土，造价非常高。苏州方面说，这个标准是针对百年一遇的大洪水的，可以稍作调整。新方不同意，说这是规划里的规定，在新加坡规划享有法律地位，是不能随意更改的。对水、电、路、厂房的建设标准，新方要求也很高，比如新方认为自来水应该是直饮水，但这在当时的我国尚难以做到。分歧不断出现，摩擦不断增加。

恰在这时又出现一个情况，新方说他们了解到，苏州市某位领导到西方国家招商引资，在德国对当地企业家说，你们到苏州以后不要到东面的中新苏州工业园区，应该到西面的苏州新区来，这里会给你们许多优惠。原来，在中国和新加坡决定在城东金鸡湖畔合办工业园区之前，苏州市政府在城西就已经建了一个新区，目的是承接从市区疏散出的部分人口，便于实现旧城改造，同时加快推进苏州的发展。所以，尽管新方听说的情况与事实有出入，但苏州市政府确实特别重视西面这个新区的建设，给外资提供了一些优惠条件，这样一来必然会给中新苏州工业园区的建设带来一定影响。

新方对此不满意，以致最后由李光耀出面，跟时任江苏省省长郑斯林进行了一次谈话，表示这个问题要马上解决。李光耀提出四个选择方案：第一，两园合并，把西面的苏州新区和东面的中新苏州工业园区合而为一，以避免竞争。第二，倒股比，中新联合开发公司的股比由新方占大股变成中方占大股。第三，新方完全撤股，由中方独家来办，新方可以继续提供软件，提供经验，但不再参与管理。第四，新区停办，就是苏州市自己办的西面那个新区不要办了。问题到了非解决不可的时候了。

中方高度重视李光耀的意见，各有关部门认真研究并与新方反复磋商。最后双方决定采取第二个方案，即倒股比，中方在开发联合公司中的股份由原持35%变为65%，占大股；新方原由持65%变为35%，占小股。以后由中方牵头，双方保持合作，继续推进中新苏州工业园区的开发和管理。

据此，双方在1999年6月，签署了一个关于倒股比的补充协议，并明确该协议从2001年1月1日开始实施。这时我作为外交部亚洲司司长，一直关注此事情的进展。

移植好还是杂交好

补充协议的签署朝着解决问题的方向迈出了重要一步。但对于工业园能否由此走出困境，不少新加坡人仍持怀疑态度。责无旁贷，我要为苏州工业园区的继续推进做些工作。于是到任伊始我便频频拜会政要和名流，出席学者和企业家们的各种社交聚会，利用一切机会和他们探讨、切磋、交换意见，尽可能争取彼此间有更多的理解和共识。

在交谈过程中我发现有一个关键问题，就是中新合作建设工业园区，把新加坡的经验介绍到中国去，应该是“移植”还是“杂交”？新方强调“移植”。新加坡有一个裕廊工业园区，是新加坡从发展起步阶段就办得很成功的项目。新方就是要把裕廊工业园区的一整套做法照搬到苏州去。正是这个“照搬”使他们在苏州碰壁多多。于是我就跟他们探讨，到底是“移植”好，还是“杂交”好。我说你们不少人对中国文化很有研究，可能都知道《晏子春秋》里有个晏子出使楚国的故事，这个故事里讲橘子生长在淮南，果子又大味道又鲜美，但是移栽到淮北以后它就变成又小又酸又涩的枳子，就不好吃了。中国有个袁隆平，他搞的杂交水稻大大地提高了水稻的产量而且好吃，解决了我们的粮食问题。新加坡独立 30 年就跻身发达国家行列，并不是因为照搬西方的经验，而是走了一条东西合璧的新加坡自己的道路。同样的道理，新加坡的经验再好，如果不结合中国的具体实际也难以在中国推行。就这样，经过反复交流和探讨，越来越多的人认识到生搬硬套行不通，还是要因地制宜才好。

2001 年以后，按补充协议的规定中新双方实行“倒股比”，苏州方面负起主要责任，新加坡继续提供“软件”支持。园区建设既充分吸取新加坡经验，又结合中国国情继续向前推进。经过两年的共同努力，园区开始扭亏为盈，第三年便实现上市。2003 年，金鸡湖畔的这个工业园区的产值就相当于 1993 年整个苏州市的产值。也就是说，经过不到十年的时间，中新苏州工业园区再造了一个苏州。

事实告诉人们，中新苏州工业园区已经走上健康发展的轨道。

互学互鉴

2002 年 1 月，时任苏州市委书记陈德铭率苏州代表团访问新加坡，向新加坡政府和人民表示感谢。纳丹总统、吴作栋总理、李光耀资政分别会见，对园区取得成功表示祝贺。李光耀会见中国客人一般都是在寒暄时用中文，转入正题后就开始用英文。这天他特别高兴，从始至终都在讲中文。他说，双方在合作中遇到一些困难，出现一些分歧，这是难免的。双方很快找到解决问题的办法，推进园区建设并取得了初步成效，这个速度超出他的预料。李光耀表示希望双方共同努力把园区越办越好。纳丹总统信心满满地说，先把苏州这个园区办好，以后还可以考虑把好的做法推广出去。

这次访问，苏州代表团还带去一台新编神话舞剧《干将与莫邪》，剧情是干将莫邪夫妻铸剑遇挫，妻子莫邪舍身熔入炉水，终于铸成无敌宝剑的故事。演员以精湛舞姿生动诠释了为理想的实现而一往无前的精神，在观众中产生强烈共鸣，剧场一片欢腾。李显龙副总理观看演出并发表讲话，热情赞扬中新苏州工业园区的建设者们有一种不服输的精神，不怕困难，敢闯敢试，取得了令人鼓舞的重要进展。他并代表新加坡政府和人民对园区建设的成功表示热烈祝贺。

2004 年，我结束在新加坡的大使任期，先后向纳丹总统、吴作栋总理、李光耀资政等领导人辞行。纳丹总统谈到苏州工业园区时表示，这些年在同中国合作过程中既向中方分享了新加坡的成功经验，同时也向中方学了不少东西。李光耀资政说，因为许多新加坡人的祖辈来自中国南方，所以邓小平曾夸奖他们是“青出于蓝”，现在他要把这话送还我们了。吴作栋总理表示，希望中新双方一如既往坚持互利合作，互学互鉴。

今天，中新苏州工业园区已经成为中国与外国合作兴办工业园区的一个典范，一面旗帜。苏州园区的经验陆续被介绍出去，在其他省市乃至“一带一路”国家开花结果。中国和新加坡合作兴办的天津生态城和重庆战略性互联互通示范项目以及广州知识城等一批合作项目进展顺利、成效显著。中新苏州工业园区已非一枝独秀，它迎来了百花争艳的春天。

不让工人汗水白流

工人要上街

2002年2月11日一大早，公使衔参赞周洪立就打来电话。他声音急促，开门见山。

“工人要上街!”

“哪儿来的消息?”

“从他们当中传出来的。”

“可靠?”

“可靠!”

半个月前，在新加坡发生一起诈骗案。春节临近，中国工人将自己工钱交由新加坡“永隆”钱庄汇回国内。可是一夜之间，这家钱庄突然人去楼空。国内家人并未收到汇款。经统计，此案涉及1100多名工人，800多万元新币(约合人民币3600万元)。受害工人立即报案。我馆高度重视，1月30日，主管商务的周洪立公参、主管领事的黄晓健参赞分别向新加坡人力部对外劳务合作司、外交部领事司提出交涉。随后，2月4日，我向新加坡外交部三司司长谢伟强也提及此案，敦促新方尽快破案，追回中国工人被骗款项。十多天过去，年关已到，案子未有着落，工人们心里着急。有人主张上街请愿，以引起社会同情，向政府施加压力，推动问题的解决。有人担心这可能使问题复杂化，反而增加解决难度。有人提出请示使馆，但这种意见未被采纳。

上街不能解决问题。我请周公参继续了解和把握工人的动向。请黄参找律师就此作些咨询。

黄参很快告诉我，律师的态度很明确：上街违法，绝对不行。按照新加坡法律，凡未经批准 5 人以上集会即违法。不久前，有几个不同政见者擅自上街聚集，发表言论，散发传单，当即被警察逮捕。如果中国工人上街，非但于事无补，反而要吃更多苦头。

这时，周公参也收到新加坡人力部的消息，新方获悉中国工人计划于 2 月 12 日（大年初一）上街游行，要求尽快解决“永隆”诈骗案。这将违犯新加坡法律，请中国使馆设法制止。新加坡人力部常秘杨颖仪也给我捎话：“请大使费心劝阻工人上街。”到任之初，我拜会过人力部部长李文献和常秘杨颖仪。他们对中新双方在人力资源领域富有成效的合作表示满意，对中国劳工在新加坡的表现有积极评价。显然，新方不希望把事情闹僵。

杨颖仪的父亲是新加坡大法官杨邦孝。杨邦孝 1921 年生于吉隆坡，1969 年移居新加坡，与李光耀是英国剑桥大学法学院的同窗好友，1946 年李光耀因缺课一个学期曾借阅杨邦孝的课堂笔记，杨的笔记井井有条，给予李很大帮助，结果两人在第二年的考试中均名列前茅。1989 年 6 月，杨邦孝接受李光耀的举荐，出任新加坡最高法院法官。1990 年 9 月出任新加坡大法官。此前他任华联银行主席，年薪 200 多万元新币，改任法官后年薪少于 30 万元新币，相当于银行薪水的 1/7，体现了他对社会的奉献精神。我在 2000 年抵新后就拜会了杨邦孝大法官，随后他设家宴欢迎我和夫人。我钦佩他的正直、专业和献身精神，同时又感受到他的平易和友善。交谈中，我曾提及新加坡的鞭刑。1993 年，一个 15 岁的美国学生在新加坡肆意破坏公路交通指示牌，在多辆轿车上喷漆涂鸦，被控后法庭判处对他鞭打 6 鞭，监禁 4 个月。美国舆论哗然。克林顿总统写信给新加坡总统王鼎昌求情。新加坡维持鞭刑不变，只是看在克林顿总统面上，将 6 鞭减为 4 鞭。杨邦孝说，新加坡是个小国，如果屈服于超级大国的压力，将难以立足于世界。我敬佩他的一身正气。此后在外交场合，我们常有愉快交谈。我借春节拜年之机，向杨大法官提及中国工人遭受诈骗案，他告诉我一切可依法律途径解决，务必劝阻工人上街。

工人要上街之事非同小可。当天上午 10 时，我召开党委会，由商务处、领事部介绍有关情况，大家共议处理意见。最后决定：一是立即劝阻工人上街，坚持在法律框架内寻求问题的解决。由我带队到工人当中去做疏导工作。二是继续敦促新方尽快将诈骗犯绳之以法，为工人追回诈骗款。三是向馆员通报有关情况，接受馆员对遭遇不幸工人的捐助。

到工人中去

2 月 11 日，大年三十下午，我和周洪立公参、黄晓健参赞等同志带着用全馆同志捐款购买的肉、米、面、鸡蛋、水果等慰问品，来到中国工人比较集中的宏茂桥和碧山建筑工地和工人宿舍看望工人。

工人们听到招呼，纷纷走出工棚，围拢过来。农历腊月在新加坡仍然暑气迫人。有的工人光着膀子还在不停擦汗。我站在一个台阶上跟大家讲话。我说，我们代表祖国和人民来看望大家，给大家拜年。

“我们没年可过!”

“我们的钱被骗走了!”

“什么时候把我们的钱追回来!”

有几个人七嘴八舌地叫起来，引起人群中一阵子骚动。

我提高嗓门说道：“是的，我们中国人最讲究过年，年是我们最大的传统节日，但今年的年关不好过呀！大家辛辛苦苦挣来的血汗钱被当地不法之徒骗走了。大使馆对大家的遭遇和处境非常了解，特别关心和同情。”

人们安静下来。我接着说：“中国政府对这个案子非常重视，已向新加坡政府表示高度关注。大使馆一直同新方有关部门保持密切联系，跟踪着案情的进展，敦促新方尽快解决问题。新方对这个案子也是重视的，正在抓紧办理。希望大家保持耐心和理智，依法依理寻求问题的最终解决，千万不要做超出法律框架的事情。这样才能真正有效维护自身的合法权益，同时维护中国劳务人员的良好形象。祖国人民和你们在一起，要相信问题一定能得到妥善解决。”

有人带头鼓掌，紧接着响起一片掌声。我又说：“大使馆的同志对大家的遭遇感同身受，自发自愿捐助了一些过年的食品。东西不多，表达一份心意，请大家收下吧。”

工人们再次报以热烈掌声，有人流下了激动的泪水。随后，我和周公参、黄参以及同来的使馆同志向工人们分发慰问品，并走进宿舍和大家交谈，进一步了解情况，倾听意见，耐心细致地做工作。

一个姓龚的工人拉着我的手诚恳地说：“大使，我们不想闹事，但受骗的工人实在是难呀，上有老下有小，有的家里还有长期卧床的病人，本指望用这一年的工钱养家糊口、抓药看病，这一下子全泡汤了。心里的难受、苦闷、愤恨无处发泄，有人就提出要上街，已经定在初一上午，先到劳工部再到总统府。听了您刚才这番话，大家气平多了，相信不会做出出格的事了。”

听得出来，这位工人即使不是头头也是在工人中有影响的人。我握着他的手说：“谢谢你的坦诚相告。我们一定把工人的苦楚放在心上，妥善处理好这个案子，还工人们一个公道。也请你帮助劝说大家一定坚持依法办事。”他表示，请大使放心，明天不会有事了。我们离开工棚的时候，工人们站在门口送别。

我们慰问工人的整个过程，新加坡劳工部的官员一直在场，对我们的工作表示赞赏，称使馆帮了他们一个大忙。媒体也跟踪采访，我回答了他们的提问，新闻见诸视频报道后，社会反响良好。

这次节前走访活动安排在案情发展的关键时刻，起到了稳定局面、缓和矛盾、预防冲突的作用，有利于推动问题以正确途径解决，维护了中国工人和国家的良好形象。

一波未平一波又起

2000 年 2 月 20 日早上 8 时许，我正在去使馆的路上，突然接到周洪立公参的电话：“一群工人趁门卫不注意突然闯进使馆院子，席地而坐，不走了。”

“多少人？”

“约 60 人。”

“什么诉求？”

“雇主拖欠工资，要求使馆帮助追讨。”

“先把他们稳住，我马上就到。”

中国驻新加坡使馆位于大威路 70 号。这是一栋 4 层小楼，正面和左右两侧有围墙，楼前是一个水泥地面的小院子，面积不大，除去停车位所剩无几。

一进院门，我发现院子被拥入的工人占了一多半。他们或立或坐，神情散漫。周公参告诉我，他们中不是所有人都相互认识，无人牵头。让他们推举一个协调人也推不出来。但怎么劝说也不肯离去。我意识到这里有许多不确定因素，一时难以掌控和把握，已对使馆安全构成威胁，必须立即采取防范措施。

我迅速做了两项安排：一是除馆员外，任何人不得进入楼内。机要楼层严防死守，确保万无一失。二是暂停对外办公，使馆院门准出不准进。由办公室马上落实。

然后，我召集使馆领导和各部门负责人紧急碰头，汇集情况，统一认识。

大家都认为，工人进占使馆院子对使馆安全构成威胁，当务之急是保障使馆特别是要害部门的绝对安全。已经采取的防患措施是及时和必要的，而问题的解决还是要靠劝说工人尽快离馆。此事由雇主拖欠工资引起，要设法帮助工人追讨被拖欠的工资，切实维护工人的正当权益。为此，我做了三项布置：一是请办公室继续把好门禁、楼禁，不能有丝毫疏漏。二是请商务处做耐心细致的劝导，促使进占工人尽早离开。三是周知全馆同志密切配合做好安全保卫和相关工作。我们将此情况和处理办法报告国内并得到国内的认可。

我把自己的工作重心放在如何促使工人尽快退出使馆上。商务处先是高密度轮番劝说，而后又根据工人态度的变化有针对性地做个别工作。两天后，周公参对我说，工人的态度有所松动，表示如果使馆确能帮助追讨拖欠工资，他们愿意撤离，但要求见大使一面。我看时机趋于成熟，需要我再烧一把火。第三天，2 月 22 日早上，我的车子一驶进院门，工人们就围拢了上来。

我说："你们强行进入使馆而且滞留不去是一种违法行为。新方表示，可以依据新加坡法律将你们逐出使馆并加以惩处。我们谢绝了。主要考虑你们是自己同胞，可能没有意识到冲击使馆是严重违法行为和可能造成的严重后果。此事因雇主拖欠大家的工资而起，你们要求使馆协助追讨，使馆责无旁贷，但你们的过激行为不但不能解决问题，反而使问题复杂化了。现在给你们一个纠正错误的机会，立即退出使馆，我们对你们的违法行为不予追究，将竭尽全力敦促雇主尽快支付拖欠你们的工资。倘若有人不听劝阻，执迷不悟，继续滞留使馆，我们只好据实报告国内严肃追究他的法律责任。”我说完以后，人们先是默不作声，少顷，有人小声地问：“你说话算数?”“当然!”我说，“就这样吧，给大家半天时间考虑，以今日下午为最后期限。”说完我便离开了。

午后，进占使馆院子的工人陆续离去，此次突发事件终告结束。

商务处也找到了拖欠工人工资的雇主，抓住他与我国国内有业务联系的关节，晓以利害，迫使他付清工人的工资，维护了我国工人的正当利益。

不能让工人汗水白流

几经敦促，“永隆”诈骗案终于有了眉目。春节过后不久，我馆接到新方通报，诈骗中国工人的永隆钱庄老板被抓获。这家伙是个赌徒，把中国工人托汇的钱全部拿去赌博，输光后即潜逃。没收其财产变现只及全部诈骗款的1/3，远未能补偿工人的损失。

鉴于诸多同类案情的教训，我们对此不是完全没有预料。春节期间我在同新方各界接触中多谈及此案，寻求新官方和民间对蒙受损失的工人给予可能的照顾和帮助。

我跟曾士生有过探讨。曾先生祖籍福建，生于新加坡。曾获总统奖学金赴英国牛津大学攻读数学，赴美国斯坦福大学管理学院深造并获硕士学位。先后供职于国防部、内政部和教育部。1994年至1996年任中国一新加坡苏州工业园区开发公司首任总裁。1997年当选国会议员，先后在总理公署、卫生部、教育部和社会发展部任政务次长、政务部长。曾士生还是新加坡华助会创会理事长，曾任全国职工总会署长，与社团和企业界有广泛联系。大年初三，在旅居中国新加坡华人迎春聚会上，我向曾先生提出可否在社团、企业中接受爱心人士自愿向受诈骗工人捐助，他表示十分同情这些工人的遭遇，愿为此做些工作。随后，他在致词中即批评这种坑蒙拐骗的丑恶现象，呼吁有能力的热心人士帮扶受骗工人一把，行善积德，维护新加坡的良好形象。

我应邀到远东机构主席黄廷芳家做客。黄廷芳 1929 年生于福建莆田，9 岁到新加坡打拼，从酱油做到房地产，有“地产大王”之称。后又进军香港，创办信和集团。在上海、深圳、厦门等地均有投资业务。我跟他谈起“永隆”诈骗案。他对蒙受损失的工人非常同情，表示要给予资助。我表示赞赏，建议他邀约一些朋友共襄义举。

我对新加坡外交部、劳工部、中华总商会、宗联总会等部门和团体的有关人士也做了工作，反应普遍积极、友好。

2000 年 3 月 14 日，新加坡外交部副常秘李崇严约见我表示，新方对“永隆”诈骗案非常重视，将依法处理。新方同情涉案中国工人的境况，同意通过社会募捐予以适当帮助。劳工部准备根据不同情况适当延长受损失工人在新工作准证期限。我对新方上述安排表示感谢，并表示中国使馆将积极配合落实。

大约两个月以后，“永隆”案结案。诈骗犯受到惩处，其财产被没收变现，按比例退还给被诈骗的中国工人。新加坡社会捐款发到了蒙受损失的工人手中。新加坡劳工部视情况适当延长受诈骗中国工人在新的工作准证期限，使他们得以继续通过自己的劳动弥补遭受的损失。三项安排大体各占1/3，基本上可以补偿涉案工人蒙受的损失，工人们普遍表示满意。他们派出代表到使馆来表示感谢，并表示要以实际行动为中新友好关系添砖加瓦。

令我们感到欣慰的是，中国工人的汗水总算没有白流。

吴作栋总理二三事

“非典”中推迟访华

2003年春，“非典”疫情暴发。这是一种由冠状病毒引起的急性呼吸道传染病，世界卫生组织将其命名为“重症急性呼吸综合征”（Severe acute respiratory syndrome，简称SARS），此病发现之初也被称为传染性非典型肺炎，简称“非典”。2003年3月以前，“非典”主要集中于粤、港地区，此后蔓延至中国内地及其他国家和地区。从2002年11月在广东发现第一个病例，到2003年7月全球最后一个病例清零，这场疫情历时8个多月，波及中国、加拿大、新加坡、越南、澳大利亚、美国等30多个国家，确诊病例8000多例，死亡900多人，病死率达1.1%。

“非典”发生之初，新加坡总理吴作栋有一个访华计划。2003年2月27日，在纳丹总统为文莱苏丹访问新加坡举行的欢迎仪式上，新加坡外交部常秘陈振忠对我说，吴作栋总理拟于4月20日至26日访问中国。我当即报告国内，国内表示欢迎，经双方协商，吴总理访华时间定在4月16日至18日。

随着“非典”的蔓延，新方改变计划。4月4日，新加坡驻华大使陈燮荣约见时任中国外交部亚洲司司长傅莹，面交吴作栋总理致时任国务院总理温家宝的信，表示由于“非典”的原因，医生建议他暂停出国访问，所以他不得不推迟原定4月对中国的访问。

4月12日，在新加坡华乐团筹款晚宴上，我与吴作栋总理同桌。吴总理主动提及推迟访华事，强调此举完全是“非典”的原因，并对不能如期成行表示歉意。我表示理解。

吴作栋推迟访华在互联网上引起一些反响。有中国网民提出批评，认为是一种“不友好的表现”。新加坡媒体对此提出反批评。还有人对中国能否有效抗击“非典”表示怀疑。中新关系因此“泛起一片涟漪”。

4月20日以后，北京疫情突然严峻起来。这一天，“非典”病例由头天的37例陡增至339例。此后几天里，每天都新增100多例。中央果断决策，免去张文康卫生部部长职务，任命国务委员吴仪兼任卫生部部长，免去孟学农北京市市长职务，任命王岐山担任北京市市长。采取有力措施控制传染源、阻断传染渠道、隔离易感人群。几天内建成小汤山医院专门收治“非典”患者。同时加强国际防疫合作。4月29日，温家宝出席在曼谷召开的中国一东盟防治“非典”国际会议，向东盟国家介绍了中国防治“非典”的举措，各国交流经验，达成合作共识。中国和新加坡也增强了“非典”防治的沟通和合作。5月中下旬，北京和各省市疫情逐渐缓解。

针对新方对中国抗击“非典”认识上存在的一些误解，我们使馆的外交官利用各种场合做增信释疑工作。5月22

日，我为《联合早报》总编林任君、《海峡时报》主编冯元良等新闻界人士举行午餐吹风会。5 月 28 日，我接受《联合早报》和 U 频道电视采访，介绍中国抗击“非典”的有效做法和取得的重大进展；指出中国经济虽受到“非典”的影响，但仍然保持快速增长势头；表示中新之间的往来虽因“非典”有所迟滞，但相信疫情过后会很快恢复正常。新加坡主流媒体做了较充分的报道，在民众中产生了积极影响。

这次疫情使中国和新加坡都遭受严重肆虐。中国总确诊病例 5327 人，死亡 349 人。新加坡确诊病例 238 人，死亡 33 人。由于两国政府高度重视，措施有力，都能较快控制疫情。2003 年 5 月 30 日，世界卫生组织宣布解除对新加坡的旅游禁令。6 月 24 日，世界卫生组织宣布解除对华的旅游禁令。

随后，新方提出，鉴于抗击“非典”的工作告一段落，吴作栋总理希望于七八月间访华。中方告，由于国内工作日程的原因，难以马上安排吴总理的访问。恰好这时时任外交部部长李肇星需要去印尼巴厘岛参加亚欧外长会议，我们建议李外长会后顺访新加坡，新方欣然同意。

7 月 24 日至 26 日，李肇星外长访问新加坡。新方非常重视，吴作栋总理、李光耀资政分别会见，李显龙副总理宴请，贾古玛外长会谈并宴请。新方还专门安排《中新两国外交部互惠培训合作协议》签字仪式，由我和新加坡外交部常秘陈振忠在两国外长见证下签字并互换文本。

吴作栋总理在会见李肇星外长时，对中方应对“非典”

所采取的举措和取得的成功表示赞赏和钦佩。他说，他以为中国幅员广阔，农村缺医少药，倘若“非典”蔓延开来，没有二至三年时间解决不了问题。中国很快战胜“非典”的事实再次告诉人们，凡中国想要办的事情没有办不到的。他还谈道，过去他曾经使用“威胁”（Threat）一词，后来认识到这个提法不准确，应该是“挑战”（Challenge）。既然有挑战，当然也就有机遇。新方乐见中国发展，希望搭乘中国的顺风车。吴作栋重申，他希望尽快实现年内对中国的访问。

登上玉龙雪山

经双方商定，吴作栋总理定于2003年11月18日至23日对中国进行工作访问。我于11月16日提前两天从新加坡回到北京，参加对吴总理的接待工作。

访华前夕，吴作栋总理对媒体发表谈话。我于18日早上拿到消息稿。吴作栋在谈话中对新一届中国领导人给予高度评价。他说：“我对胡主席、温总理等领导人的第一印象是他们都十分谦虚，另一个印象是他们都很熟悉各种情况，对问题了解得很透彻。显然，他们是很能干，很有效率的领导人。”他还说：“这几位外表温文的领导人，其实有着钢铁般的意志，做事果断。当碰到问题时，他们都有解决问题的决心。”他强调，中国新一代领导人在解决“非典”蔓延的危机和处理对外关系方面，已经表现出自己的才能。他指出，中国领导人了解许多国家对中国崛起感到担忧，这不仅是中国快速发展带来的挑战，还包括中国日益强大的政治影响力。基于这种认识，中国向各国伸出友谊之手，让各国感觉到兴旺的中国是一股和平积极的力量。中国无意炫耀自己的影响力。

吴作栋还表示，此访希望与中国领导人探讨如何把中新两国经贸合作从现有的规模和水平进一步拓展和提高，使之成为更加全面的经济伙伴关系。比如探讨中新自贸谈判，新加坡在继续参与中国西部开发同时也参与东北振兴计划等。

看过消息稿，亚洲司同事问我有何感想，我说，这个谈话体现了善意和诚意，我们有理由对此访双方达成共识抱有期待。

11 月 18 日上午，吴作栋总理抵达北京，开始对中国的工作访问。同行的有贸工部长杨荣文、卫生部长许文远、外交部政务部长林双吉、外秘陈振忠等。吴作栋一行下榻中国大饭店。

下午，时任国务院总理温家宝在人民大会堂与吴作栋总理举行会谈，晚上为吴一行举行欢迎宴会。次日，时任国家主席胡锦涛、全国人大常委会委员长吴邦国、国家副主席曾庆红分别会见吴作栋总理。双方就双边关系和共同关心的国际问题交换意见并取得重要共识。

会谈中，温家宝总理表示，中新建交 13 年来，两国政治关系日益密切，经贸合作卓有成效，中方对两国关系的发展感到满意。

温家宝指出，中新关系基础好，合作前景广阔。政治上，中新应该继续保持高层交往势头，这对进一步增进互信、巩固双边关系有着不可或缺的作用。经济上，双方应进一步拓展合作领域。希望新方加大对中国西部地区的投资，加强与中方在科技环保、基础设施等方面的合作。新加坡作为本地区的重要金融贸易中心，是中国企业家“走出去”的一个重要方向。双方在这个领域的合作已有了良好开局，希望新加坡在中国企业走向国际市场的过程中继续发挥桥梁和纽带作用。温家宝还感谢新方多年来在人力资源开发方面向中方提供的支持和帮助。

吴作栋赞同温家宝对双边关系的评价，并高度赞扬中国在亚洲和国际事务中发挥的积极作用。他说，中国新一届领导人本着与邻为善的精神，以积极姿态与所有邻国发展友好合作。中国愿与东盟建立自由贸易区是一个重要的积极的战略决断，既显示了中国对东盟的友好与信任，也证明中国的发展对东盟是机遇而不是威胁，同时带动了其他国家加强与东盟的合作。中国取得的业绩表明，中国可以为亚洲的振兴与繁荣发挥重要作用。新加坡愿进一步拓宽合作领域，与中国建立全面经济伙伴关系。

两国总理达成三点重要共识：双方同意成立双边合作联委会，在两国总理指导下，中方由吴仪副总理、新方由李显龙副总理牵头；双方同意于 2004 年年中启动中新自由贸易协定谈判；新方表达了参与中国东北振兴的合作意愿，中方表示欢迎新方在继续参与对西部、中部和东部发展合作的同时，也参与东北振兴的合作。

会谈后举行签字仪式，两国总理出席见证。双方有关方面负责人共同签署了 4 个合作文件：《中新双边合作谅解备忘录》（JCBC）、《新加坡高官访华项目谅解备忘录》、《辽宁一新加坡经贸联委会谅解备忘录》、《浙江一新加坡经贸合作谅解备忘录》。两位总理与出席的各位部长共同举杯，相互祝贺。温家宝对吴作栋说，中国提出东北振兴规划后，新加坡是第一个作出呼应的国家。

11 月 20 日，吴作栋总理一行离京赴云南访问，我奉命陪同。时任云南省省长徐荣凯到昆明机场迎接并在宾馆设宴款待。吴作栋说，新加坡积极参与中国西部大开发，云南是重点之一。云南省政府对新加坡企业家提供了帮助，办成了一些好的项目，今后我们还将鼓励更多好项目落户云南。徐荣凯表示，欢迎更多新加坡企业家来滇投资兴业。吴作栋在徐荣凯陪同下，参观了世界园艺博览园、昆明城市规划展览中心等项目。吴作栋还观看了由杨丽萍编导并主演的大型歌舞《云南印象》，称赞这是“一台难得一见的精彩演出”。

11 月 22 日，吴作栋一行由昆明抵达丽江。

丽江古城建于宋末元初，距今已有 800 多年历史。明代徐霞客在其《滇游日记》中以“民房群落，瓦屋栉比”形容丽江古城的建筑风貌。今天走进古城，但见木楼青瓦，古街石巷，“户户拂垂柳，家家枕流泉”。桥上凭栏但觉惠风宜人，远眺又可见皑皑雪山。吴作栋啧啧称奇，连声说：“好地方，好地方！”

当地市政府为吴作栋安排了一台纳西古乐表演。乐团总监宣科介绍说，纳西古乐有“稀世三宝”，一是古曲，唐、宋词牌和曲牌代代传承，且融入纳西民乐元素，从而形成一种独特的古韵，既高雅又粗犷。二是古老乐器，乐器种类源自古代，正在使用的这些乐器也有上百年历史。三是高龄乐师，表演者都在古稀之年。乐团演奏了《浪淘沙》《水龙吟》《山坡羊》等古曲，但觉雄浑、婉约、古朴、典雅兼而有之，令人沉醉。吴作栋慨叹："中华文化博大精深，由此可见一斑！"

吴作栋兴致勃勃地登上玉龙雪山。玉龙雪山位于云贵高原与青藏高原接合部，有 13 座雪峰作纵向排列，宛若巨龙飞舞，故而得名。主峰扇子陡海拔 5596 米。我们乘车盘旋而上，又借助缆车越过悬崖峭壁，然后徒步前行。当地为大家准备了厚厚的羽绒服，吴总理和夫人穿上后相顾一笑："今日且做大熊猫吧！"部长们也都跟着笑起来。我们登上 4506 米的峰头，这是一般旅游者所能到达的最高点。放眼望去，冰峰雪岭连绵不断，气势磅礴。冰川裹素披银，玉树琼枝，玲珑剔透。我们就像来到一个梦幻般的神话世界。吴作栋总理心情很好，大手一挥，喊道："过来，大家一起留个影！"相机咔嚓一声，为总理和他的随行人员在蓝天雪岭前留下难得的纪念。吴总理向我招手，我快步走过去和他在 4506 海拔碑石旁拍下了一张合影。他握着我的手说："大使阁下，你为我这次访问的顺利进行做了许多工作，谢谢你！"我说："我们都为总理阁下的成功访问感到高兴！"

九洞球叙

2004 年 3 月，我应邀与吴作栋总理打了一场高尔夫球。

说起这场球，还得先交代一下它的由来。

1990年10月3日中新建交以后，中国驻新加坡使馆一直以原中国商务代表处的办公楼为临时馆舍。直至2002年5月21日，我们的永久馆舍才建成并启用。新馆舍的建设从物色地皮开始就得到新方的大力协助。为表示谢忱，我函邀新方领导人前来做客。2002年11月李光耀资政欣然前来。吴作栋总理也答应了，但一直确定不了具体时间。2004年2月27日，他终于来了。同行的有他的夫人陈子玲和秘书蔡艾伯。吴总理饶有兴味地参观了使馆的馆舍、大使官邸和庭院，赞扬设计、施工、装饰和摆设均属上乘，给人以既庄重又美观、既传统又现代的感受。

我和夫人设午宴款待吴总理和夫人等。席间，我们天南海北、政经文旅、社会家庭无所不谈。吴总理告诉我，他祖籍福建永春。20世纪初，他父亲8岁时就随祖父背井离乡来到新加坡谋生。吴作栋1941年出生于新加坡，12岁丧父，主要靠祖母养育成人。祖辈的勤劳质朴、善良正直对他影响很深。祖母生前嘱咐他一定要回老家看看。我说，祖籍地的父老乡亲都很欢迎您，您决定何时回去，我们使馆可以协助联系安排。吴总理说，何时成行还定不下来，但一定要去的。

1964年，吴作栋毕业于新加坡国立大学，以优异成绩获一等经济学荣誉学士学位。1966年赴美国威廉姆斯学院深造，获发展经济学硕士学位。回国后供职于新加坡海皇轮船公司，并于1973年出任该公司董事总经理。1976年从政，先后担任财政部高级政务部长、贸工部长、国防部长等，1990 年 12 月接替李光耀出任新加坡总理。

我说：“您担任总理 10 多年来，新加坡克服发展道路上的各种困难，经济、社会取得新的成就。人们赞赏您的施政理念和许多富有成效的举措，尤其对您的亲民和实干有很高的评价。”

吴作栋说：“新加坡是李光耀先生和他的战友们缔造的，前进的道路已经开通，我们只不过接过接力棒向前跑了一程。今年 8 月我就要交棒了，由李显龙接班。”

餐后，我赠送吴作栋四屏双面绣一副，上面绣的是郑板桥的《竹石图》。我说，郑板桥是清代著名书画家，其诗书画堪称三绝。郑板桥官至知县，关心民间疾苦，他的作品诸如“些小吾曹州县吏，一枝一叶总关情”等无不体现深挚的爱民情怀。吴作栋说：“我喜欢郑板桥，也喜欢他的书画。”

临别，吴总理握着我的手说：“你请我到使馆做客，我改天请你到总统府打高尔夫球。”我赶紧表示：“我是高尔夫球的初学者，还打不好。”他马上说：“没关系，球进不了洞，用手放进去也可以。”说着幽默一笑。于是我愉快地接受了他的邀请。

经协调，我与吴作栋总理打高尔夫球的时间安排在 3 月 27 日。

这时，恰值台湾地区政局剧烈动荡，引起国际社会的关注。陈水扁自 2000 年上台以后提出“一边一国”论，极力推行“台独”主张，恶化两岸关系。后又策动“公投制宪”，妄图搞“法理台独”。尽管遭到岛内外广泛反对，陈仍然我行我素，硬是将所谓的“公投”案的表决与台湾地区领导人选举一并安排在 2004 年 3 月 20 日进行。3 月 19 日发生神秘枪击案，选情出现微妙变化。结果陈水扁再次当选，“公投”案则被否决了。台湾当局宣布将在 5 月 20 日举行陈水扁就职仪式。国内指示我做好新加坡的工作，要求新方坚持一个中国立场，不对陈水扁的当选致贺，不出席其就职仪式。

新方会采取何种态度呢？我捋了一下这些年来新方在台湾问题上的表现。早在 1971 年，新加坡就投票赞成恢复中国在联合国的合法席位。1990 年中新建交时，新方确认中华人民共和国是中国唯一合法政府，台湾是中国不可分割的组成部分。建交 10 多年来，新方一直坚持一个中国立场。但新加坡在台湾有军事训练，这个历史遗留问题尚未解决。新加坡与两岸都说得上话，也曾为两岸传话。1993 年 4 月，汪辜会谈在新加坡举行。这次会谈是 1949 年以来两岸高层人士在“九二共识”基础上的首次接触，双方签署了《两岸公证书使用查证协议》《两岸联系与会谈制度协议》《两岸挂号函件查询补偿事宜协议》《汪辜会谈共同协议》4 项协议。新方为这次会谈提供了方便。李光耀分别会见了汪道涵和辜振甫。2000 年我曾来到亚历山大路海皇大厦寻觅汪辜会谈旧踪，这座见证两岸关系历史进程节点的白色建筑依然屹立如昔。回顾以往，我初步判断新加坡在台湾问题上不会做出格的事情。

2004 年 3 月 27 日上午，我往见新加坡外交部第二常秘比拉哈里，按国内指示要求新方对陈水扁当选台湾地区领导人不发函电致贺、不出席其就职仪式，重申坚持一个中国的立场和反对“台独”的态度。比拉哈里表示，新方将继续坚持一个中国立场，反对“台独”，不做损害两国关系的事情。我进一步揭露陈水扁和民进党的“台独”本质和对中新关系的危害，重申我方的要求，耐心地做工作。但新方的表态始终停留在一句原则话上，没有具体承诺。我心里还是有些不踏实。

3 月 27 日下午，我如约来到伊斯丹纳总统府和吴作栋总理打球。与我同来的有我的夫人唐黎珍和公使衔参赞罗照辉。吴总理和夫人陈子玲已在球场等候。吴总理介绍说，这大院里有半个高尔夫球场，9 个洞。同在总统府办公的纳丹总统和李光耀资政现在都不打高尔夫球了，平常就只他一人打。他一般每天早上打半场球再上班，这样一天都会有充沛的精力工作。

吴总理首先发球。他的一号木打得又飘又远。我随后跟上。蓝天白云，绿草如茵。我们走在微有弹性的球道上，边走边聊。

“总理是什么时候开始打高尔夫球的呢?”

“在海皇轮船公司工作时就开始了。那时业务上常常需要接触一些客人，请吃饭他们往往兴趣不大，一说打球便喜形于色，就这样我打球的机会便多起来了。”

“人家说个子高的人腿长臂长，适合打高尔夫。您大概有一米九?”

“哈哈，是有这个说法，不过也不尽然。我正好一米九。我从小喜欢锻炼，游泳、跑步、骑自行车。现在比较多的是打高尔夫球和网球。”

我的球打到草丛里去了，他让我捡出来搁在球道上再打。我用七号铁把球打了出去。

“嗯，您的网球也打得很好。2001 年 11 月，全国政协主席李瑞环访问新加坡，您请他打了一场网球并共进早餐。”

“是的。大使那天也在，您可能还记得，一起用餐时我提议 2002 年上半年胡锦涛副主席应邀访新时，我们安排一个隆重的场合，请他作一个面向东南亚乃至全球的政策性演讲，从外交角度为中共‘十六大’预热。李主席听后不置可否，只说了一句，是先唱戏再搭台好呢，还是先搭台再唱戏好？后来我们放弃了这个想法。我虽身为华人，但对中国文化还是理解不深。次年 4 月，胡锦涛副主席访新，我和他就中新双方在高科技工业、中国西部大开发、中国企业‘走出去’和人力资源开发四个方面加强合作达成共识，将两国关系提上一个新水平。”

“我也喜欢朱镕基总理的性格，他说话清晰明了，办事果断利索。”吴作栋接着说，“2000 年 11 月，朱总理访问新加坡并出席中国东盟领导人会议，他在会上首次提出成立中国—东盟自贸区的设想，受到东盟国家的广泛欢迎。”我说：“是的，当时我也在场，亲身感受到会场上的热烈气氛。”

这时一块云彩遮住了太阳，微风徐徐送爽。吴总理一杆打出去 200 多米，我要打两杆才能跟上。他情绪很好，陪着我慢慢往前走。我于是拾起上午约见比拉哈里时的话题。

“近来台湾岛政局翻云覆雨，引起世界关注。”我说。

“我注意到了，外界认为‘3·19枪击案’有些蹊跷。‘公投’案被否决了，这是好事。陈水扁再次胜出，今后麻烦不会少。”吴总理说。

“我们希望新方不要以任何方式对陈水扁致贺，也不要出席他的就职仪式。”我说。

“不会的。一个中国是我们始终坚持的基本原则，我们反对任何形式的‘台独’。”吴总理的回答清晰而明确。我心里也踏实了。

我们走上果岭。吴总理拿起推杆稳稳一推，小球痛痛快快地滚入洞里，打了个“小鸟”！我祝贺他的好成绩，并对他邀请球叙再次表示感谢。

太阳从云层后面露出了笑脸，我们披着金色夕照走出球场。

李光耀与新加坡之路

我在担任驻新加坡大使三年半时间里，与李光耀资政有多次接触，包括单独见面、陪同领导人会见、在外交场合接触交谈等。同时见过吴庆瑞、林金山等李光耀的亲密战友和同僚。这些亲身接触和诸多见闻给我留下深刻印象，也有一些粗浅看法。李光耀缔造了现代化的新加坡，新加坡造就了英雄李光耀。李光耀和他的战友带领新加坡人民，在没有路的地方走出了一条符合新加坡国情和时代特征的成功之路。李光耀和新加坡的故事波澜起伏，感人至深。这里记述若干片段，或可窥见一斑。

绝处求生

1965 年 8 月 9 日，新加坡脱离马来西亚，宣告独立。独立的新加坡既丢掉了一度得来的腹地，又得不到马来西亚的合作。印尼对新加坡也持对抗态度。李光耀回忆说：“过去，工人辛苦地在仓库里为堆得满满的橡胶片、胡椒、椰干、白藤进行清理和分级，为出口做准备。现在，由于马来西亚和印尼的抵制和不合作，这种转口生意做不成了。”转口贸易这根传统的柱子折了，赖以支撑的新加坡经济陷入绝境。当时新加坡失业率高达 14%，而且还在上升。随后，英国又宣布将在 1971 年从新加坡撤军。长期以来英军在新加坡的开支约占新加坡 GDP 构成的 20%，提供了 3 万个直接工作岗位和 4 万个间接工作岗位。英军的撤离更使新加坡经济雪上加霜。新加坡政府的荷兰籍经济顾问温斯敏形容新加坡“正走在刀刃上”。西方舆论无一例外地预判新加坡“必死无疑”。李光耀这样描绘当时的心境：“我带着惶惶不安的心情启程，走上一条没有路标和漫无目的道路。”

被李光耀视为心腹的吴庆瑞曾对我说，“那时李光耀承受着常人难以忍受的巨大压力，几乎要累倒了”。一天中午，刚刚履任的英国驻新加坡高级专员约翰·罗布紧急约见李光耀，李光耀实在太累了，躺在床上见了这位使节。这个细节惊动了英国首相威尔逊，威尔逊特地从伦敦致电李光耀表示慰问。

其实，早在 1959 年李光耀就意识到，新加坡作为一个转口贸易港的作用已经到了极限，必须走工业化的道路。他委托时任财政部长吴庆瑞着手办裕廊工业园。但办工业园举步维艰，从 1959 年到 1963 年才发出 12 张办厂证书，1963 年到 1965 年加入马来西亚期间则一张也没有发出。而且入园的都是一些只雇用几个工人的樟脑丸厂之类的小厂。几年过去园区仍然一片荒芜，人们讥讽这是“吴庆瑞的愚蠢之作”。

李光耀曾对我说，当时流行一种理论，跨国公司进入战后新独立国家，掠夺那里的资源和廉价劳动力，赚取高额利润，是“没有殖民主义的殖民主义”。他与吴庆瑞、林金山等交换意见，皆不以为然。李光耀早在伦敦求学时就接受了“剩余价值理论”的理念，但他认为不能把这个理论当作教条。对于新加坡这样一个无资源、无市场、无资金、无技术的弹丸岛国来说，只有引进外资才能把经济搞活。百姓通过就业可以获得劳动报酬，政府通过征税可以获得财政收入，企业可以学到先进技术和管理经验。让外资来赚钱，新加坡可从中受益。于是，新加坡陆续出台一系列措施大力招商引资。

措施一是成立经济发展局。吴庆瑞推荐韩瑞生担任经发局第一任主席。李光耀称赞韩瑞生是“一个沉默寡言的杰出行政人员”。经发局创造了“一站式”服务，外资需要的土地、电力、供水、环境卫生、消防安全等手续均由这个机构负责协助办理，投资者不用四处奔跑与政府各部门一一打交道。吴庆瑞说，经发局的工作细致周到，效率高，能打动人心。美国惠普公司计划投资新加坡，准备要一块地皮建厂，谈判期间先租用一栋 6 层楼房最上面的两层使用。惠普老板休利特决定亲自前来察看。这时惠普临时租用的楼层，因电力问题未通电梯，经发局紧急从邻座建筑接驳巨型电缆，使休利特免去爬楼之苦，休利特深受感动，当即拍板投资新加坡。这个故事引起轰动效应，一时出现美国公司纷至沓来的局面。

措施二是领导人亲自招商。1968 年 11 月，李光耀到纽约经济俱乐部向约 800 名企业家发表演讲，热情介绍新加坡引进外资的优惠政策，客观分析地区形势和存在的风险，描绘出严峻局面中的希望。对与会者提出的各种问题，一一如实作答，面对问题不遮掩不回避。这种冷静、务实和乐观的态度赢得了大家普遍好感。此后，李光耀每次出访欧美国家都要安排一场与企业家的见面会，一般餐前端着酒水自由走动交谈，落座后与企业家重点探讨一些问题，然后发表20分钟演讲并回答问题。1968年12月，李光耀在参加完这样的活动后曾给内阁写过一张便条："一面进餐一面谈话，又要保留力气，又不敢大吃大喝，以免不够机警敏锐，那是相当吃力的事。这是为了吸引美国投资者而付出的部分代价。"李光耀又说，"虽有所抱怨，但心里是高兴的。"经发局驻美代表曾振木曾对李光耀说，大部分企业负责人没到过新加坡，所以决定到新加坡投资办厂前，总希望见一见新加坡领导人，然后再做最终评估。所以李光耀深信他的这种付出是值得的。

措施三是取消关税壁垒。李光耀说，既然我们小，没有纵深、没有腹地；我们穷，没有资金、没有技术，干脆就把国门敞开。于是，新加坡几乎是零关税。营业税也给予外资很大的优惠。1970年底，落户裕廊工业园的外资企业390家，投资者可免税5年。1975年又将免税期延长至10年。这时的裕廊镇已经呈现一派生机勃勃的景象。政府陆续取消原先实行的某些保护性关税。经发局官员征求意见，为保护本地一家汽车修配厂而对同类商品开征的保护性关税还要维持多久。这家公司的主管粗暴地回答说"永远"。政府综合考虑后认为不能保护落后企业，断然取消对这家工厂的额外保护，这家汽修厂只好关门了事。随后，政府又取消了对冰箱、冷气机、电视机、收音机和其他电气电子产品装配厂的保护性关税。

措施四是培养一支有技能守纪律的工人队伍。经发局开设培训中心，请来专家包括国外的专业人士，从骨干开始分批次对工人进行培训。同时鼓励跨国公司自行开班，对工人进行有针对性的专门培训。最重要的是调整和改善劳资关系，既要维护工人的正当权益，又要让资方能正常经营。李光耀知道工会中存在种种陋习，决定对工会进行脱胎换骨的整顿。他的基本理念是劳资双方要共同养好“这只会下金蛋的鹅”，倘若“鹅飞蛋打”，资本家赚不了钱，工人没饭吃，国家将难以生存和发展。1968 年，李光耀在新加坡职工代表大会上痛陈英国码头在工潮中陷入瘫痪，白白浪费几年时间，并导致 1967 年英镑贬值事件，借此发出警告：“要是我们的港口发生这种事情，我会宣布那是犯了最严重的叛国罪，将以雷霆手段果断处置。”李光耀先后派出蒂凡那、王鼎昌（二人后来都做了新加坡总统）等得力干将出任职工总会秘书长，把工人运动纳入健康发展轨道，并在劳资之间找到了两利双赢的平衡点，为国家工业化作出了贡献。

五是整治和美化环境。李光耀决心将新加坡的环境打造成具有世界第一水平的“一片绿洲”。他实行绿化、清洁和礼貌计划。他派人从世界各地引进 8000 个树种，最后从中选出 2000 个适宜新加坡的在全岛范围广为栽种。他还从国外请来专家协助改良土壤，使花草树木长得更繁茂。他花大力气整治市容市貌，使曾经臭气熏天的新加坡河、加冷河重新变得水清见鱼。他开展清洁卫生运动，使人们逐渐养成礼貌文明的习惯。新加坡的外籍经济顾问温斯敏告诉李光耀，跨国公司的高管们说新加坡不但宜商，而且宜居、宜旅了。李光耀听后很高兴，其实他自己也有同感，每次从国外访问回来，驱车沿着东海岸大道进入市区，看到苍翠的乔木和棕榈、如茵的草地、似锦的繁花，顿觉精神抖擞、意气风发。他曾自豪地说，在他推行的所有计划中，绿化的效率最令他格外愉悦。

经过新加坡的一番努力，外企逐渐认定这里确实与众不同，真是一块投资热土。1971 年英军撤走造成的就业岗位流失已经被外企填补，失业不是问题了。1970 年底入驻新加坡的跨国公司已达 390 家。1997 年增至 500 家，仅美国公司就达 200 多家，包括得州仪器、国民半导体、惠普、通用电气等，投资额达 190 亿新元，居外资之首。其次是欧洲国家，如德、英、法、荷等。1985 年的“广场协议”推高了日元对欧美国家的汇率，日本公司不得不将投资转向东南亚，90 年代中期以后日本逐渐成为新加坡制造业的较大投资者。

“说一千道一万，诚信最为重要。”李光耀在忆及 1973 年 10 月的往事时很有感触地说。这年 10 月石油危机爆发后，李光耀会见壳牌、莫比尔、埃索等石油公司总裁，向他们保证，基于有难同当的原则，如果这些公司对客户削减石油供应量，不用把新加坡作为例外。这项决定受到石油公司的赞赏，也提高了新加坡在国际上的信誉，进一步证明新加坡是可靠的合作伙伴。此后，这些公司满怀信心地扩展在新加坡的业务。90 年代，新加坡炼油总量每天达 120 万桶，成为仅次于休斯敦和鹿特丹的世界第三大炼油中心，也成为继纽约和伦敦之后世界第三大石油交易中心。新加坡还是世界船用燃油的最大市场、石化商品的主要生产地。

新加坡政府在大力引进外企的同时，也努力创办自己的经济主体。最让李光耀津津乐道的莫过于打造“亚洲美元市场”。1968 年，外籍经济顾问温斯敏向李光耀提出，美国银行为了消除美国政府限制资金外流而采取紧缩措施的影响，考虑在“欧洲美元市场”基础上，在东南亚再开辟“亚洲美元市场”。温斯敏认为新加坡把这项工程承接下来，对推动经济发展大有好处。李光耀考虑，尽管当时新加坡作为英镑区还受某些条条框框束缚，但值得冒一下险。他把此事交给经发局局长韩瑞生放手去办。1968 年 10 月 1 日，新加坡政府允许美国银行新加坡分行在行内设立一个亚洲货币经营单位（Asian Currency Unit，ACU），以与“欧洲美元市场”同样的方式接受非居民的外国货币存款，为非居民提供外汇交易及资金借贷等各项业务，标志新加坡“亚洲美元市场”的诞生。到 1975 年，新加坡境内从事 ACU 的金融机构增至 66 家，存款总额 125.97 亿美元，年均递增 85.8%，相当于 1975 年新加坡 GDP 的 2.5 倍。同期亚元债券兴起，并涉及国际银团贷款。新加坡逐渐形成以经营美元为主，兼容马克、英镑、加元、法国法郎、日元等 10 多种硬通货的国际货币市场和国际资本市场。1976 年至 1997 年，新加坡加快金融改革步伐，亚元市场突飞猛进。到 90 年代末，亚元市场总额超过 5000 亿美元，规模几乎等于新加坡国内银行市场的三倍。新加坡成为仅次于伦敦、纽约和东京的世界第四大金融中心。新加坡政府凭借严格把关、高效服务的管理，用30年时间建立起无可争辩的信誉。1999年，新加坡推出一整套重大改革举措，推动新加坡金融体系从强调管制、注重风险防范向以信息披露为本、鼓动金融创新转变，新加坡的离岸金融市场也从分离型向一体型转变。

此外，新加坡还先后建立了裕廊工业园、发展银行、大众钢铁厂、保险公司、海皇轮船公司、石油公司、特许工业公司、科技公司、吉宝集团、淡马锡控股集团等，这些企业都有不凡的业绩表现，新加坡出现民族产业与外资产业比翼双飞的局面。

就这样，新加坡经济经历20世纪60年代到70年代的劳动密集型、20世纪80年代到90年代的资本和技术密集型，20世纪90年代末以后开始向智慧型转变。其间避免了1971年英军撤出可能造成的大失业，抵御了1973年石油危机的冲击，克服了20世纪80年代中自我结构调整造成的暂时衰退，渡过了1997年、1998年东南亚金融危机带来的艰难时日。20世纪60年代，新加坡从绝境中艰难突围，不但求得生存而且赢得快速发展。进入21世纪时，新加坡已经成为生产力水平较高、产业结构比较先进、经济运行机制比较成熟、市场机制和市场体系比较健全、宏观调控比较完善、经济国际化程度较高的国家。新加坡国民收入快速增长，1965年建国时人均国民收入为516美元，1989年人均国民收入突破1万美元（1.04万美元），1994年突破2万美元（2.16万美元），2005年达3万美元，2019年达

6.52万美元。20世纪80年代以后，新加坡与韩国、中国台湾、中国香港并称“亚洲四小龙”。据世界银行、国际货币基金组织、联合国开发计划署评估，20世纪80年代末新加坡进入高收入国家行列，20世纪90年代末进入发达国家行列。

多元和谐社会

脱离马来西亚独立建国以后，新加坡将建设一个什么样的社会？如何才能使各族群和谐相处、人民安居乐业？如何才能保持社会稳定，使外资放心进入，以利经济发展？

这是李光耀面临的一个重大课题。当他思索着寻求答案的时候，头年发生的两起种族暴乱的惨状立刻浮现在眼前。

1964年7月21日是公共假日，李光耀在新加坡皇家高尔夫球俱乐部武吉球场打球。下午6时20分左右，他接到报告，加冷、芽笼地区发生巫华冲突，而且事态正在扩大蔓延。他马上放下球杆，赶到珍珠山警察总部。警察总监黎肯向他汇报事件发生的经过。这天是伊斯兰教先知穆罕默德诞辰纪念日，约2.5万名穆斯林在市政厅大草坪聚集。往常这类集会只念诵经文，然后敲锣打鼓游行，但这次不同，有人发表政治演讲。“为什么要让马来家庭从加冷搬迁而华人可以留下？是因为对人民行动党来说，马来人比之华人并不重要？”“华人有钱，马来人永远只能处于车夫阶层？”“新加坡虽然加入了马来西亚，但这里马来人的命运比日据时期还惨，华人为什么永远骑在我们头上？”“我们马来人在新加坡长期受到人民行动党的压迫，只要我们团结，哪怕是一千个李光耀，我们也可以把他们全部消灭!”现场情绪很快被调动起来，种族主义口号此起彼伏。下午4时左右，游行队伍由市中心的大草坪向芽笼士乃进发。5时许经过华人居住较集中的加冷煤气厂附近时，马来人开始向路上的华人攻击，冲突遂即发生，并很快演变成一场波及整个芽笼地区的暴乱。当晚10时30分，李光耀在广播电台发表讲话，呼吁民众恢复理智，指出“一切迹象显示，这起突发事件事先有人在背后组织和策划，目的是要使它变成可怕的种族冲突……我们的任务是要制止这种愚蠢行为”。尽管实施戒严，打砸烧抢还是断断续续发生，一直到8月2日才结束。暴乱共造成23人死亡，454人受伤，马来人华人各占一半。许多店铺被抢劫，房屋被焚毁，人民生命财产损失重大。一个月以后，芽笼地区再次发生巫华冲突，先是一名三轮车夫遭杀害，一辆汽车司机受攻击，进而引发种族暴乱，实行戒严后事态仍然持续3天。造成13人死亡，109人受伤，马来人华人伤亡大体相当。这时李光耀在布鲁塞尔参加一个国际会议，国内事务由杜进才代总理负责处理。

这两起种族暴乱的组织和策划者到底是谁？所有证据都指向巫统高层。早在7月12日，巫统秘书长赛加化阿巴就在一个马来政党会议上散布种族主义言论，称“我们新加坡的马来人和穆斯林已显示团结一致，准备为我们的民族和我们的未来同生共死。如果我们团结一致，世界上没有任何力量可以践踏我们，也没有任何力量可以羞辱和蔑视我们。不论是一个李光耀还是一千个李光耀……我们都能够把他干掉”。会场鼓掌并高呼：“杀死他，杀死他！”赛加化阿巴还煽动说：“依照李光耀的逻辑：嗨，你们岛上的少数民族，给我住口。这里我要告诉李光耀：你给我们住口，不要叫我们住口。”赛加化阿巴还在另外一个马来人集会上宣称，李光耀内阁中马来裔部长奥斯曼渥和所有人民行动党的马来议员是马来人的叛徒，高喊：“杀死他们！杀死奥斯曼渥！”暴乱发生后，马来西亚副总理拉扎克曾要求吴庆瑞劝李光耀辞职。吴反问是否也对赛加化阿巴作出惩处，拉扎克说：“不！我们能控制赛加化阿巴。”可见种族暴乱制造者是冲着李光耀来的。

巫统何以对李光耀如此忌惮？1963 年新加坡加入马来西亚以后，李光耀和人民行动党与东姑和巫统在治国理念上存在分歧，最根本的是东姑坚持要建设一个“马来人的马来西亚”，李光耀坚持要建设一个“马来西亚人的马来西亚”。东姑的理念来源于马来亚联合邦宪法。1946 年，英国、马来苏丹和巫统三方共同起草的马来亚联合邦宪法第 153 条载明，马来人在联合邦各个领域享有特权。在实际操作中马来人犹如一等民族，其他民族包括华人、印度人、欧亚裔等则成为二等民族。而这正是巫统的立党理念和执政基础。所以李光耀的主张触动了巫统的“命根子”，自然遭到该党上下的极力反对，极端分子甚至叫嚣要把李光耀除掉，温和派则建议与新加坡分家，但无论采取哪种手段都有所顾忌。李光耀也感到分歧难以调和，委托吴庆瑞与拉扎克副总理谈判，全权处置去留问题。最后达成协议，双方领导人签署“分离法案”，并经马来西亚议会于1965年8月9日三读通过。

回顾新马分家过程，李光耀不难找到正确答案：新加坡不是“华人的新加坡”，也不是“马来人的新加坡”或者“印度人的新加坡”，而是各族群共同拥有的新加坡。新生的新加坡要建设一个多元而和谐的社会。他的意见得到人民行动党的支持和人民群众的广泛拥护。于是，这一理念被逐一落实到新加坡方方面面的政策和举措中。

这首先体现在新加坡的国旗、国徽和国歌上。国旗由红、白相等的两个长方形构成，左上角有一弯新月和五颗五角星。红色与白色代表勇气和纯洁，各民族都能接受。新月是马来族的要求，五角星反映了华族的愿望。五颗星代表国家的五大理想：民主、和平、进步、正义、平等。国徽保持国旗的基本元素，中间是一面新月五星盾，两旁狮子、老虎撑扶，下方有饰带，饰带上有马来文“MAJULAH SINGAPURA”，意思是“前进吧，新加坡!”国歌《前进吧，新加坡!》由马来族音乐人朱比赛作词并谱曲。这些其实在1959年新加坡实现自治时就作为邦旗、邦徽、邦歌使用，只是1963年加入马来西亚后停用，国会决定将之重启为新加坡的国旗、国徽和国歌。

第一任总统为尤索夫·宾·伊萨克。1910年，尤索夫出生于马来西亚霹雳州。1923年，随父移居新加坡。曾就读于莱佛士书院。喜欢体育，1933年曾获拳击冠军。1939年，创办《马来前锋报》，关注马来人问题，推动社区和谐和现代化。马来民族统一机构的成立得益于该报的宣传启蒙。然而巫统的作为与尤索夫的办报理念渐行渐远，并且一步步收购《马来前锋报》的股权，导致尤索夫的话语权严重缩水。1959 年，尤索夫卖掉全部股权，离开了自己创办的这家报纸。尤索夫来到新加坡担任公共服务委员会主席。同年 12 月 3 日，尤索夫代替离任的新加坡总督古德成为首任新加坡邦元首。一次，李光耀曾对我谈及尤索夫，称赞他为人正直，简朴随和，有献身精神。1965 年 12 月 22 日，尤索夫成为新加坡第一任总统。此后，第二任总统薛尔思为欧亚裔，第三任总统蒂凡那为马来人，第四任总统黄金辉为华人。一至四任总统由总理提名议会通过产生。第五任以后改为民选。但无论以何种方式产生，均照顾到各民族之间的平衡。宪法甚至规定，如连续五届某族群没有当选总统，第六届总统位置即为该族群保留。

李光耀组成内阁遵循唯才是举、任人唯贤的原则，但也照顾到种族和地域的代表性。杜进才（副总理），华人，出生和成长于马来西亚霹雳州。吴庆瑞（财政部长、内政和国防部长），华人，出生于马来西亚马六甲。林金山（财政部长、发展部长），华人，出生于新加坡。王邦文（内政部长），华人，出生于马来西亚吉隆坡。拉惹勒南（外交部长），淡米尔族，出生于斯里兰卡，成长于马来西亚森美兰州。巴克（司法部长），欧亚裔，出生于新加坡。易润堂（劳工部长），华人，出生于新加坡。杨玉麟（教育部长），华人，出生于新加坡。奥斯曼渥（社会事务部长），马来族，出生于新加坡。李光耀对奥斯曼渥赞赏有加，称他是新加坡种族和谐的功臣。在 1964 年种族暴乱中，他挺身而出，临危不惧，极力阻止极端分子的暴力行径，又耐心劝导一般群众遵纪守法。他为新加坡多元种族、多元宗教、多元文化建设作出了重要贡献。

建国初期，新加坡住房是一个突出问题，许多人家居住条件很差，有的甚至流离失所。李光耀提出“居者有其屋”的口号，任命林金山为首任建屋发展局主席。林金山不负重托，在任3年所建房屋超过以往30年的总和。特别值得一提的是所建组屋小区充分考虑各族群文化宗教传统习俗的差异，在住房、商店、餐饮、娱乐设施上都有所兼顾。而且在住房分配上按人口比例自然形成族群杂居模式，有利于促进彼此之间的沟通、理解和融合。林金山因在建屋发展局的骄人成绩，获颁代表新加坡最高荣誉的淡马锡勋章和被视为“亚洲诺贝尔奖”的“拉蒙·麦格赛赛奖”。

新加坡尊重和维护宗教信仰自由。主要宗教包括：佛教，信众约占人口33%；伊斯兰教，信众约15%；基督教，信众约14%；道教，信众约11%；印度教，信众约5%；天主教，信众约3.5%；此外，还有锡克教、犹太教和拜火教。走在新加坡的街巷里，时不时会看到飞檐斗拱的佛庙、圆顶的清真寺以及尖顶高耸的教堂。如果碰巧遇上某族群宗教传统节日，还可以观赏信众穿红挂绿，手持各种法器，吹吹打打，祭祀膜拜的奇异景象。

实行一种共同语言政策，是李光耀建设多元和谐社会的一项重大举措。1959年新加坡内阁明确全国有三种正式语言，一为“国语”。新加坡成为自治邦以后，为争取加入马来西亚，确定马来语为国语。新加坡独立后决定不做改变，仍以马来语为国语。二为“官方语”也是各主要族群的母语，即汉语、马来语、印度语和英语。三为“行政语”，即英语。英语实际上成了全国的共同语言。政府要求各族群继续保留母语的同时普遍使用英语。政府官方文件一概为英文。随着新加坡大量引进外资，日益扩大与国际社会的接触与交流，英语在新加坡交往中的主导地位逐渐确立。但不同意见始终存在，政府决定将南洋大学并入新加坡国立大学以后反应尤为强烈。

南洋大学由橡胶巨子陈六使倡议创办。陈六使出生在中国福建同安，1916 年 20 岁时南渡新加坡，先在陈嘉庚工厂做工，后自创益和公司经营橡胶致富。1953 年，陈六使捐资 500 万元倡议兴办南洋大学，得到新加坡华商巨子李光前、连瀛洲等热心人士热烈响应，甚至连出租车司机、三轮车夫、肩挑小贩等都踊跃捐献。1956 年 3 月 15 日南大举行开学典礼，前往参加的车子从市区一辆接一辆，一直排到 32 公里外的裕廊南大校园，可谓盛况空前。但由于新加坡从小学开始就主要推行以英文为媒介的教育，南大的合格生源难以为继，教学质量逐渐下降，毕业生找工作越来越困难。1978 年时任政务部长的庄日昆提出，为挽救南大的颓势，出路是将南洋大学并入新加坡国立大学。庄日昆的意见得到何家良等人支持。李光耀采纳了庄日昆的建议，当年即将南大并入新大。南大原校址成了新大附属南洋理工学院（1991 年单列并升格为南洋理工大学）。新加坡人从国情和自身前途出发，大多接受对南大的这种安排。但国外特别是马来西亚的南大校友则愤愤不平，甚至斥之为“背叛”。我常驻新加坡期间，在跟新加坡各界特别是华人社团接触中，难免触及南大话题，人们态度一般比较平和，认为无论是它的创办和演变都与时势息息相关，它为社会培养了一批通晓华文的人才功不可没，它的关停并转也属势所必然。也有人持不同的看法。这是一个存有争议的历史问题。

铁腕护廉

李光耀执政之初，就下定决心要建设一支清正廉洁的公务员队伍。1949 年他还在伦敦求学，听到来自中国的学生谈论蒋介石国民党政府如何贪腐无能，最后败退台湾岛，当时对此即心生鄙视。后来又看到战后新独立的国家里，一些曾经英勇反对殖民主义、争取民主和自由的斗士，一旦掌权便腐化堕落侵夺人民财产，更感深恶痛绝。他与人民行动党的同僚们相约一定引为鉴戒。

1959 年 5 月 30 日，人民行动党赢得大选，李光耀当选新加坡自治邦首任总理。6 月 30 日，在市政厅大厦前举行的群众大会上，李光耀让包括自己在内的 9 名内阁成员一律着白衬衫白裤子，以此象征新政府的廉洁，向人民昭示：今后将不会再有过去在新加坡盛行和在其他许多新兴国家存在的贪污舞弊。李光耀在讲话中郑重宣布：“指引我们行动的原则是，必须以整个社会的至高无上的利益为依归。”从 1959 年自治之初到 1965 年立国以后，这一宣示始终成为李光耀和人民行动党的执政准则。

李光耀首先抓立法。他修改、补充、强化反贪惩腐的法律和规则，先后出台《公务员法》《公务员行为准则》《财产申报法》等。这些法规对公务员行为作出严格规范，如公务员不得有诋毁政府的言行、不得利用职权和官方信息谋取私利、不准参与经商、不准放债和向下属借债、不准兼职、不准再拥有私人公司的股份和证券、不准私受礼品等。

同时强化执法机构。李光耀将贪污调查局由警察署移至总理署，其局长由总统根据总理提名任命，直接向总理负责。贪污调查局拥有逮捕权、调查权、搜查权、跟踪监视权、不明财产检查权。贪污调查局的使命是：通过迅速而准确、坚决而公正的行动打击贪污犯罪。李光耀要求贪污调查局特别要做到两点：一是独立性，不受任何力量的影响，坚持独立办案；二是高效率，一旦介入就在最短时间内准确破案。舆论称，贪污调查局以其雷霆手段令有问题的公务员“闻之丧胆”，民众则拍手称快。

几个高官相继落马

1966 年 8 月，新加坡旅游促进局主席、马来西亚航空公司董事陈家彦因在购买波音客机问题上涉嫌舞弊，被免去公职。陈家彦虽曾任国家发展部部长，有过建树，但因声名陡降，不久便潦倒落魄。

1975 年，环境发展部政务次长黄循文和家人到印尼旅游，费用由一家地产商支付。后又接受对方赠予价值 50 万新元的一座洋房，并以家人名义透支 30 万元款项，由对方担保，进行股票买卖投机活动。结果被控贪污罪，判监四年。

1979 年 12 月，新加坡职工总会主席、人民行动党国会议员彭由国被控涉及 83000 新元失信罪，又被控涉及 18000 新元的挪用公款罪。彭试图通过职总秘书长蒂凡那说情未果，保释期间潜逃，致使担保人损失 5 万新元保金。彭逃至泰国谋生无门，穷困潦倒。

影响最大的是蒂凡那和郑章远两案。

1985 年 3 月，新加坡总统蒂凡那出访马来西亚古晋时，行为怪诞不经，“对每个女人都显得情不自禁”，包括在车里陪同他的一位副部长的夫人、宴会上的女士和照顾他的护士都被他非礼。新方应马方要求不得不中断他的访问，派专人把他接回国。经新加坡最权威的 7 位专科医生诊断，认定蒂凡那酒精中毒，必是喝酒多年且有间歇性狂饮，对酒精已经产生依赖，时不时丧失记忆、产生幻觉。李光耀和夫人去看望了蒂凡那的夫人，并从她那里证实蒂凡那经常酗酒并时有失态。因宪法规定不能对总统控以任何罪名，为避免给国家形象造成更大损失，李光耀商内阁后决定劝退蒂凡那。蒂凡那经一番犹豫后提出辞职。蒂凡那 1923 年出生于马六甲，10 岁时移居新加坡。毕业于新加坡维多利亚中学。1946 年参加反英同盟，为争取新加坡独立而斗争。1954 年参加人民行动党。1970 年出任新加坡职工总会秘书长，倡导现代化的劳工运动，使职总在新加坡经济建设中发挥了举足轻重的作用。蒂凡那在新加坡建国历程中功不可没，李光耀对劝他辞职感到很难过，不得已而为之。后来（1987 年）蒂凡那反悔，在《远东经济评论》刊文否定他的酗酒和过失。李光耀只好公布有关证据并提起诉讼，蒂凡那不敢应诉，离开新加坡去了加拿大，最后死在那里。

1986 年 11 月，新加坡国家发展部部长郑章远的一个老朋友在贪污调查局的盘问下，承认为取得政府的两块地皮曾经在 1981 年和 1982 年先后给过郑章远两笔各约 40 万新元的现款。郑矢口否认，却又跟贪污调查局一位助理局长讨价还价，要求其不要再查下去。郑章远要求见李光耀，李不见。一个星期后，郑章远在家里死去，给李光耀留下一份遗书："过去两个星期，我感到非常沮丧。对于发生这次不幸事件，我应该负全部责任。作为一个堂堂正正的东方绅士，我应该为自己所犯的错误接受最严厉的惩罚。"李光耀前去看望郑章远的遗孀，也看了郑章远躺在床上的遗体。他的遗孀说，郑章远为政府服务，希望能保全自己的名誉，验尸庭能不能不进行验审。李光耀说，只有医生发出正常死亡证明书才有可能。最后验尸庭判定他服用过量安米妥纳自尽。在反对党要求下，国会成立调查委员会，调查报告公布后，郑章远的妻子和女儿感到颜面尽失，离开新加坡不再回来。

在新加坡已逐渐形成一种氛围：贪官为世人不齿，污吏为社会不容。而要做到这一点，领袖的决心和意志至关重要。李光耀深有感触地说："开始的时候秉持高尚的情操，抱着强烈的信念和取缔贪污的决心不难。但是，除非身为领袖者够坚强，能铁面无私，坚决对付一切违法乱纪的人，否则要做到事如所愿，可没那么容易。"

"欲正人先正己"，李光耀对自己要求一定做到公私分明，行得端走得正，无懈可击。实际上，对他的批评、质疑之声时不时就会出现，但他从不回避，总是直面应对，甚至诉诸法律。

1965 年，新马分家之前，马来西亚巫统秘书长赛加化阿巴在《马来前锋报》上撰文称“新加坡总理李光耀是替共产党和雅加达政权做事的人，雅加达有恶毒的意图，一心要毁灭马来西亚，使马来西亚的马来人和华人自相残杀”。李光耀对赛加化阿巴提起诉讼，赛加化阿巴不敢答辩，在法庭上作了道歉并支付诉讼费。

1972 年，一名反党的候选人在竞选演讲中，妄称凡购买政府组屋都要找李光耀夫人担任主要合伙人的“李及李律师楼”帮忙。李光耀将其告上法庭，被告连诉讼费都支付不起只好接受破产。

1976 年，工人党秘书长惹耶勒南在竞选集会上，宣称李光耀搞裙带关系，贪污受贿，为家人和李及李律师楼谋取特殊待遇，不配当总理。李光耀状告他诽谤，法庭判他赔偿李光耀并支付所有诉讼费。惹耶勒南上诉到伦敦枢密院最终还是败诉。

1988 年，惹耶勒南在竞选群众大会上影射李光耀曾暗示郑章远自杀，以免因涉嫌贪污而影响他的名声。李光耀提起诉讼，惹耶勒南再次败诉赔偿。

1994 年 8 月 2 日，《国际先驱论坛报》发表《远东经济评论》前专栏作家菲利普·鲍林的一篇文章称：“就华人来说，历史看来几乎就是一场利益之战，一边是国家的共同需要，另一边是操纵国家的家族的利益。”这时李光耀的儿子李显龙已获选进入国会，鲍林在影射什么，明眼人一看就知道。李光耀以诽谤罪状告《国际先驱论坛报》，该报承认鲍林用词具有诽谤性，表示道歉，同时支付诉讼费。

1994年10月7日，《国际先驱论坛报》发表由新加坡国立大学美籍讲师克里斯托弗·林格尔执笔的一篇文章，对李光耀作这样的攻击："本区域一些容不下异己的政权在压制歧见方面展示了相当精妙的手段……依靠唯命是从的法官替他们把反对党政治人物整到破产。"该报的主编、出版人、作者全被李光耀起诉。尽管外国媒体纷纷出动为他们的案子大事渲染造势，该报的主编和出版人却宁可通过律师承认文章所言不实并道歉。法庭判《国际先驱论坛报》支付损失赔偿和诉讼费，至于林格尔，传票一发出，他便逃离了新加坡。

1996年6月2日，华文《亚洲周刊》引述律师邓洪亮的话，诬告李光耀购买两间公寓涉嫌贪污受贿。该刊随后很快认错，并付出巨款庭外和解。邓洪亮却不肯道歉或收回说过的话。6个月后，他在竞选大会上表示，一旦重入国会，将重提同一课题，扬言"这将是置他们于死地的一击"，从而进一步加重了这起事件的诽谤成分。审理这一案件的法官注意到，这段诽谤言论一见报，邓洪亮第二天就把一大笔钱从妻子银行户头转移到自己在新山的户头（不在新加坡的管辖范围），连能够透支的款项都提尽了。法官说，这是他心中有鬼的明证。邓洪亮没有出庭听审，因为他已潜逃国外，法庭判李光耀胜诉。代表邓洪亮上诉的女皇律师没有反驳当事人话里含有诽谤意味的指控，上诉被驳回。

有人认为，李光耀对那些批评、反对的声音完全可以置之不理。李光耀不这么看，他曾对我说，中国有一个成语“三人成虎”，西方也有“谎言重复一千遍就可能变成真理”的说法，所以凡属诬蔑、诽谤都必须坚决回击，不能听之任之。其实上法庭也不是一件轻松的事情，面对律师咄咄逼人的诘问，把自己赤裸裸地摊开，任由其审查，要不是记录清白，这可是不必要的冒险。但他宁愿选择这么做，并且把胜诉所得赔偿金全部捐给有需要帮助的慈善团体，所以才能维持在人民心目中应有的地位。

李光耀考察后发现议会民主国家的票选政治，一般都存在政商勾结、权钱交易问题。大选中候选人必须筹集一笔款项用于拉选票，一旦当选就要设法酬谢资助者，利用手中的权力为这些人开后门，同时也为下一次大选做准备。所以李光耀从立法限制候选人参选费用抓起，人民行动党以身作则，每次参选都坚持做到费用低于规定数额。候选人不发钱、不送礼，只是宣讲发展国家和改善民生的政策和措施。这样使新加坡逐渐形成较好的选举政治生态。

李光耀提出，不仅要以铁的手腕维护公务员队伍的清正廉洁，同时也要为公务员提供能够保障其体面生活的薪酬。尤其政府高官都是国家精英，无论从事何种职业一般都能创造财富，服务政府后不能令其收入较之原来过于悬殊。他反对平均主义，或者表面上工资不高实际上有暗补的做法。1985 年 3 月，在议会财政预算案辩论中，工人党议员惹耶勒南拿李光耀与东南亚一些国家领导人的薪金相比较，质疑新加坡领导人工资过高。李光耀予以驳斥，指出新加坡总理月薪虽有29000新元之多，而马来西亚首相月薪约合1万新元，菲律宾总统月薪10万比索（约合1000新元），印尼总统月薪120万盾（约合2500新元），但众所周知，他们的实际境况比账面上的要好得多。李光耀说，建国一代领导人乐于领取较低薪酬，一是因为艰苦环境所迫，一是有崇高理想支撑。但随着国家的发展和新老更替，应该适当提高内阁部长和公务员的工资。1994年，这时李光耀已由总理退任资政，他在国会上建议政府制订一个公式，使部长、法官和高级公务员的薪金跟私人企业家的报税额挂钩，自动调整。1995年，吴作栋总理采纳了这个建议，内阁决定，部长和高级公务员的薪金等于私人企业高管在所得税表上呈报的收入的2/3。这个决定遭到一些人的反对，但得到广大人民群众的理解和支持。在随后举行的大选中，反对党大肆炒作部长加薪话题，但和者寥寥，吴作栋领导的政府继续赢得了人民的支持。人民看重的是清正廉洁、能干高效的政府。

李光耀以铁腕惩治贪污，以明法维护尊严，以优遇吸纳英才，打造了一个清正廉洁、能干高效的政府，受到新加坡民众的拥护和国际社会的好评。

1997年，瑞士洛桑国际管理与发展研究院发布的《世界竞争力报告》为世界各国的廉洁水平排名，满分为10分，新加坡被评为最廉洁的亚洲国家，得9.18分。1998年，总部设在柏林的国际透明度机构发布世界最廉洁国家排名，把新加坡列为世界第七。

睦邻、站队、平衡外交

李光耀说，新加坡的外交始终围绕自身的生存和发展展开。

建国之后，新加坡对外第一要务是处理好同马来西亚和印尼两大邻国的关系。

吴庆瑞曾对我说，新加坡脱离马来西亚后，马来西亚仍试图继续控制新加坡。新马分家不久，马来西亚总理东姑阿都拉曼访问新加坡，李光耀在植物园附近的联邦大厦会见并宴请。席间，东姑似乎轻描淡写，却又明白无误地说："新加坡的命运操纵在马来西亚手里，必须跟马来西亚密切合作。"李光耀也不回避，送东姑离去之前，在大门口停下脚步说："新马之间必须建立一种新型的工作关系，为谋求双方的利益而合作。"这是婉转地暗示，新加坡不可能像过去那样为寻求合作而低声下气了。

吴庆瑞说，马来西亚想从军事、经济、供水三个方面压服新加坡。

建国之初，新加坡的防务依旧由马来西亚军队负责。1965 年 12 月新加坡国会开会，在新驻扎的马来西亚步兵旅阿尔萨戈夫准将来见李光耀，坚持要由他的电单车警卫队护送李光耀到国会。阿颐指气使，不由分说，俨然当自己就是新加坡军队总司令。李光耀无比惊讶，但为避免意外，还是不动声色地忍住了。与此同时，马来西亚的报纸、电台连篇累牍地攻击李光耀，把李视为"最可恨的人"。马来极端分子之前曾经策划绑架李光耀，此时又蠢蠢欲动。他们主张“狠狠打击新加坡，一直到它屈服为止。”负责李光耀保安工作的警官劝说李光耀暂时搬离欧思礼路的住家，等他们采取一些必要的防范措施后再搬回来。李光耀不得不到樟宜海边的一座度假屋暂住了三个多月。

于是李光耀决定尽快建立新加坡自己的军队。吴庆瑞自告奋勇担负起国防和治安的责任。李光耀将吴庆瑞由财政部长调任内政兼国防部长，财政部长由林金山继任。吴庆瑞遇到的第一个难题是聘请军事顾问和教官。李光耀致函埃及总统纳赛尔和印度总理夏斯特里，请求他们派遣军事顾问协助建军，两国因顾忌马来西亚而婉拒。最后是以色列应邀派出一个小分队秘密前来，给予了宝贵的帮助。经过几年的努力，新加坡很快建成了一支由陆、海、空三军组成，人数约 27000 人的武装部队。1990 年，国际防务刊物《军事科技》评称：“1965 年新加坡独立时，根本没有任何武装部队来保卫它。到了 1990 年，新加坡已经发展出一支受人尊重和专业的部队，它有现代化的防卫系统，有能力保卫国家的主权和领土完整。”《简氏年鉴》《亚太防务报道》等防务刊物也多次对新加坡武装部队的装备和作战能力给予高度评价。

马来西亚一些人起初对新加坡要建设一支军队只当笑谈，慢慢地便不敢小瞧了。1969 年 8 月 9 日，李光耀邀请五国联防英联邦国防部长出席新加坡开埠 150 周年暨国庆活动，拉扎克副总理代表马来西亚出席。在阅兵式上，当一连 AMX-13 轻型坦克和 V200 型装甲车隆隆驶过时，群情激奋。经报道，这对马来西亚引起很大冲击，当时马来西亚还没有装甲部队。拉扎克对吴庆瑞说，马来西亚许多人对此感到担忧。1978 年，时任马来西亚副总理的马哈蒂尔应邀访问新加坡，他单刀直入地问起新加坡基于什么原因要建立自己的武装部队。李光耀直截了当地回答说，新加坡担心有一天会发生供水被切断那样恣意妄为的事情。马来西亚保持向新加坡供水是新马签署分家协议的部分条件，这份协议的一个文本已经存放在联合国。如果马方违反协议，新方将向联合国安理会提出申诉。如若情况紧急，新加坡只好强行进入马境内修复遭到破坏的水管，以恢复供水。马哈蒂尔表示，他不认为会出现这类鲁莽、轻率的行动。李光耀表示，他也相信马方不会这样做，但新加坡不得不防患于未然。

在强军的同时，新加坡成功邀请欧美企业家来新投资，使国家的经济取得长足发展。且通过采取海水淡化、污水净化和雨水收集等措施，在紧急情况下可基本保障居民的饮水和使用。马来西亚的三个杀手锏就这样被新加坡化解。

新加坡以自主自强赢得了对手的尊重。1981 年 12 月，马哈蒂尔以马来西亚总理身份正式访问新加坡。李光耀与其会谈，双方同意在两国间建立起一种实事求是的关系。马哈蒂尔还表示要向新加坡学习。此后，新马之间虽然不断出现问题且解决之后又有反复，但毕竟在总体上双方都致力于发展睦邻友好合作了。

印度尼西亚对马来西亚的成立持反对态度，曾发起“对抗运动”。新马分家后，这一问题仍然阻碍新与印尼关系的发展。

1964 年，两名印尼海军陆战队队员潜入新加坡，在乌节路引爆炸弹，造成平民 3 死 33 伤的惨案。新加坡法院判处两犯死刑。被告不服上诉。1968 年 8 月，伦敦枢密院驳回上诉维持原判。印尼总统苏哈托派一名准将赴新求情，要求将死刑改为监禁。李光耀将此事交内阁会议讨论，会议认为，此前新方已释放 43 个潜入新加坡作案被拘捕的印尼人。早些时候应印尼方请求，还释放了两个试图在新引爆定时炸弹未遂但被判死刑的印尼人。新加坡作为一个小国，倘若无底线地退让，势将导致国家法治受损，主权得不到尊重。这时尚有英军驻扎，一旦英军撤走，印尼、马来西亚两大邻国更有可能肆无忌惮地骑到新加坡头上。最后新加坡决定拒绝印尼方的请求，依法处决两名印尼罪犯。两名罪犯遗体运回印尼后受到英雄般的欢迎和膜拜。当时李光耀正在日本访问，一群印尼人手持标牌和横幅聚集在宾馆附近，对李表示抗议。在雅加达，大批印尼人闯入新加坡驻印尼大使馆大肆破坏，焚烧新加坡总统肖像。约千余名学生向东爪哇部队司令请愿，要求严惩新加坡。第二天，印尼宣布在廖内群岛靠近新加坡海域举行军事演习，印尼海军陆战队司令扬言要率特种部队攻入新加坡。一个星期后，印尼政府宣布减少对新加坡出口，限制与新加坡往来。新与印尼关系陷入低谷。

1970 年，李光耀委派李炯才出任驻印尼大使，希望他设法缓和与印尼的关系。李炯才祖籍广东惠州，出生于马来西亚，1947 年迁至新加坡并与李光耀结识。1959 年加入新加坡人民行动党，当选国会议员。曾任文化部政务部长、总理署高级政务部长。李炯才通晓英文、中文、印尼文，对印尼很有研究，善与人沟通。他抵任后做了大量的工作，为李光耀 1973 年 5 月访问印尼铺平道路。李炯才曾对我谈及他为李光耀的访问精心安排的一个细节，他建议李光耀到印尼国家英雄墓地出席官方安排的献花圈仪式时，也到 1964 年被新加坡处死的两名海军陆战队员的墓地撒上一把花瓣。李光耀初有犹豫，李炯才解释说“爪哇人对灵魂，对清白良心的信仰”看得很重，印尼方强调“真挚的友谊必须逾越这一道严重的心理障碍”。最后，李光耀接受这个建议，以一个外交姿态解开了印尼人的心结，为新加坡与印尼这桩恩怨画上一个休止符。

1975 年 12 月，印尼武装占领东帝汶。联合国就此进行表决，在东盟其他国家投赞成票的情况下，新加坡投了弃权票。印尼很不高兴。新加坡驻印尼使馆临时代办报告李光耀，较之两名印尼海军陆战队队员被处决，这次苏哈托总统更加愤怒。新与印尼关系再次冷却。一年后，李光耀对苏哈托表示，新加坡可接受印尼占领东帝汶的既成事实，但绝不能公开认可印尼的入侵和占领行动。如果新加坡投票支持印尼，等于在自身安全问题上向世界发出错误的信息。苏哈托终于表示理解，两国紧张关系得以缓和。

李炯才曾对我说，在印尼一些人看来，新加坡历史上曾经是印尼的一部分，而且小得可怜，实在是微不足道。李光耀曾回忆，1963 年印尼外交部长苏班德里约访问新加坡，与李光耀并排坐在政府大厦的沙发上，把手伸过来拍拍他的膝盖，望着窗外的高楼大厦，把手一挥说：“这都是新加坡人通过走私从印尼那里偷来的钱盖的，总有一天我们要回来看管，把这个错误纠正过来。”新加坡人常常会以自嘲且带危机感的语气，提及哈比比总统曾经把新加坡称为“一片绿色中的小红点”。李炯才对我说，面对这样一个强邻，新加坡最终还是以自尊自强、不卑不亢的态度，妥善处理彼此分歧，将两国关系引上了平等互利、睦邻友好的轨道。

李光耀非常关注地区乃至世界局势。他坦言，新加坡太小了，不可能孤立地谋求自己的安全和发展。他认为，马共和其他东南亚国家共产党游击队武装斗争是新加坡和东南亚国家面临的主要威胁。因此东南亚国家需要团结合作，还要借助西方的支持。冷战中新加坡选择站在西方阵营一边。

李光耀支持成立东南亚国家联盟。1967 年 8 月，新加坡外长拉惹勒南同泰国、印尼、菲律宾、马来西亚外长一起，在曼谷签署《东南亚国家联盟成立宣言》。誓言加强合作，以促进经济增长、社会进步和文化发展。李光耀说，其实还有一个未明言的目的，面对英军即将撤离，美军也可能随后从越南撤出，东盟国家要形成一股合力，填补英、美留下的空白，应对共产党游击队武装斗争。东盟要保持与美国和西方的联系，寻求它们的支持。印尼是东盟最大国家，各国在平等基础上接受了印尼的老大地位。在随后的发展进程中东盟在政治、外交上的协调与合作取得成效，但经济一体化进程缓慢，主要因为印尼态度保守，这是新加坡不满意的地方。

1971 年 11 月，英国、澳大利亚、新西兰、马来西亚、新加坡共同签署《五国联防协议》。协议规定，如马来西亚、新加坡遭到外国武力进攻或威胁，五国将立即举行磋商并采取应对措施。澳大利亚、新西兰在新加坡驻军，协助新、马防务。

李光耀决定实行亲美政策，但是，他对美国的感情是复杂的。李光耀对美国曾经在新加坡干的一件丑事愤怒不已。1961 年，美国中央情报局策反新加坡的一名官员，答应给他非常优厚的薪酬，并承诺万一事情败露即将他和家属转移至美国，确保前途无忧。诱人的条件使这名官员足足想了三天才向他的上司禀告。李光耀指示有关部门将计就计。正当三名美国人用测谎仪测试这名官员是否诚实时，新方将他们逮个正着。这三名美国人中一人为美方驻新方总领事馆官员，其余二人分别为美中央情报局驻曼谷和吉隆坡人员。新方对美领馆官员予以驱逐，对另二人予以判刑。美国国务卿腊斯克致函李光耀求情，函称："获悉贵国政府发现美国政府的某些官员在新加坡从事不正当的活动，我感到非常痛心。我要让阁下知道，两国政府之间的友好关系因这次不幸事件而受损，令我万分遗憾。美国政府十分认真地对待这件事，准备检讨这些官员的行为，采取适当的纪律处分。"英方也从旁再三说项。最后新方在一个月后释放了两名美中央情报局人员。美驻新总领事引咎辞职。不过，李光耀对此事的处理是留有余地的，他的指示很明确："彻查这件事，任何方面都不放过，追根究底不能罢休。但时刻牢记，我们不是在跟敌人周旋，而是在处理朋友的该死的愚蠢行为。”李光耀曾表示喜欢美国人“凡事可以为之”的态度，却不欣赏他们的“聪明却莽撞”。他说，美国人“过于专横”，“以为只要有钱什么问题都能解决”。他们对东方文化缺乏了解和认识。

但是，李光耀认为，面对东南亚共产主义运动，只有依靠美国才有可能扭转局势。“要制止共产主义继续扩张，美国是无可替代的后盾。”1965 年 5 月，在新加坡退出马来西亚之前，李光耀就表明立场，支持美国介入越南。他多次在演说中强调，美国对越南进行干预，是在给东南亚国家争取时间。1966 年初，新加坡同意侵越美军到新加坡度假，每周 3 次，一年约 2 万人。1967 年 10 月，李光耀访美，约翰逊总统直截了当地问他，美国在越南的战争赢得了赢不了？他做得对不对？李光耀对他说，你做得对，只是在军事意义上这场战争赢不了。不过你可以阻止共产党夺权，让南越领导层崛起，这就算胜利。约翰逊告诉李光耀，美国有决心熬过越南这场战争，毕竟“骑在老虎背上了”。1969 年 5 月，李光耀访美与尼克松总统会见，花了很多时间讨论越南问题。尼克松说，美国在这场战争中已经投下了数十亿美元，32600 名士兵丢掉性命，20 万士兵受伤。几乎耗尽了美国国会和人民的信心和耐心。李光耀感觉到尼克松要结束这场战争但要体面脱身，于是建议他将战争“越南化”，美军有步骤撤出。尼克松对此深感兴趣，后来确实这么做了。1975 年 4 月 30 日，北越攻占西贡总统府，越南战争结束。李光耀说，美国介入越南战争虽然失败了，但为东南亚其他国家换来了缓冲时间。

越南统一以后扩张野心膨胀。1978年12月，越南发动对柬埔寨的侵略战争。李光耀明确表示反对，指示他的外长拉惹勒南做东盟各国的工作，促成1979年1月12日东盟外长曼谷特别会议，发表联合声明以东盟名义同声谴责越侵柬。随后，新加坡又同中国、泰国一起推动柬埔寨西哈努克、宋双、乔森潘三派抵抗力量联合。李光耀亲自做马哈蒂尔首相和苏哈托总统的工作，促请马来西亚、印尼也对抵抗力量的联合持支持立场。1982年，西哈努克、宋双、乔森潘在吉隆坡签署协议，宣告“民主柬埔寨联合政府”成立。李光耀还做卡特总统和里根总统的工作。美国从越南战争战败退兵后不太愿意在本区域再扮演主要角色，不想在亚洲再卷入另一场游击战。1981年6月，李光耀在华盛顿同里根单独会晤时，曾以他对邓小平讲过的话的理解向里根保证，中国并不希望在它周边建立什么附庸国，无论谁在柬埔寨自由选举中获胜，中国都准备接受选举结果。李光耀认为这番话对里根解除心中的疑虑发挥了作用，坚定了美国反对越南及其在柬傀儡政权的态度。美国最终为西哈努克和宋双两支非共抗越力量先是提供不具杀伤力然后是某些具有杀伤力的物资援助。此后几年时间里，泰、新、马、美联合小组定期在曼谷开会协调落实援柬计划。据新加坡方面估计，美国对柬非共抵抗力量的捐助约1.5亿美元，新加坡5500万美元，马来西亚1000万美元，向泰国提供数百万美元的训练、军火、粮食费用。中国的援助则大得多。在国际社会的共同的努力下，越南不得不于

1988 年 7 月宣布从柬撤军。1991 年 10 月 23 日，政治解决柬埔寨问题协议在巴黎签署。李光耀说，新加坡之所以坚决反对越南侵略柬埔寨，积极支持打击侵柬越军，为的是证实挑衅和侵犯的行为必将付出代价，这是符合新加坡利益的。

1989 年 11 月柏林墙倒塌，1991 年 7 月华沙条约组织解散，同年 12 月苏联解体，冷战结束。自此，新加坡与美国的分歧逐渐显现。首先是对中国的看法，李光耀说，在华盛顿看来，叶利钦的俄罗斯成了盟友，而中国则被视为潜在的敌人。李光耀强调："美国怎么样对待俄国，我们没有意见，但对美国以充满敌意的言辞针对中国，我们不以为然。"李光耀指出，美国和欧洲以人权、民主为武器促使苏联解体后，便自鸣得意，耀武扬威，以为对中国也可以如法炮制，这是非常不切实际的做法。李光耀批评美国人冷战后变得固执狂热、崇尚信条。他担心在言论和行动上仇视中国，只怕真会迫使中国变成仇敌。"我们不希望出现这种局面。"李光耀说，"东南亚没有一个国家会冒这种风险，同中国反目成仇。"

在人权、民主、自由问题上，新加坡与美国有不同看法。李光耀曾回忆 1978 年 1 月他同卡特政府负责人权事务的助理国务卿德里安女士的一次谈话。德里安促请李光耀废除未经审讯就加以拘留的法律。李告诉她，每一届大选前都会碰到反对党对这项法律提出挑战，但每一次都是有绝大多数选民投票支持人民行动党和这项法律。新加坡是一个儒教社会，这个社会把群体利益放在个人利益之上。

德里安无论如何也说服不了李光耀，显得异常烦躁，想抽烟又不好意思，因为她的大使告诉过她李光耀对烟味非常敏感。李光耀看她好不可怜，于是带她来到阳台。她一口一口猛吸香烟，却仍无助于使她的论点更具说服力。当时在场的美国驻新加坡大使霍尔德里奇 20 年后在他的回忆录中称，这次会见双方的观点简直南辕北辙。尽管如此，由于当时两国有着共同战略利益，这些分歧并未公开。但进入 20 世纪 90 年代，美国和西方把人权、民主列为首要课题，矛盾便不可避免了。李光耀在国际论坛上多次表明，东亚儒家社会同西方自由放任的社会有着根本差异。他强调："自由只能存在于一个秩序井然的国家，一个纷争不断、处于无政府状态的混局，自由不可能存在。""当代美国社会的一些东西，是完全不能为亚洲人所接受的，枪械、毒品泛滥，暴力犯罪活动，人们居无定所，粗野的社会行为，处处反映了公民社会的崩溃。美国不应该不分青红皂白地把它的制度强加于别的社会，这一套在这些社会根本行不通。"

李光耀同时又强调，尽管美国财大气粗，轻率莽撞，但对保障亚洲的安全稳定、推动经济增长还是发挥着积极作用。"歧见再多，摩擦再大，东亚所有非共国家宁可让美国继续留在本区域，为维持区域势力的均衡扮演主要角色。" 1989 年 1 月，到访的美国参议员卢加向李光耀提出，如果美军最终必须撤走在菲律宾的军事基地，新加坡是否愿意施以援手。李光耀表示，如果那样美军可以使用新加坡的基地设施。1990 年 11 月 13 日，李光耀在东京参加明仁天皇登基典礼时，同美国副总统奎尔共同签署有关备忘录加以确认，那正好是他辞去总理职位前的两个星期。于是美军 1991 年 9 月撤离菲律宾时，“新加坡的基地设施成了美军在东南亚仅剩的立锥之地”。李光耀在他的回忆录里对此直言不讳。

李光耀把新加坡与美国关系明确地划分为冷战中和冷战后两个不同的阶段。冷战中，新加坡选择站在以美国为首的西方阵营一边；冷战后，新加坡拉开与美国的距离，同时又拉住美国不让其离开，奉行大国平衡外交。李光耀说，相比于只有一棵大树，有两棵大树更好，这样你可以选择在任何一棵大树下遮阳，还可在两棵大树之间穿梭。

中华情结

李光耀坦承他的根在中国。

2002 年 11 月 30 日，我邀请李光耀资政前来新落成的中国驻新加坡大使馆做客，交谈中他谈起自己的家世。他说，我们这些人的祖辈都是来自中国东南沿海福建、广东一带的贫苦农民，在这里历经千难万险生存下来，开辟了一片天地，但不会忘记自己的根在哪里。这些话，李光耀在不同场合说过不止一次。

他告诉我，他是新加坡第 4 代华人，家族史应该从曾祖父算起。曾祖父叫李沐文，客家人，1846 年出生在广东省大埔县唐溪村。年轻时和村上的“过番客”一起，乘小船沿着韩江航行约 120 公里，到汕头后换乘海船南渡谋生。在新加坡落脚，娶了一位客家店主的女儿萧唤娘为妻，生下祖父李云龙。1882 年，曾祖父赚够了钱，决定返回大埔老家。曾祖母不愿意随行，与儿子留了下来。曾祖父回到老家娶了第二个妻子，盖了一座宅院，还捐了一个小官。他身着官服请人画了一张像，连同宅院图一并寄到新加坡。李光耀说，祖屋的图后来丢失了，但曾祖父的画像一直保存着。2004 年，广东省外办的同志告诉我，李光耀在大埔唐溪村的祖屋保存完好。这是一座“下山虎”式客家民居，三合院布局，砖木结构，共有 8 间房。大门上方有“中翰第”额名。背后是山，前面有一个池塘。韩江从村东不远处流过。当地政府将李光耀祖屋列为文物加以保护。

李光耀的祖父李云龙生于 1871 年，曾祖父北归时才 10 岁。祖父在莱佛士书院念完初中后先是做了一名配药师，后改行担任一艘轮船的事务长。这艘轮船往来于新加坡和荷属东印度之间。1899 年祖父在三宝垄与当地华裔之女邱念娘成婚，1903 年生下父亲李进坤后，祖父带着祖母和父亲回到新加坡。祖父的人品和才干深得东家的赏识和信赖，成为东家在新加坡的代理，李家逐渐富有起来。在李光耀的印象中，祖父是一个讲仪表、守纪律的绅士。1929 年世界经济大萧条，船务生意受到打击，祖父家道中落。

与祖父不同的是，李光耀的外祖父蔡金鼎出身低微。他 1865 年出生在新加坡一个来自马六甲的福建人家庭。没有受过正规英文教育，靠吃苦耐劳致富。他经营橡胶园，也做房地产生意，有多座巴刹和一些店铺。因为“鸡蛋不放在一个篮子里”，大萧条之后仍能保持殷实家境。外祖母梁亚顺来自荷属婆罗洲的坤甸，是一个身材高大肩膀宽阔很壮实的客家妇女，日常讲客家话和印尼马来语。1917年，母亲蔡认娘出生在这样一个华人家庭里。

1923年9月16日，李光耀在新加坡甘榜爪哇路92号一座两层大浮脚楼里出生。这是外祖父蔡金鼎的家，对面就是武吉知马河。这时父亲李进坤20岁，母亲蔡认娘16岁，他们是头一年成婚的。在一个传统的华人家庭里，女儿出嫁后一般不再住娘家。不过在来自马六甲的华人家庭里，女儿和丈夫及孩子住在娘家是常有的事。

李光耀的童年是在外祖父家度过的。邻近有个渔村，渔民常常在外祖父家后面的空地上晾晒渔网，渔网上缀着一个个软木浮子。渔民用一种红树皮榨的深褐色液汁染渔网。他常常到邻近渔村去跟渔民的孩子玩耍，和他们一起捉“叩头虫”，斗鱼，打弹子，玩陀螺，放风筝。有时也会到外祖父的橡胶园里的小木屋住上几天，往返乘坐的是牛车，车轮子是木头做的，外沿包上一层薄铁皮，走在布满深深辙痕的土路上，颠簸得很厉害。多少年以后，他对这些情景仍记忆犹新。

李光耀说，他父亲就是一般富家子弟，因为读书不多，大概小学水平，只做了一个仓库管理员。脾气不好，常常因为赌输了钱和母亲发生争吵。母亲精明能干，操持着一家人的生计。因为自己是老大，母亲有事情总愿意和他商量，所以从小学会如何处理和决定问题。李光耀谈及往事时对母亲充满崇敬。

1929年，李光耀不满6岁便开始上学。外祖母一心想让他学汉语，无奈附近华校条件太差，只学几个月便转到英校。1936 年以后李光耀就读于莱佛士书院和莱佛士学院，在这里他不仅取得优异的学业成绩，而且遇上一样拔尖的柯玉芝小姐。不幸的是，未等在莱佛士学院的学业结束，日本人就打来了。

李光耀清楚地记得，1942 年 2 月 15 日，恰逢农历新年，日本军残暴地占领新加坡，这是他记忆中“最暗淡的节日”。他经历了胆战心惊的“检证”，侥幸逃过一劫。“检证”是日本人对华人反抗侵略的野蛮报复。大约 10 万华人被押到海边集体枪杀。日本兵曾闯入他家肆意吃喝打砸，对他呵斥、扇耳光。一次他要走过武吉知马河的红桥去看望姨母，被日本兵拦住，用刺刀刺破他的帽檐，将他踢翻在地，赶了回来。日据时期，李光耀内心留下许多屈辱和仇恨。他对日本拒不承认侵略罪行深感忧虑，认为“一个不肯认错的民族难免会犯同样的错误”。

1945 年日本投降以后，李光耀决定继续完成未竟的学业。1946 年 10 月李光耀抵达伦敦，进入剑桥大学攻读法律，并于 4 年后获得执业律师资格。留学英国期间，李光耀与同期留学的柯玉芝结为伴侣，并于 1950 年回国后正式结婚。柯玉芝出生在一个华人家庭。父亲柯守智时任华侨银行总经理，是一个自学成才的专业人士。母亲是海峡土生华人。李光耀的母亲千方百计要他娶一个华人女子为妻，所以对这门亲事非常满意。

从英国学成回国特别是从政以后，李光耀逐渐感觉到，不懂汉语是他的一大缺憾。汉语学习，不但关系到沟通和交流，而且影响文化和价值观的传承。1955 年 2 月，在立法议院辩论汉语学习时，他坦诚地讲了自己的感受：“我小时候进入英校念书，准备将来到一所英文大学深造，以便成为一个受过教育的人。我长大了，最后大学也毕业了，我终于发觉整套价值观基本上是错误的。早在步入政界之前，我就有这样的感觉。”李光耀引述尼赫鲁讲过的一句话“由于母语讲得不像英语那样好而哭泣”后接着说：“我可不是一个容易动感情的人，我不常哭，不拉扯自己的头发，不乱撕纸张，也不扯掉自己的衬衫，但这并不表示我在这方面的感受不那么深。”他当场表示：“我的儿子不准备进英校，他将不会成为一个典型的英国绅士。”1955 年年中，李光耀把 3 岁多的长子李显龙送进用汉语教学的南洋幼稚园。一天，李光耀和各政党有关议员到这个幼稚园参观，李显龙以为爸爸来接他，转身拿起书包准备跟李光耀回家，逗得在场每个人都笑起来。那时家长大多更愿意把孩子送进英校，认为英校更有前途，李光耀与众不同的做法令人刮目相看。显龙后来进入南洋小学和公立中学继续学习汉文。李光耀把另一个儿子显扬和女儿玮玲也都送进了华校。三个孩子长大后，汉语、英语都很好。2000 年我出使新加坡，抵任后拜会内阁部长们，他们大多以英文交谈，时任财政部部长的李显龙却始终用汉语与我交谈，流畅自然，措辞准确，且不乏幽默，令人钦佩。

“我说整套价值观基本是错误的，是极而言之。”李光耀后来就他在立法议院讲过的这句话对我做过解释。他说，他并非全盘否定西方的价值观，西方的解放人性、奋斗、创新精神和先进的科技、管理经验很值得学习，但过分追求自由民主、强调自我而不顾整体则不可取。他说他在争取新加坡独立和执政治国中发现，新加坡公务员中英校毕业的作风比较懒散，把个人利益看得太重，华校毕业的比较守纪律，有团队精神。而新加坡的生存和发展很需要一支有纪律、讲奉献的公务员队伍。所以，他提议从学校到社会开展儒家理念教育，大讲“忠、孝、仁、爱、礼、义、廉、耻”，强调“君臣有义、父子有爱、夫妇有别、兄弟有序、朋友有信”，决定在中学课程中注入儒家思想，传承中华文化价值观，重振传统道德教育。李光耀在东京、中国香港等地的演讲中多次强调，“东方价值观”或“亚洲价值观”的核心就是儒家思想。他还说，中文这块土壤孕育了儒家思想，所以我们可以看到中国、日本、韩国、越南、新加坡都保持着这一信仰。1988 年，有人将电视片《河殇》寄给他看，并在他访华时征求他的意见。他直言这部片子“太悲观了”，指出“中国要推行工业化现代化，不一定就得把基本的文化价值观和信仰全部抛去”，日本和亚洲四小龙“都在想方设法保留勤俭、刻苦的传统价值观，强调学问知识，效忠家庭、宗亲和国家，把社群利益放在个人利益之上。正因为有了这些儒家价值观，才有社会凝聚力……”1994 年 10 月 15 日，国际儒学联合会在北京成立，李光耀当选为名誉理事长。他在会上致辞说，治理新加坡的经验使我们深信，要不是新加坡大部分人受过儒家思想的熏陶，我们是无法克服那些困难和挫折而取得成功的。我每次往见李光耀都看见，在他办公室里摆放着一尊孔子雕像。

李光耀长期坚持学习中文。他决心以后续的努力弥补早年的不足。他聘请专门的中文老师，长期进修不辍，并坚持在工作中使用。2002 年，时任中共中央党校常务副校长郑必坚访问新加坡，我陪同他往见李光耀，双方谈话内容主要是国际问题，李光耀从始至终用中文交谈，中间只有一两个词他拿不准问了一下翻译，显见其中文程度已达到相当高的水平。由于在选区接触民众的需要，李光耀还学会闽南话、客家话等方言。他告诫国人，“新加坡的历史不是在一百多年前，华人祖先来到新加坡才开始，而是在五千多年前中华文明创始时就开始了。”“我们继承了这个传统和文化。”

李光耀始终坚持一个中国政策。早在 1971 年，他就指示新加坡常驻联合国代表投票支持恢复中国在联合国合法席位，并发表声明指出“新加坡只承认一个中国，而台湾是中国的一部分”“台湾问题属于中国内政，只能由包括台湾人在内的中国人民自己解决”。1985 年，李光耀曾转达邓小平对蒋经国的问候。他后来说，只可惜蒋经国坐失良机，接下来又交错了班，致使两岸关系不进反退。1990 年中新建交，新加坡重申并继续坚持一个中国政策。1993 年“汪辜会谈”在新加坡举行，李光耀会见了双方代表。2000 年 4 月，李光耀曾说，两岸都是炎黄子孙，同文同种，没有理由不统一。

李光耀先后 33 次访华，见过新中国历代主要领导人，对他们都有很高的评价。中国领导人也愿与他就共同关心的问题交换意见，称他为“诤友”。1976 年 5 月，毛泽东主席在生命的最后时间仍然带着重病在中南海书房接见来访的李光耀。李光耀崇敬毛泽东，称颂毛泽东使中国结束百年内忧外患的屈辱，得以屹立于世界民族之林，厥功至伟。李光耀曾于1978年、1980年、1985年、1988年4次与邓小平会见，对邓小平引领中国成功走上改革开放道路的勇气和胆略表示非常赞赏，同时称他为中新关系重要奠基人。经他提议，新加坡政府在新加坡河畔建造邓小平纪念碑。纪念碑上邓小平半身雕像由中国雕塑家制作，碑座上镌刻着邓小平名言："发展才是硬道理。"2010年11月，中新建交20周年之际，李光耀与正在新加坡访问的习近平副主席一起为邓小平纪念碑揭幕。

李光耀关注中国的发展和改革开放。李光耀最初访华时，发现许多地方路况不好，于是建议中方重视修路。他说，中国有充足劳动力，不缺乏筑路材料，把路修好了可以带动经济发展。他在各地参观，看到小学生列队欢迎，工人停下手中的活起立鼓掌，就提出不要搞这种形式主义，他不希望因为他的到来影响学校和工厂正常秩序。1978年邓小平访问新加坡时，就中国与东盟携手合作反对越南侵略扩张做李光耀的工作，李光耀提出，要做好这件事情，中国应该停止对东南亚反政府游击队武装斗争的支持。后来中方调整了有关政策，与东盟国家共同支持柬埔寨抵抗力量联合抗击越南侵略，为柬问题实现政治解决起了积极作用。进入20世纪80年代，随着中国改革开放的展开，李光耀支持发展新中经贸往来，鼓励新加坡商家到中国投资办厂。从1981年新加坡第一家企业在华投资开始，到

1989 年，新加坡在华注册投资项目达 281 个，实际投入资金达 6.4 亿美元，居境外在华投资第 4 位。1992 年邓小平南方谈话中提出要向新加坡学习，中国到新加坡的考察团组纷至沓来，李光耀指示相关部门要积极提供方便，毫无保留地与中方分享成功经验。他积极支持兴办中新苏州工业园区，使之成为借鉴新加坡经验的样板和引领中新互利合作的旗舰。李光耀对中国改革开放给予充分肯定，赞扬这是中国富强之路。他断言，中国的崛起是一个文明古国的复兴，任凭什么力量都不能阻挡。他还说，现在美国经常对中国抵近侦察，搞间谍活动，但在 20 到 30 年内美国将不得不一步步退出去，中国将成为这个地区最有影响力的国家。

2018 年 12 月，值中国改革开放 40 周年之际，中国政府授予李光耀中国改革友谊奖章，称赞他是“推动新加坡深度参与中国改革开放进程的政治家”。

东陵山上新馆舍

新加坡东陵山上耸立起一组崭新建筑。这些建筑既传统又现代，特别是其中凸显的中国元素格外引人注目。它们就是东陵路 150 号中国驻新加坡大使馆新馆舍。

启用仪式

2002 年 5 月 21 日，中国驻新加坡大使馆举行新馆舍启用仪式。

一大早，新加坡各界就陆续送来 100 多个花篮，错落有致地摆放在主楼门前。门廊上悬挂的彩绸与鲜花交相辉映，洋溢着一片喜庆祥和的气氛。

东陵路车水马龙，冠盖云集。新加坡政要、企业家、学者、外交使节、中资机构代表等 600 多人应邀出席。

上午 11 时整，我陪同时任外交部部长唐家璇和新加坡第二外长李玉全来到主楼门前，与会嘉宾移步聚拢，两位部长接过剪刀，相视颔首，郑重地将彩绸徐徐剪开。五星红旗在雄壮的国歌声中冉冉升起，一群鸽子从空中飞过，与会嘉宾热烈鼓掌。招待员端上香槟酒，宾主高举酒杯共同庆祝中国使馆新馆舍正式启用。

1990 年 10 月 3 日，中国与新加坡建立外交关系，随即在新加坡建立大使馆，并以中国驻新加坡商务代表处为临时馆址。此后，几任驻新加坡大使都担负寻找地皮建设永久馆舍的责任。但新加坡国土面积不大，寸土寸金，找一块合适地皮实属不易。经过 4 任大使近 10 年的努力，到 1999 年才有了结果。外交部当即成立专门办公室负责驻新加坡使馆新馆舍的设计和筹建，聘请新加坡雅思柏设计事务所为建筑结构装修顾问，由上海建工集团负责施工。外交部行政司派遣王泽荷工程师常驻新加坡全程监管工程进展并协调解决有关问题。

1999 年 11 月 8 日，新馆舍举行奠基仪式。时任外交部副部长杨文昌赴新主持，他拿起铁锹深情地为基石培上第一锹土。我当时是外交部亚洲司司长，陪同杨副部长在访问马来西亚、斯里兰卡和马尔代夫之后，抵新参加这次奠基活动。杨文昌是第二任驻新加坡大使，对参加新馆舍的奠基很重视，也很乐意。他对时任驻新加坡大使的陈宝鎏说："中新建交后从张青到我再到傅学章三任大使都未能实现新馆舍的建设，在你的任上实现了，你做了一件大事，感谢你！但你未必能最终完成馆舍建设，恐怕需要后面的人继续努力！"说着转过头来看了我一眼。我接过话头说："是的，我们的事业需要一茬一茬接着干下去！"陈大使说："我能为新馆舍建设开个头，也算不辱使命，已经很高兴了。新馆舍建成后，我希望有机会再回来看看。"我附和说："应该，应该！"现在回过头看，作为主管亚非地区事务和人事工作的副部长杨文昌同志或许当时对我将接替陈宝鎏出任驻新加坡大使已经有所考虑。而我后来确也曾邀请陈宝鎏大使返新，参观了建成后的新馆舍。

2000 年 8 月，陈宝鎏大使任满回国。我奉命出任中国驻新加坡第 5 任大使。抵任后，我把新馆舍的建设作为一项重要工作来抓，经常到工地了解情况，协调解决出现的问题。同时从使馆工作实际需要出发提出一些改进建议，有的得到重视和采纳。王泽荷总工程师认真负责，做了大量的工作。施工单位较好地保证了进度和质量。经过两年多的努力，新馆舍建成。2002 年 1 月 28 日，外交部部长助理周天顺、行政司司长高锡棠、财务司司长马崇仁前来验收，并主持竣工仪式。

使馆各单位陆续搬入新馆舍。我于 2002 年 5 月 11 日迁入。从 2000 年 8 月 31 日抵任起，我在大威路 70 号临时馆舍办公，住在附近的一栋别墅中，历时 1 年 9 个月又 11 天。此后在新馆舍办公、居住直至 2004 年 4 月 17 日离任，共 1 年 11 月又 6 天。

传统而现代的建筑

启用仪式结束后，人们开始参观。王泽荷工程师不时对建筑和陈设作些必要的介绍。

新馆舍占地面积 12000 平方米，建筑面积 18000 平方米。办公建筑有长方形的主楼、椭圆形的东侧楼和三角形的西侧楼。三栋楼房呈环抱迎客状，沿东陵路展开。办公楼后面东北侧是大使官邸，西北侧是馆员宿舍，中间是一座小花园。整个建筑采用暖色石材和绿色幕墙，冷暖对比，虚实结合，错落有致，既舒展又紧凑，呈现中西合璧、传统而现代的风格。

主楼前庭院绿树掩映，碧草如茵。正前方有一方形水池，池子中央旗杆高耸，五星红旗迎风招展。池子东边安放着一尊石雕貔貅，雕像作蹲踞状，面朝围墙外，目视远方。貔貅首尾似龙，身如虎豹，肩有两翼而不展，头长独角而后仰，一副从容不迫、不怒自威的神态。相传貔貅为龙生九子之一，主开运、吉祥，民间多以之镇宅，故貔貅又名辟邪。东侧楼立面上嵌有镂空铜雕朱雀一羽，作振翅欲飞状，栩栩如生。王泽荷工程师介绍说，古籍记载，“左青龙，右白虎，上朱雀，下玄武”，“此四象者，生成世界，长立乾坤，为天地之主”。朱雀主南方，置之于此，再恰当不过了。

走进主楼，穿过门厅、廊道就是大厅。大厅面积本身不大，但占据两层楼高度，两根大圆柱直贯二楼顶棚，倒显得非常宽敞。大厅的正面是一幅巨型浮雕，但见万里长城蜿蜒于崇山峻岭之上，碉楼据险夺隘，怪石嶙峋，崖树野花，整体画面雄浑，细部又不乏精致，令人驻足观赏而不忍离去。王泽荷介绍说，这是东阳木雕，匠人以浅雕、深雕、高雕、镂雕、叠雕等多种手法，耗时数月精心制作而成。东阳木雕以色彩淡雅著称，故称“白木雕”。其历史悠久，起源于商周，发展于唐宋，鼎盛于明清，近年来又在继承传统的基础上立异创新，产生了一批好作品，为我们使馆创作的这幅长城图是其中之一。

大厅里摆放着一组编钟和一组编磬，这是1978年从湖北曾侯乙墓出土的，古朴而典雅。有人问：“是原件吗?”王泽荷微笑着回答：“自然是复制品，但十分精细，与原件几无二致，宫、商、角、徵、羽五音齐全、准确，哪位有兴趣可以试着演奏一曲。”两位客人分别拿起音锤和音棒，轻轻叩击编钟，悠扬的乐声响起，久久萦回，恍惚间把人们带进远古时空。客人不禁鼓起掌来，对编钟编磬赞不绝口。

大厅正面有阶梯，拾级而上至长城浮雕处，分左右两边可达二楼。二楼有回廊，环绕着一楼大厅的上方。回廊南面墙上有一幅书法漆画，是篆、隶、楷、行、草各书体之集萃，一睹可管窥中国书法“无色而有图画之灿烂，无声而有音乐之和谐”的风貌和韵致。墙后面是一大会客室，旁边还有会谈室。回廊东侧墙上挂着一幅汴绣《清明上河图》，汴河水纹丝丝动人，城郊柳树青翠欲滴，拉动船只的纤绳柔中带刚，房屋瓦舍几可乱真，活脱脱展示出北宋年间开封市井风俗文化。回廊北面是大宴会厅，迎面墙上是6幅民族服装景窗漆画，色彩鲜艳而融和，寓意多民族团结和谐。宴会厅前面有一前厅，其顶棚为钢化玻璃覆盖，由此形成的大天窗使室内经常充满柔和的自然光照。宴会厅可举行大型宴请活动，倘若把5扇大门打开，使之与前厅、回廊以及一楼大厅相连，便可举办千人以上的招待会。此外，楼上楼下还合理地分布着会谈室、会客室和小型宴会厅。人们称赞，这是一个既传统又现代、功能齐全、美观实用的外交活动场所。

李光耀来访

2002年11月30日，新加坡资政李光耀来访我驻新使馆。

下午4时15分，李光耀资政的座车在主楼前缓缓停下，李资政携夫人柯玉芝女士走下车来。我和夫人唐黎珍迎上前去表示欢迎，然后逐一向他介绍使馆的公参、武官和参赞等几位主要外交官。我们请李资政和夫人先到二楼大会客室喝茶。落座后，我感谢李资政对使馆新馆舍建设的关心和支持。他说："中国使馆应该有一个比较好的位置。"又说："你们在短短的两年时间里就把馆舍建成，体现了良好的工作效率，我祝贺你们！"

茶叙少顷，李资政站起身来，端详沙发后面的书法条幅《抱琴看鹤去，枕石待云归》，然后对我说："这幅字圆润而大气！"我介绍说，这是书法家沈尹默的隶书。沈尹默继承"二王"（王羲之、王献之）又有创新，将筋骨蕴含于风神爽朗的行笔之中，形成绵里藏针的风格。常见的沈书以楷、行、草居多，隶书很少，专家说这幅字很难得。李资政说，在新加坡，潘受的字最好。我说，潘受的字柔中有刚，自成一体，在中国也是知名的。

走出会客室，来到汴绣《清明上河图》跟前，李光耀赞叹："好大一幅漂亮的刺绣，房舍、车船、人物如同真的一般！"他说听得最多的是苏绣、湘绣、粤绣和蜀绣。我说，汴绣也称宋绣，起源于北宋都城汴梁也就是今天的河南开封，南宋以后逐渐衰落。新中国成立后汴绣获得新生，在传统基础上吸收其他绣种的长处，形成绣工精致、针法细密、构图严谨、色彩秀丽的风格。1959 年成功绣成《清明上河图》向新中国成立 10 周年献礼，赢得广泛赞誉，知名度骤然提高，汴绣传承人突出代表人物叫王素花，我们使馆的这幅作品就是在她的带领下制作的。李光耀说，中国刺绣享誉世界，已经成为一张亮丽的文化名片。

来到一楼大厅，李光耀对挂在东面墙上的吴永良的巨幅国画《华夏颂》产生浓厚兴趣。他提出中国古代帝皇那么多，为什么偏偏画这九位？我说，作者认为，在漫长的华夏历史长河中他们具有代表性。炎帝即神农氏尝百草，开辟农耕时代。黄帝联合炎帝打败蚩尤，自此各部落拥戴炎黄为中华始祖，后世莫不以炎黄子孙自称。尧帝以仁为上，舜帝以德为先，尧舜开创崇德尚仁时代，是中华道德鼻祖。禹帝治水定九州，三过家门而不入，传为千古佳话。秦始皇统一中国，汉武帝巩固中央集权制，唐太宗、宋太祖继往开来，将封建大业推至鼎盛。泱泱中华，悠悠历史，天下炎黄子孙莫不引以为豪，并赖以继续开拓进取。李光耀频频点头，并说："十几年前，有人拍了一部叫《河殇》的电视纪录片，寄给我看，问我的意见。我曾坦率表示，这部片子太悲观了。中国改革开放，要改掉束缚生产力发展的东西，要学习外国先进的东西，但无须全盘否定自己，还是要坚持文化自信。"说毕，拉着夫人柯玉芝的手在《华夏颂》跟前拍照留念。

在领事部签证厅，一幅巨石浮雕吸引了李光耀的目光。巍巍高山占据大半画面，一股清泉从山间流出。我在一旁说，这幅浮雕叫"高山流水"。"这里是不是有个故事？"李光耀问。我说，是有一个典故，相传春秋时期，琴师伯牙在汉水边弹琴，樵夫钟子期从龟山打柴下来，听到琴声不由自主放下柴担。伯牙弹琴志在高山，子期脱口而出："善哉，峨峨兮若泰山！"伯牙弹琴志在流水，子期又赞道：

"善哉，洋洋兮若江河!"伯牙喜出望外，视子期为"知音"，结为生死之交。今天在武汉龟山下汉水边仍有古琴台遗迹。李光耀听后说，知音可遇不可求。又说，人之相交贵在真诚，国之相交也一样。他接着提起1978年邓小平访问新加坡，曾表示中国愿和东盟国家一起反对越南侵略柬埔寨，维护东南亚地区和平，李光耀坦率地说要达到这个目标，中国应该停止对东盟国家共产党武装斗争的支持。"当时邓小平没有对我的要求作出回应，但后来中国确实改变了做法，中国与东盟也实现良好的合作，共同支持柬埔寨抵抗力量，促成柬问题政治解决。"李光耀说。我说，您对中国的改革开放和发展提出过有益的建议，我们视您为"诤友"。

最后，我们来到大使官邸。招待员送上茶点。李光耀端起茶盏，望着落地玻璃窗外面的小花园。一块太湖石立于草坪中央，叠泉缓缓流淌，矮墙镂窗摇曳着竹影，雀儿在枝头跳跃，一只松鼠在草地上挤眉弄眼。李光耀说："今天参观了你们的新馆舍，从楼房建筑、室内装饰到庭院布置感觉都不错，既反映了中国的传统文化也有时代气息，美观而实用，值得赞赏。"

我对李资政的肯定表示感谢。同时表示，中新建交12年来，两国在政治、外交、贸易、投资、金融、人才培训等多个领域的合作都有很大发展。我们使馆的同事们要在新馆舍这个平台上更加努力工作，把中新关系推上更高发展水平。我还向他简要地介绍了刚刚召开的中共十六大的情况。他请我转达对江泽民主席和胡锦涛总书记的问候。

李资政呷了一口茶，侧过头来问我："张大使，你是客家人?”我回答：“是的。据前辈说，我们的先人最早从中原迁至福建、江西，后来又南迁海南，途经广西博白时留了下来。”他说：“我是新加坡第四代客家人，曾祖父从广东大埔漂洋过海来到新加坡。”我说：“你们家在大埔的祖屋保存完好，您方便时可以回去看看。”李光耀说：“你这个话郑必坚先生也曾对我说过。我就不回去了，我的身份比较敏感。感谢当地政府对我们家祖屋的关照。”顿了一下，他又说：“不回去不等于忘记自己是从来哪里来的。我们不是无源之水，无本之木。”我端起茶杯稍作示意说：“再次感谢您今天专程来我们新馆舍参观指导，祝您和夫人身体健康！”

金色的斜阳洒落在官邸前的石阶上。我们目送李光耀资政的专车缓缓离去。

几幅书画的由来

新馆舍里陈列的书法绘画作品，部分是老馆舍留下的，如李铎的书法《德业双臻》、邓林的画《松梅图》、袁运甫的画《荷池》。部分是国内为新馆舍配送来的，如沈尹默的字《抱琴看鹤去，枕石待云归》、黄胄的画《驴》、袁运甫的画《金荷》、谢稚柳的画《秋》、王子武的画《鹤》、张广的画《马》、徐希的画《天山放牧》、张凭的画《香溪渡口》、张立辰的画《风风雨雨》、秦岭云的画《天山放牧》、莫名的画《桦林春雪》。此外，还有部分是书画家应邀来馆制作或专门提供的。

安云霁的《夸父逐日》。2000 年 12 月，安云霁先生在新加坡举办个人画展。这是安先生首次赴国外办展，我应邀为其剪彩。此展作品以虎为主，作者以虎喻人喻事，可谓别开生面。不少作品获得观众好评，如《夸父逐日》的大气磅礴，《挡曹》的幽默风趣。我即兴吟诗志贺：“一步万里遥，雄风舞椰蕉。磅礴看逐日，妙趣话挡曹。观则怀抱展，聆也逸兴飘。赖有神来笔，弘艺兼外交。”安先生笑称我为其“知音”。次日我宴请安先生，席间他说起自己的师承。安云霁是北京人，小时候常在胡同里玩耍，胡爽庵见他顽皮中透着一股灵气，要收他为徒。师从张善子、张大千两兄弟的胡爽庵，那时已是知名画家。安云霁自是求之不得，伏身便拜，自此在胡爽庵门下学画 20 年，深得恩师精髓。张善子、张大千的画室名“大风堂”，胡爽庵的画室名“啸风堂”，安云霁以再传弟子身份将自己的画室取名“续风堂”。安云霁在传承基础上力求创新，以诗之“比兴”手法引进绘画便是他的一个尝试，虽有争议，却也屡创不俗之作。《夸父逐日》是他这次展览的领衔之作，九只形态各异、一心追日之虎构成整体画面，给人雄浑而和谐的冲击感，讴歌前赴后继、奋勇向前的大无畏民族精神。当他知道我们正在建设新馆舍时，当即表示愿将此画留给新馆舍作陈列之用。我高兴地对他的赠予表示感谢。后来我们将这幅画挂在主楼走廊西侧墙上。

吴永良的国画《华夏颂》。2001 年 4 月 30 日，吴永良教授在文化处一秘朱琦（后任参赞）陪同下来看我。我在官邸请他喝茶。院子里流水潺潺，竹影婆娑。我们煮茶论道，地北天南。吴永良是宁波鄞州人，曾深造于中国美术学院，是浙派人物画家中的翘楚，寥寥数笔就能极其生动地刻画出人物的个性风貌。当时他客居狮城，课授美术之余还深入民间采风，酝酿创作一幅南洋风情巨画。他关心祖国的改革开放和文化建设事业，对民族复兴充满信心和激情。茶过三巡，朱琦提议由我出题，吴教授即席作画助兴。我在纸的左上方写了“羡鱼”二字，吴永良当即挥笔泼墨画了一位老渔翁在织网，另有小童陪伴在侧，又在“羡鱼”题款后用小字写道：“临渊羡鱼不如退而结网。九桓大使命题，永良作画并识。”搁笔，我们三人为彼此默契而拊掌大笑。趁着高兴，我向吴教授提出：“您为我们即将落成的新馆舍作一幅颂扬中华民族历史文化的大画如何?”吴教授很爽快地说：“好的，您给我一年时间。”“一言为定，我们静候佳音!”我与他握手道谢。第二年夏天，吴永良告知我去他的画室，刚刚脱稿的《华夏颂》赫然在目，炎、黄、尧、舜、禹、秦皇、汉武、唐宗、宋祖九位帝王群像犹如一道顶天立地的山脉，蔚为壮观。画作右侧有题识：“岁之悠悠，国之泱泱，思往昔丰碑巍峨，励今朝伟业精进，愿神州永昌，不负炎黄。”专家评称，画家笔下人物“文心照月，风骨凛凛，真切表达了作者对中华传统文化的热爱和对民族文化脊梁的崇敬”。《华夏颂》在新馆舍陈列后广受好评。

王成喜的《红梅》。2001 年 11 月，画家王成喜随同全国政协主席李瑞环访问新加坡。访问间歇我与他有过短暂的茶叙，他说话时爱笑，笑得像个憨厚的老农民。我们虽为初识，但没有距离感。他从小喜欢画画，后专注于花鸟，尤擅画梅。我说人们都叫你“梅花王”。他说：“不敢当!

不过我确实在传统基础上做了一些大胆尝试，比如把西画的技法融入中国画的笔墨，使之更鲜明、更生动、更有生气。”我说：“您笔下的梅花一反古代文人的孤傲、清高、冷峻，增添了层次，丰富了色彩，但艳而不俗，茂而不浮，洋溢着时代气息，给人以生机盎然的感受。”他说：“谢谢大使鼓励！这是我追求的目标，还在努力之中。”我说：“您 1990 年曾来新加坡办过作品展，反响热烈，欢迎您再来办展。”他说：“新方对那次画展很重视，黄金辉总统接见了我。我在日本、中国台湾也办过展，颇受欢迎。这两年我想静下心来做些研究和探索。”访问结束之前，李瑞环主席邀请代表团主要成员共进晚餐，席间谈及我们新馆舍的陈设，李主席说政协书画室可以做点贡献。我于是提出，希望王成喜同志为我们作一幅红梅图。李主席说：“好呀！成喜支持一下。”王成喜当即表示：“好的，我回国作好后寄来。”第二年开春，王成喜践诺，作成红梅图一幅托人带交我馆。我们将此画挂在主楼一层走廊东侧。

曹明求的《牡丹》。2002 年 1 月 19 日晚，我应邀出席新加坡“春城洋溢华夏情”开幕式。“春城洋溢华夏情”是金航旅运集团董事长林璒利女士从 1994 年开始每年举办的迎新春活动。这期间有文艺演出，也有文化产品展销，借以传承中国节庆传统、弘扬中华文化，既得到官方支持也受到民间欢迎。中国文化团体每年应邀前来参加此项活动。当晚开幕式上安排了中国民族服装走秀节目，10 个女模特着素色旗袍猫步起舞，一位画家穿插其中挥毫泼墨，模特猫步转身间，旗袍上牡丹次第绽放，色彩浓淡闪烁，宛如一首流动的诗，把观众带入梦幻般的境界。台下多次响起热烈掌声。表演结束，我向演员道贺，并拉着画家的手攀谈起来。画家叫曹明求，湖南人，擅长花鸟，特别钟情于牡丹。牡丹入画易艳而难雅，但曹明求笔下的牡丹既庄重富丽，又清新高雅。打开他的画册，但见晴时、雨中、雾里、月下牡丹展现着不同技巧、抒写着别样韵致，给人以博大、精深、奔放、雅致的感受。两天后，我邀请曹明求在东陵俱乐部共餐，直截了当提出请他为我们新馆舍画一幅牡丹图，他欣然答应，并很快交来大作，我们将此画展示在主楼二层回廊南侧。

刘炳森的书法。2002 年 5 月 11 日，第四届赛克勒杯国际书法赛优胜作品展在新加坡举行，我应邀与新加坡社会发展部部长雅国、赛克勒基金会主席赛克勒夫人一起为展览剪彩。中国书法家协会副主席、著名书法家刘炳森当场挥毫作书，赢得满堂喝彩。次日，我邀刘炳森共进晚餐，新加坡书法家协会陈声桂等在座。刘先生为人诚恳、平易、朴实，娓娓讲述他学书时的趣事和对书法的见解。炳森自幼喜欢书法，颇有悟性，又得名师指点，年轻时就熟练掌握隶、楷、行、草各体，又以隶为最。但他从不懈怠，无论在什么样的环境下都坚持学书不辍。下放干校时，为了临摹《草字汇》，他甚至在被窝里以手指在肚皮上练习，曾为此作打油诗一首：“蚊帐利偷读，熄灯写肚皮。庶乎三百草，梦里复依稀。”他对隶书的起源、发展和流派很有研究，主张承古不泥古，崇雅不唯雅，坚持走推陈出新、雅俗共赏的路子。他对湿与枯、白与黑有自己的感悟，主张把“春雨”和“秋风”有机融合。我忍不住插话道：“有评论家认为，您的隶书‘凝厚稳健、俊逸潇洒’，已经形成自己独特风格，堪称‘刘体隶书’。”他说：“我只不过在前人基础上加入了自己的感悟，对此书界也有不同看法，褒贬由人，我将求索不止。”我说：“我们都喜欢您的书体。希望在新加坡这几天您能抽空为我们的新馆舍留下一幅墨宝。”刘先生高兴地答应了。两天后，他如约来到使馆，先写了毛泽东词《沁园春·雪》，意犹未尽，又写了《七律·冬云》，在场各位莫不赞之为隶书精品。这两幅书作装裱后分别陈列在大使官邸和主楼会谈室。

鲁光的《师牛图》。2002 年 11 月 6 日上午，艺溯廊主人余欣打电话给我说鲁光先生想见我，我问哪个鲁光。她说曾经当过体育报记者的鲁光。记者鲁光，我未曾谋面，但神交久矣。1981 年，鲁光一篇题为《中国姑娘》报告文学轰动全国，他以生动的文笔倾情讴歌中国女排拼搏精神，鼓舞了为振兴中华而团结奋斗的各族人民。一时间鲁光文章洛阳纸贵，鲁光其人家喻户晓。我当即表示很愿意与他见面。余欣又说鲁光在艺溯廊办画展，欢迎您来观赏。于是当天晚上我先到艺溯廊参观鲁光画展，然后在文华酒店请他吃饭。鲁光中等身材，一副憨厚模样，给人以完全可以信赖的感觉。我对他是如何由写文章改行画画很感兴趣，他便从头到尾一一道来。鲁光是浙江永康人，出生在五峰山下。在体育报社工作多年，报道过许多体育赛事，后任体育报社社长。一天，大画家李苦禅跟他说：“鲁光你文章写得好，作画也一定很好。”大写意画家崔子范也鼓励他学画。他于是拜崔子范为师开始学画，同时得到李苦禅的指点。退休前作画是业余，退休后经华君武介绍加入中国美协便成专业画家了。崔子范跟他说，你学我画千万别似我画，离我越远越好。要探索出自己的路子。起初他画牛追求形似，花 20 年功夫观察描摹牛屁股，后来顿悟再像能赶得上摄影吗？于是他决意画自己心中的牛，反而得到认可，深受大家喜爱。由此得知最高境界是“得意忘形”。后来他办个展，作品被大会堂、博物馆、驻外使领馆收藏。丹青成了他退休后的一个“新世界”。我被鲁光的故事震撼，举杯祝贺他的“华丽转身”。两天后，我邀鲁光到使馆作画。他先是用黑墨画一头牯牛，一头母牛，一头牛犊，彼此映带，顾盼有情。又见他提笔添上一个红衣小牧童，画面一下子便亮丽跳动起来。他听说我从小在农村长大，放过牛，一定要我作一首牛的诗。我拗不过，即兴哼道：“日出勤耕犁，月下濯清溪。洗去疲与累，明朝又奋蹄。”他将这首小诗纳入画后的题识，戏称与我合作。我们将这幅画装裱后挂在中式宴会厅。

中新画家合作《东陵春早》。2003 年春节前夕，陈建坡在电话里跟我说，想约几位书画家一起来使馆拜年，顺便搞个笔会。我说，好呀，非常欢迎。陈建坡 1949 年出生在广东，13 岁移居新加坡。他从小酷爱绘画，特别喜欢吴昌硕、任伯年的笔法，又吸纳别家之长，逐渐形成自己的风格。建坡所画棕榈、椰树、胡姬花、三角梅、榴莲、红毛丹、马来甘榜等无不惟妙惟肖，且洋溢浓郁的南洋风情。评论家称其“源自海派，立足南洋，融古为今，自出精神”。2001 年，陈建坡获新加坡最高艺术奖——国家文化奖章。2003 年 2 月 3 日，大年初三，陈建坡、赖瑞龙、曾纪策、曾广伟四位新加坡书画家和在新加坡讲学的中国美术学院教授吴永良一起来到使馆。我和几位同事在门口迎接，大家互道羊年大吉。茶叙有顷，几位画家便展纸调墨作起画来。年龄稍长的赖瑞龙首先落笔，在纸的右端画一株红艳艳的三角梅。接着，曾纪策提笔三涂两抹，一枝胡姬花亭亭玉立，与三角梅交相辉映。陈建坡沉吟片刻，走到左边挥毫，只见疏枝繁花，一树红梅傲然挺立。陈建坡边搁笔边说："永良兄，您来统筹吧！"六尺整纸一左一右均有花卉，惟中间空白，往下该如何去完成这幅作品呢？人们都把目光投向吴永良。吴永良胸有成竹，他从容提笔在空白处自左而右依次画了一只母羊、一只羊羔和一只公羊，又在母羊前头画一个机灵乖巧的牧羊女孩，她肩背草篓子，手捏一把青草，回眸恰与仰起头来的母羊相视。整个画面顿时前后连贯，相互照应，显得生机勃发，春意盎然。在场观摩的人们齐声叫好，报以热烈掌声。然后吴永良题款"东陵春早，三羊开泰"，四位画家各自钤印，一幅迎春图遂告完成。同来的书法家曾广伟提笔写了一副联语"东陵写春意，四笔描锦章"，更增添雅趣。这幅作品装裱陈列在会谈室。

2003 年 7 月，使馆办公室将新馆舍主要建筑和所藏书画拍照结集，取名《华夏情》。正在新加坡访问的李肇星外长阅后欣然题词："华夏文明长河中的浪花，侨胞友人心目中的亲情。"中远控股（新加坡）、中国航油（新加坡）闻讯后热情赞助。同年 9 月，这个集子付梓，成为对中国驻新加坡使馆新馆舍的一个纪念。

文事二则

2004 年 4 月，我结束在新加坡的任期。离任前，除辞行拜会等例行活动外，在新加坡朋友的推动和支持下，我出版了平生第一本诗集、举办了第一次书法展。

出版《张九桓诗集》

2004 年 3 月 21 日，新加坡创意圈出版社在文华酒店举行《张九桓诗集》首发式。新加坡教育和社会发展部政务部长曾士生、中华总商会会长郭令裕、前高级政务部长庄日昆、新加坡国家艺术理事会主席刘太格、新加坡报业集团高级副总裁周景锐、多元艺术家陈瑞献等社会各界人士约 300 人出席。

创意圈出版社社长方桂香走上讲台第一个发言。她说："这是一个迟到的首发式。《张九桓诗集》上个月就出版了，不到一个月即售罄，现在大家手上拿到的是再版本，可见张大使的诗集很受欢迎啊！"接着，她对《张九桓诗集》作了热情推介。她指出，张九桓诗一个最大特点是真诚，饱含真情实感，自然纯真而无矫揉造作。比如，《新馆十吟》中"筑就高台唱大戏，袖长善舞会群英""东风化雨春常在，月月年年绿映红""破晓庭前好光景，读思吟唱舞翩跹"体现了他对工作和生活的激情与热爱。许多状景咏物诗句，比如描写滨海艺术中心的“无香何以群芳妒，人气绝佳名远扬”，描写珊顿道金融街的“不似胜似曼哈顿，敢与列强共比肩”，则表现他对新加坡建设成就的赞美。《挥别》里“云暗齐观芭蕉雨，天光共聆野莺啼”“红花堪扶逢绿叶，昆玉可攻有坚石”更是对中新两国友谊的衷情讴歌。方桂香指出，张大使多次对新加坡的发展成就表示赞赏，他说，新加坡不唯东，不唯西，不唯左，不唯右，走的是一条完全符合自己国情的道路。有很多地方值得中国学习和借鉴。新加坡步入发达国家行列后，正把更多力量投入文化建设，这是明智的。张九桓对新加坡的华文教育总体持肯定态度，认为华文文学创作方兴未艾就是一个佐证。他把自己第一本诗集放在新加坡出版也是表达一种信任和支持。

我在发言中对创意圈出版社举办《诗集》首发式和嘉宾、读者踊跃出席表示感谢，同时介绍了我写诗的缘起。我说，大家知道，王力教授是中国现代语言学重要的奠基人之一，而他就是我们博白人。王力一生著作甚丰，他习惯将学术论著称为“龙”，诗歌、散文称为“虫”，其书房取名“龙虫并雕斋”。在学校里，老师常说，读书人要以王力先生为榜样。“龙虫并雕”很早就给我打下烙印，人的一生可以做“龙”之大事，也可以做“虫”之小事，重要的是无论大事小事都要做好。捉笔为文，长也好短也好，作好便好。尽管老师从不布置作诗的作业，但我不时会学着哼哼两句。还记得一个雨天，我站在村头，望着田野里低头拉犁的水牛作过这样一首小诗：“春雨落田头，淋漓俯首牛。未鞭蹄自奋，为了大金秋。”1965年8月，我和几位同学北上求学经停武汉，火炉般的烘烤给了我们一个下马威，我曾吟诗一首：“半信江城似火炉，入门即被热魔俘。千葵万扇事无济，洗罢两江浸百湖。”来到北京，游香山，登上有“鬼见愁”之称的香炉峰，面对漫山遍野火一样的红叶，我吟道：“白云绿树掩阁楼，出世横空鬼见愁。最是迷人霜染后，万山一曲舞红绸。”如此这般，便形成一种习惯。这里可能还有一个原因，跟写文章相比，写诗无需拿出一整块时间伏案为之，常常是车上、船中、机舱里沉思片刻便可得。比如，来到新加坡看到路边院墙的九重葛，颇有感触便作诗一首：“如霞似火向阳红，万户千家赖美容，高树因之邀共舞，低姿仍挂墙头东。”我之为诗一般顺其自然，虽非信手拈来，毫不费力，但决不搜索枯肠，劳神误时，所以写出来的东西都是有感而发，不做“为赋新词强说愁”之事。不足的是容易流于浅淡，需要学习提高。发言中我特别强调，这本诗集的出版，得到多方协助和支持，谨此表示衷心感谢。

曾士生政务部长发表热情洋溢的讲话。他首先对《张九桓诗集》出版表示热烈祝贺。接着指出，张大使抵任三年多来，不仅大力推动中新两国在政治、经济、金融、人才培训等方面的互利合作，而且积极促进文化交流，成绩显著，有口皆碑。他说：“我和张大使接触较多，大使对工作很投入，很认真。无论是在协调推进苏州工业园区建设，共同抗击‘非典’，还是处理中国劳工汇款遭遇欺诈等问题上，我们都有很好的合作。张大使在工作中常常表现出一股激情，这在他的诗中同样有充分的体现。人们喜欢张大使的诗，受其激情感染恐怕是一个重要因素。《张九桓诗集》的出版犹如一支火把，为新加坡文坛增光添热，有利于推动我们的中文教育和中文文艺，也促进两国文化交流。”

首发式上，我们使馆同事和新加坡华校师生一起表演了张九桓诗歌朗诵和演唱节目。几位新加坡音乐家为 10 首张九桓诗谱了曲。优美的旋律更增添诗词的感染力，会场愈益活跃，不时响起阵阵掌声。我现场为读者签名，彼此交流心得，活动持续约两个小时。

“东方青年的楷模”

陈瑞献是最后离去的嘉宾，他向我表示诚挚的祝贺。我紧紧握着他的手表示衷心感谢，我说，倘若没有先生的倡议和推动，就没有《张九桓诗集》的出版。

2000 年，我抵任不久就与陈瑞献结识。当然此前我对他已有所了解。陈瑞献是新加坡最负盛名的多元艺术家。他精通中文、英文、法文、马来文和印尼文，出版诗歌、小说、散文、寓言、评论及翻译作品等 30 多部。他的油画、水墨画、胶彩画、雕塑、书法、剪纸、版画和篆刻作品，不仅驰名于新加坡，在国际上也颇有影响。他曾荣获多项国家级和国际性大奖，包括新加坡国家文化奖、法国艺术家沙龙展金奖、罗马尼亚国际诗歌奖、韩国和日本国际书法展金奖、世界经济论坛水晶奖、新加坡总统卓越功勋奖等。他是世界最古老的艺术研究机构法兰西艺术研究院驻外院士。他在新加坡拥有陈瑞献艺术馆，在中国青岛拥有陈瑞献大地艺术馆。

一个雨夜，我应邀与陈瑞献在新加坡植物园法国餐馆共餐。我们天南地北无所不谈。他思路开阔跳跃，如大鹏扶摇，天马行空，怎一个爽字了得。我忍不住问他："陈先生您取得这么大的艺术成就，一定从小了得！"轰隆隆……一阵雷声滚过，陈瑞献端起高脚酒杯晃了晃，饮了一口，看着挂壁的酒液缓缓下淌，然后往桌上轻轻一放说："其实小时候我不是个好孩子，调皮捣蛋，经常逃学，各科成绩不及格甚至零分，操行丙下，差点被开除。"这个回答使我感到意外，端着的酒杯停在半空，愣愣地看着他。他慢慢地向我讲述了自己的身世。陈瑞献祖籍福建南安，父亲陈赞博1922年南渡印尼谋生。1943年，瑞献出生在苏门答腊的一个小岛上，自小跟渔民孩子摸爬滚打。曾上当地华校，后迁至马六甲上英校，一直被认为生性顽劣，学业一塌糊涂。最后来到新加坡进了华侨中学。或许因为华中校风好，抑或遇上好老师，中四（相当于高一）那年他似乎一夜间开了窍，从此爱上了学习，由"差生"变成优等生，从华中考上南洋大学，主修现代语言文学，以优异成绩毕业，后来还获得南大名誉文学博士荣衔。大学毕业后进入法国驻新加坡大使馆任新闻秘书，一干就是24年。这期间，白天他为生计工作，晚上搞文艺创作。20世纪60年代瑞献在文学刊物上发表的作品受到关注，70年代成为新马文坛领军人物，80年代蜚声国际。

1993年，五卷本《陈瑞献选集》在中国由长江文艺出版社出版。这套书涵盖小说、诗歌、寓言、评论、译著、绘画和书法。季羡林教授作序，称赞陈瑞献为“新加坡文艺界的巨擘”“仰望大名，心仪已久”。画家吴冠中称赞他为“东方青年的楷模，杰出的炎黄子孙”。谈及季羡林，陈瑞献激动不已。瑞献说，得到季老厚爱，真是三生有幸。瑞献专门到北大拜访季羡林，一进门便拜倒在地连叩三个响头，季老把他扶起，勉励有加，说他“代表着东西文化发展的未来”。瑞献清楚地记得，季老跟他说，西方文化主宰世界已经有几百年了。它的光辉成就给世界人民带来了幸福和繁荣，这一点谁也否定不了。但是，它同时也带来了麻烦与灾难。这一点也是谁也否定不了的。这些祸害威胁着人类生存的前途。那么，我们应该何去何从呢？唯一的一条路就是：三十年河东的现象再次出现。东西两大文化体系沟通融合，以东方文化的综合的思维模式济西方文化的分析的思维模式之穷。在西方文化已经达到了已经奠定了的基础上，把人类文化的发展推向一个新高度。只有这样人类才能顺利生存下去。季羡林认为，在陈瑞献身上，这样沟通融合东西方文化的倾向已经表现出来。瑞献对我说：“我将继续努力沿着季老肯定的这个方向走下去，为世界文化发展和人类进步事业贡献绵薄之力。”

2003年底，瑞献请我参观他的艺术馆和画室，然后到芽笼街吃榴莲。他说，在摊上吃榴莲味道最鲜美。摊主利索地将刺猬般的猫山王果打开，浓烈的异香扑鼻而来。我们一边品尝榴莲，一边闲聊。瑞献说：“你常驻新加坡已经三年多，按惯例恐怕很快要离任。建议你办一件事，把你平时哼成的零零散散的诗稿收拢起来出一个集子。”我说，我平常是有哼哼的习惯，但完全是自娱自乐，从未考虑出书。而且这些东西诗味不多，不敢谬种流传。瑞献说：“我读过你多首诗，贵在有真情，无需为技巧所累。你在一个月里把诗稿交我，余下事情由我负责。”他说得很恳切，我答应可以试试。他笑着说，无论做什么事，开头总有些难为情，就跟吃榴莲一样。一个月后，我将在新加坡常驻期间陆续哼成的诗稿收齐，居然可得100多首，全部交给了瑞献。没过几天，瑞献打电话告诉我，他已将诗稿通读，并作了一些必要的订正。我拿过瑞献退回的稿子，发现他看得很认真，连一个错误的标点都改了过来，这更增加我对他的敬意。瑞献提议将诗集交给新加坡创意圈出版社出版。他说这个出版社负责人方桂香是位年轻华文作家，也是出版人，办事干练，完全可以信赖。第二天，方桂香便来使馆洽谈具体出版事宜。我叫上办公室主任徐伟一起和她谈。方桂香热情爽快，我们一拍即合。此后，瑞献为诗集题写书名，提供封面画，还作了一篇序。序文短小，却令人咀嚼回味。他写道：“刺槐树不但能以一种分泌让羚羊不嚼其叶，且能向一定范围内的槐树发出信息，以分泌同样的物质；水在听到赞美后的分子结构特别迷人，无情生实也有情。科学以外，诗人更凭直觉去体验万物多情的现实，像在张九桓的笔下，大海一揽怀中，梅花栽在心上，高山听我诘语，雷电来扫庭除。通感愈强的诗人，诗境愈醒人耳目，这是张九桓令人刮目的地方。在文化圈中，以外交家心思的敏锐、才学的渊博以及阅历的深广，转而为诗者……人数不多却精英非凡。从东方张九桓走向这支少数民族的队伍。”方桂香写了一篇跋，对诗集作了积极评价。就这样，《张九桓诗集》于2004年2月付梓，3月再版，受到读者的欢迎。

办个人书法展

2004年3月26日至31日，张九桓书法展在新加坡中华总商会展览厅举行。新加坡交通部长姚照东、环境部长林瑞生、社会发展部长雅国以及各界人士300多人出席开幕式。

开幕式由新加坡书法家协会会长陈声桂主持。他说：“此展由新加坡书协主办，共展出张九桓大使60幅书法，都是张大使常驻新加坡期间所作。张九桓书法特点可以用‘清新秀润、劲健沉稳’八个字来形容。张先生工作之余时有诗词，也喜欢笔走龙蛇，这些书作，十之八九写的便是他个人的诗作。说到书法，我知道张先生不是刻意要做什么书法家才去写字，而是要写诗写文才作书。由于九桓学养深厚、真积力久、博撷约取，因而自然成体。这与书家所说凡搞书法，‘少年凭天才、中年凭功夫、老年凭学问’的见解相契。”陈先生又说，“写字必须弄懂三法，笔法、章法及墨法。大家也公认，写字最忌如一堆乱草，让读者得靠臆测才知道书作的内容。中国金元之际的大诗人元好问对此有精辟论断，他的七绝有云：‘万古文章有坦途，纵横最是玉川卢，真书不入今人眼，儿辈从教鬼画符。’对书法同道起暮鼓晨钟之效。现在大家欣赏九桓书作，三法齐备，溢于楮墨，足见其平素用功之深了。”

姚照东部长以主宾身份致辞。他表示非常高兴应邀出席张九桓书法展开幕式，并对书展表示热烈祝贺。他说：“我和林瑞生、雅国两位部长都是九桓大使的好朋友，三年多来常常见面，切磋交流，为推动中新友好互利合作共同努力。我是主管交通的，愿在这里强调，中新两国在海运、空运等领域的合作取得了长足发展，这与九桓大使的努力是分不开的。与此同时我还想说，九桓大使在工作中常常表现出一种儒雅之风，给人以愉快的感受，这可能跟他本人深厚的文化素养有关系。我既喜欢他的诗词也喜欢他的书法。作为大使，九桓很忙，仍能砚耕不辍，令人钦佩，值得我们新加坡公务员学习。我们还要感谢声桂会长，他长期致力于书法的宣传、普及、交流、研究和提高，成效显著。纳丹总统和多位部长以及各行业的普通民众不少都是他的学生。今天举办张九桓大使书法展，是一件好事、盛事，对新加坡书法事业将起积极促进作用。”

在展览现场，我接受媒体采访，回答他们关心的问题。我说，我自小喜欢书法。至今记得，上小学时老师一再说写字要打好基础，姿势要端正，学会悬腕捉笔。我们努力按照老师要求去做。写字从描红开始，一笔一画，不敢马虎。中学时有个语文老师讲课生动，字也写得好，他批改的作文发回来，我们既看批改内容也欣赏他的字。他常说能写一手好字，受用无穷。虽然现在写字的实用功能已由敲键盘取代，但仍然是一种与别人交往的手段，它的文化功能和价值非但不减反而增加了。高中下半段由于功课紧，毛笔字练习一度中辍。工作以后有所恢复。担任驻新加坡大使期间，常常有朋友希望我用毛笔题词，迫使我增加练习，取得新的进步。我曾应邀往访位于滑铁卢街48号的新加坡书法中心，参观那里的书法展览，与书法家和书法爱好者会面，看到男女老幼一起学习、研究书法的生动场景，很受鞭策和鼓舞。我这次书法展完全是在陈声桂会长鼓励、支持下办起来的。我愿借此展为新加坡如火如荼的书法事业和中新两国文化交流加一分热，添一分光。新加坡媒体对这次展览做了充分报道。新加坡书法家协会将这次展览的作品结集，并由陈声桂会长题签出版了《张九桓书法集》。

“桂音弥漫狮城”

我与陈声桂先生认识得较早，对他颇有了解。声桂1948年出生于广东潮安，1955年随家人移民新加坡。1972年从南洋大学毕业后供职淡滨尼初级学院，任中文部主任。声桂酷爱书法，年轻时就崭露头角。后得潘受先生指点书艺更其精进。潘受，福建南安人，1930年19岁时南渡新加坡，初为报人，后执教华侨中学，又任道南学校校长多年。抗日战争爆发后，追随陈嘉庚在南洋募捐支援中国抗战。1955年曾任南洋大学秘书长，在没有校长的情况下艰难主持校务4年之久。工诗词，深研书法，自成一家，蜚声海内外。潘受对新加坡文化发展贡献甚多，被誉为“国宝”。声桂对潘受先生极为尊崇，大事小情常服务左右。潘受作书，声桂在旁拉纸，耳濡目染受益颇多。再加上自己的悟性和勤奋，声桂逐渐形成“端庄、稳健、雄强、灵动”的独特风格。评论家称声桂字“神完气足，笔力劲骏”，“藏骨抱筋，浑厚华滋”。“初品清简宜人，细赏醇厚动心”。1987年，声桂举办首次书法个展，潘受先生写了一篇热情洋溢的序文，称“声桂书如远鸥浮水，轻燕受风，洒脱萧散，绝去雕饰”。启功先生称“其笔如绛云舒卷，怡心豁目”，并书《狮城留赠声桂先生》诗相赠，诗云：“翰墨风华溯六朝，群鸿戏海见高标。横飞野鹜纷拿际，可喜丹林降凤毛。悬殊精窳判天渊，题记龙门有后先。毕竟书家能鉴别，不从斧凿学前贤。椽毫挥洒陈惊坐，铁线纵横朱克柔。异世齐名同赵管，艺林福慧羡双修。忆话停云落月时，南天把臂慰相思。谈书论艺倾肝胆，谊证长青雨后枝。”更为可贵的是声桂几十年如一日，在新加坡倾力推广中华书法。他于1968年发起成立新加坡书法家协会，通过举办书法培训、讲座、比赛、出版、社区挥春和国际交流，使新加坡书法学习和使用日益活跃，蔚然成风。声桂先生的学生上至高官显要，下至百姓童叟，正可谓“桃李遍朝野，四时有芬芳”。声桂先生为繁荣新加坡的书法事业所作建树得到新加坡朝野的认可。潘受先生曾撰文指出：“声桂通敏干练，盖一倜傥权奇之骏马也。长期以来，服务教育，余晷则注全神倾全力于所主持文化团体曰新加坡书学协会者。今日新加坡残烛余光之中华文化，能有如是春云初展、春笋争茁之学书风气，声桂提倡与推广之功为独多，此众人所共见，非吾一人之私言。”潘受并借杜甫诗句对声桂寄予厚望：“青眼高歌望吾子，眼中之人吾老矣。”2000年，陈声桂先后获新加坡政府文化奖章和总统颁赐服务奖章。

新加坡与中国每年都有国家或地方层面的书法交流，声桂先生南来北往穿针引线，是最积极的推动者。我常与声桂见面，除谈工作外，不时也向他请教写字。他总是鼓励有加，几次提议我办书法展，我不以为意。直至2003年底，声桂先生邀我共餐，席间再次提出办展一事。我说以我现在的水平，还是不办了吧。他于是说，我们不妨做个探讨。一般说，字有几种：一是书家字，也就是专业人士的字；二是学者字，他们不是为写字而写字，而是在为文著书中把字写好了，如鲁迅、茅盾的字；三是名人字，字因人而名；四是书法爱好者的字，不曾考虑出名成家，只因喜欢而把字写好了，您看您的字属于哪一种？我说，顶多属于第四种吧。他马上说，得了，这就可以办展。不要把办展看得那么神秘，就是一种交流方式。新加坡书坛需要不断注入新鲜空气，使之活跃再活跃，保持不断向上态势。大使办个展既是对我们的促进，也是两国文化交流嘛。话说到这份上，我不好再推却了。“那好，你一个月以后把积存和补充的书稿交我，其他事情你就不用管了。”他最后一锤定音地说。在此后的两个月里，从装裱、物色场地、集子印刷等各项事宜完全由声桂会长和新加坡书协一力承办。

陈声桂在新加坡大力弘扬中华书法所作突出贡献受到中国有关方面的关注。2014年12月，声桂获中国文化部、中国对外友好协会、国家汉办、中国国际广播电台等单位共同主办的“中华之光”传播中华文化年度人物大奖，颁奖词曰：“椽笔挥洒，铁线纵横。人如书，史迁情怀；书如人，横逸疏放。心墨晕染于纸，桂音弥漫狮城，兰亭之后，南洋有此薪传。四十六年竭尽移山力，昔日将枯之苗，如今葱翠南天。”声桂来北京领奖，几位曾在新加坡工作的老朋友在光华路伯豪瑞廷酒店薄酌致贺，他深情地说：“我没当官，没发财，沉醉于书法，幸得大家认可，人的一生能做成一件事就好，没什么遗憾了。”大家都对声桂先生多年来在新加坡坚持不懈弘扬中华书法，促进中新文化交流表示高度赞赏，声桂深情地说：“我将继续把这件事情办好，一息尚存奋斗不已！”记得那天晚上大雪满天，但大家心里都热乎乎的，无不沉浸在喜悦中。

记下文事二则，或可得狮城文化之一瞥。

出使泰国篇

PART 3

我向普密蓬国王递交国书

到华欣去

2004 年 9 月 29 日，吃过早饭，我便驱车前往华欣。盖堂秘书同行。

就在前一天，我馆接泰国外交部通知，普密蓬国王将于 29 日下午在华欣行宫接受我递交国书。

我于 2004 年 5 月 28 日由北京飞抵曼谷，出任中国驻泰国第 9 任大使。我的前任先后是柴泽民、张伟烈、沈平、张德维、李世淳、金桂华、傅学章、晏廷爱 8 位大使，能从他们的手上接棒，续写中泰友好篇章，我感到非常荣幸。

离京前，泰国驻华大使敦·帕玛威奈为我饯行并到机场送别。敦告诉我，近来普密蓬国王健康欠佳，常住华欣行宫疗养，在曼谷的时间不多，新任驻泰使节往往需要等待一段时间才能递交国书。但泰方会做出妥善安排，不会影响使节的工作。

5 月 31 日，我前往泰国外交部向礼宾司司长塔纳勒递交国书副本。几天后泰国外交部照会我馆称，张九桓大使抵任事已报告王宫，将适时安排向国王递交国书，并表示，即日起张大使可以开始履行大使职责了。

于是，我陆续拜会了哇集拉隆功王储、诗琳通公主、朱拉蓬公主、枢密院主席炳·廷素拉暖、国会主席乌泰·屏猜春、总理塔信·钦那瓦和多位部长。

2004 年 6 月 17 日，时任全国人大常委会副委员长李铁映应邀访泰，我陪同他会见了诗琳通公主、塔信总理和国会主席乌泰并参加了泰方安排的其他重要活动。

2004 年 6 月 22 日，亚洲合作对话第三次外长会在青岛召开，时任国务院总理温家宝和塔信总理共同出席。我奉命回国与会，分别参加了两国总理和外长的会见和会谈，见证了《青岛宣言》的签署。

由于泰方的关照，在短短几个月时间里，我进行了大量的到任拜会活动，同官方与民间进行了广泛接触。

汽车在平坦的公路上奔驰。从曼谷到华欣约 200 多公里，途经沙木沙空、叻丕、佛丕、巴蜀等府治。道路两旁椰林如阵，阡陌纵横，瓜果飘香。望着缓缓移动的远山、白云，我陷入深思。我对普密蓬国王已不陌生。自 1975 年中泰建交近 30 年时间里，我曾以工作人员身份随同国家领导人和前任大使多次见过他，也读过许多关于他的书刊和资料，国王的家世、经历和功业给我留下深刻的印象。他的传奇人生一幕幕在我的眼前浮现……

继位于多事之秋

1927 年 12 月 5 日，普密蓬国王出生在美国马萨诸塞州剑桥市。这时，普密蓬的父母旅居剑桥。父亲玛希敦·阿杜德，是五世王朱拉隆功所生 77 个儿子中的第 69 子，从小喜欢医学，一生献给泰国医疗卫生事业。母亲诗纳卡琳，出生在泰国一个平民家庭，祖籍中国海南，其父是金匠，家境殷实。不幸的是9岁丧父，后又丧母，生活转入艰辛。她读完小学后进入诗里叻学校专修护理，因勤奋好学，成绩优异，获资助赴美留学。她先在美国西海岸补习英语，后乘火车穿越美洲大陆来到东海岸马萨诸塞州就读于西蒙斯学院。在美丽的查尔斯河畔，玛希敦结识了诗纳卡琳，波光帆影见证了他们的恋情。1920年，他们双双返回曼谷，接受六世王的赐婚。婚后他们继续游学海外。1923年，他们在伦敦生下第一个孩子，女儿甘拉雅·尼瓦塔纳。1925年生下了第二个孩子，儿子阿南塔。1927年，他们再次移居美国马萨诸塞州剑桥市，并在这里生下第三个孩子普密蓬。远在曼谷的七世王为这孩子赐名“普密蓬·阿杜德”，意为“大地的力量”和“无与伦比的能力”。

1928年，玛希敦完成在哈佛大学的医学研究项目携家眷回国，出任清迈医院医生，实现了他多年的夙愿。但遗憾的是玛希敦体质欠佳，患上了肾病，第二年就辞世了。1933年，诗纳卡琳举家客居瑞士洛桑，将三个孩子送进当地学校。她以一人之肩挑起养家育儿的重担，含辛茹苦，却平静达观，表现了不屈不挠的品格。2004年仲夏，当我以大使身份前去拜会甘拉雅王姐时，她忆起那段艰难的日子仍感叹不已，深情地称赞他们的母亲无比坚强又非常善良、慈祥，她和她的两个弟弟都深爱和崇敬自己的母亲。

普密蓬国王在马萨诸塞州剑桥市生活的时间比较短暂，但对这座历史文化名城仍然有一种特殊的感情。1960年，普密蓬国王和王后访问美国时曾重返剑桥市，会见当年为他接生的医生和护士，与他们合影留念。医护人员回忆说，那个清晨格外寒冷，医生看着护士利索地把婴儿擦洗干净，轻轻送入母亲的怀抱。医护人员清楚地记得，这个男婴很安静，颇爱睡觉，很好看护，住在医院的21天里，没有给护士带来什么麻烦。剑桥人以普密蓬国王在这里出生为荣，决定修建一个广场作纪念。普密蓬国王同意他们的请求，以其名字为广场命名。1990年4月，朱拉蓬公主应邀赴剑桥参加“普密蓬广场”的落成和命名仪式。

此时，世界和泰国形势都在发生着巨大变化。1929年至1933年，一场经济危机席卷全球，“大萧条”给泰国经济带来了严重冲击，积聚的社会矛盾骤然激化，导致了1932年6月24日的“民主革命”。正在华欣度假的七世王巴差提朴匆匆赶回曼谷与革命策动者“民党”达成妥协，将泰国政体由君主专制改变为君主立宪制。此后“保皇派”几番试图复辟，结果都是败下阵来。

巴差提朴是五世王的第76子，从小体弱多病，对政治不感兴趣，本无意于王权。只因六世王哇栖拉兀无子嗣，且在辞世之际留下遗嘱传位于王弟巴差提朴，巴才勉强继位。经过这番折腾顿感身心疲惫，萌生退意。1934年1月12日，七世王以赴英国治疗眼疾为由悄然离开泰国，并于1935年3月2日发表逊位声明。

拉玛七世王无子嗣，普密蓬的哥哥阿南塔按程序经政府和议会推举，继位成为八世王。

1946年6月9日，阿南塔国王在自己的卧室遭枪击意外身亡。普密蓬继位成为曼谷王朝的第九世国王。

曼谷王朝始建于1782年。因一世王名却克里，故又称却克里王朝。泰国王室本无名号，四世王蒙固效仿欧洲王室做法给自己的王室取名“拉玛”。“拉玛”一词源于古典名著《拉玛坚》，这是一部脱胎自印度史诗《罗摩衍那》，又融入泰国元素并成为泰文化组成部分的史诗。“拉玛”即“罗摩”，是印度教维护神毗湿奴的化身，泰国民间把他看作救苦救难的大英雄。四世王自己封为“拉玛四世”，其前其后诸王以此类推。史家将曼谷王朝划分为三个时期，即初期（1782年至1851年），历经拉玛一世至三世共69年，其功绩是巩固了王朝的统治地位，拓展和稳定了泰国的疆土。中期（1851年至1932年），历经拉玛四世至七世共81年，其功绩在于引进西方民主和科学，改革泰国的政治、经济和社会，使泰国走向近代化。自1932年也就是拉玛七世以后，泰国进入一个新的历史时期，曼谷王朝来到一个十字路口，或者走向衰亡或者实现中兴。拉玛七世和八世未来得及完全回答这个问题，答题的责任继续落到拉玛九世普密蓬国王的肩上。他将有什么样的作为？后来的事实告诉人们，从来没有想过会荣登大宝的普密蓬，竟以他传奇般的实践为曼谷王朝和泰国人民交了一份非凡的答卷。

多才多艺与两情相悦

继位后，普密蓬国王仍返回瑞士继续完成未竟的学业，王室事务交由摄政王猜纳（五世王之子，普密蓬的叔父）代理。

在洛桑大学，普密蓬放弃原先主修的工程学，改学社会学、政治学和法律学。同时选修英、法、德和拉丁语。普密蓬聪颖过人，各科成绩优异，且有丰富的业余爱好。

他喜欢摄影和绘画。胸前经常挂着一部相机，湖光山色、市井古堡、校园生活不时进入他的镜头，摄影作品多次参赛并获奖。他的油画作品用色鲜艳，笔力凝重，别具一格，曾举办个展，受到好评。

他喜欢多种体育运动。常到阿尔卑斯山滑雪，陡峭的雪道上有他矫健的身影；他是冰球场上的一把好手，人们常为他挥杆击球的英姿喝彩；他爱打羽毛球，曾与高手切磋；他喜欢划艇和帆船，而且很有研究，可以自己设计并亲手制作帆船。1967 年，普密蓬国王曾代表泰国参加东南亚运动会的帆船比赛。那天天气不理想，时有大风，国王以娴熟的技巧驾驶帆船与巨浪搏击，按规定路线从芭堤雅海湾出发，直奔兰岛，绕岛一周后返回，夺取了这个项目的金牌。国王支持泰拳运动，他说，泰拳是古代武士的防身术，为泰国所独有，攻击力很强，既可强体又能自卫，应该发扬光大。他还提出要加强青少年体育运动，指出“体育是教育的重要组成部分，是让孩子学会勇敢、忍耐和知道成败的好方法，能促进身心健康，有利于孩子成为好公民”。

他喜欢音乐，先是喜欢古典音乐，后又对爵士乐产生浓厚兴趣并颇有研究。能演奏钢琴、萨克斯、单簧管、吉他和小号。曾与世界著名爵士乐大师杜克·埃林顿、莱诺·汉普顿、班尼·古德曼等联袂演出。汉普顿曾在泰文杂志《你好》撰文称赞他是“全世界最酷的国王”。与“猫王”埃尔维斯·普雷斯利有交往，曾一起观看和探讨摇滚乐。1964年，奥地利音乐与戏剧艺术学院授予普密蓬名誉音乐博士学位，并吸收他为会员。他既擅填词也擅谱曲，作品颇丰，其中如《烛光》《雨丝》《黎明》《黄昏》等皆在国内脍炙人口，广为传唱。

他喜欢读书，阅读面很广，并有多部译著。他将威廉·史蒂芬逊的《勇敢的人》（A Man Called Intrepid）译成泰文，并推介说，这本书细腻地描写了思考和决断过程，表现了鲜为人知的“二战”时期盟军谍报人员的勇敢和执着，也表现了盟军一方的团结以及为胜利而战的忘我牺牲精神。他翻译了菲利斯·奥蒂所著铁托将军的传记《铁托》(Tito)。随后又译了佛教故事《摩诃迦那迦》。

他还有一个爱好，自驾汽车出行。周末或节假日，他常常开车到瑞士各地和毗邻的法国和德国旅游。行驶在湖畔山间的公路上，他时而风驰电掣，时而缓缓而行，放飞心情，享受自然。

这天，普密蓬来到巴黎买车，泰国驻法国大使在官邸热情地接待他。他刚端起咖啡便被琴房里优雅的琴声所吸引，不由自主移步近前。一个倩丽的身影正沉浸在乐曲的意境中，对来人毫无察觉，曲终抬头恰与普密蓬爱慕的目光相遇。弹奏者是大使的女儿，名叫诗丽吉，正在巴黎读书，学业之外喜欢音乐，钢琴弹得很好。对音乐的共同爱好一下子拉近了两人的距离，两人都有相见恨晚之感。自此，普密蓬每逢周末都来巴黎看望诗丽吉，塞纳河畔、香榭丽舍大道上、埃菲尔铁塔下、枫丹白露宫的画廊里，常常看到他们相偕而行的身影。他们相爱了。

不久，普密蓬在莱芒湖畔发生车祸，住进了医院。诗丽吉闻讯立刻赶来探望，并在医院陪伴，直至普密蓬伤愈出院。这次车祸使普密蓬的右眼几乎完全丧失了视力。为便于照顾普密蓬，诗丽吉从巴黎转学到洛桑。他们的爱情成熟了。富有音乐天赋的普密蓬，以一首题为《天赐良缘》的浪漫词曲深情地表达他此时的心境：

夜夜思念，
伴君流连。
东方既白，
天赐良缘。
爱慕弥坚，
我心烦惋。
日日祈求，
神佑我愿……

普密蓬向诗丽吉求婚，诗丽吉提出一个条件，普密蓬一生只能娶她一人，普密蓬爽快地答应了。以后的事实证明，普密蓬完全信守承诺。须知，直至今日泰国王法对国王的妻室是没有限制的。以五世王为例，他的子女就有77人之多，有多少妃子可想而知。

1949年8月12日，在诗丽吉17岁生日的招待会上，普密蓬国王宣布与诗丽吉订婚。普密蓬将一枚镶有心形钻石的戒指戴在诗丽吉的无名指上。有幸出席的亲朋好友皆为他们举起香槟酒杯，送上诚挚的祝福。

1950年3月，普密蓬国王偕同未婚妻诗丽吉乘火车离开瑞士，去法国乘轮船回国。经过地中海、苏伊士运河、红海、亚丁湾、印度洋，穿过马六甲海峡……很快就要回到离别四年的祖国了！他站在甲板上，看着碧海蓝天中飞舞的海鸥，心里充满对新生活的向往和渴望。

1950年4月28日，普密蓬国王与诗丽吉的大婚典礼在曼谷沙巴通宫举行，国王祖母沙旺·瓦她娜太王太后以含香的法粉在普密蓬和诗丽吉额头各点三点，二人在婚书上签字，国王向诗丽吉赠王室勋章并册封诗丽吉为王后。国王和王后接见王室成员和嘉宾好友，接受众人的祝福。美国杜鲁门总统和夫人致函祝贺并赠送礼品收音电唱机。英王乔治六世及伊丽莎白王后（伊丽莎白二世女王的父母）以一套精美瓷器相赠并表示诚挚祝福。其他各国元首也纷纷以不同方式表示贺忱。

登基与履职

1950年5月5日，国王登基大典在大王宫隆重举行。灌顶，宝瓶里的圣水徐徐洒落到国王双肩。加冕，重达七公斤、嵌满宝石的金王冠戴上头顶。受御杖，象征王权在握。登上九重华盖下的宝座，庄严宣誓："为民谋福祉，以德治国。"鸣礼炮101响，全国各寺庙鸣钟祈福。而后，移驾玉佛寺，僧王授戒，国王誓言虔诚信佛。80位高僧大德恭请国王出任佛教和其他所有宗教的大护法。次日，接受政要名流及万民朝贺。自此，普密蓬国王正式履职。

自1932年泰国由君主制转变为君主立宪制以后，国王不再直接行使国家权力，而是通过议会行使立法权，通过法院行使司法权，通过政府行使行政权。那么，国王应该做什么？又能做什么？

2004年6月，我抵任之初前往拜会枢密院大臣、前外长西提·沙卫西拉时，他对我说起普密蓬国王登基之后首先面临的课题。西提说，国王不止一次提及令他永志不忘的两个情景。一个是1946年6月，他回国继位后又离泰重返瑞士继续完成学业，各界群众赶来相送，拉差丹嫩路人山人海，车子走得很慢，人群中有人高喊："陛下不要抛弃你的人民！""不会的，我一定会回来的！"国王激动不已。另一个是1950年3月25日，国王学成归来，当他乘坐的阿育他耶号军舰缓缓地驶进湄南河，飞机从空中撒下花瓣和米花，万千民众拥到河岸热烈欢迎。人民的热爱和拥戴使国王感到无限温暖。"和人民在一起，为人民谋福祉！"这是国王从中得到的启迪，西提说。

西提还跟我提到这样一件事。1953年，美国副总统尼克松访问亚洲时向各国领导人问了同一个问题："国家繁荣的重要因素是什么？"普密蓬国王的回答给尼克松的印象最为深刻。普密蓬国王说："理解！对自己国家和人民的理解！"

正是基于这种认识，国王登基后首先做的事情就是熟悉自己的国家和人民。他走遍了泰国76个府的山山水水、村村寨寨。人们经常可以看到他一袭便装，上衣口袋插着圆珠笔和铅笔，胸前挂着相机，手上拿着地图，爬山涉涧，汗水淋漓，有时蹲在田埂上察看禾苗的长势，有时席地而坐与老农探讨水土保持，有时拉着老妪的手嘘寒问暖。他常说，泰国是个农业国，农民是国家的脊梁，这个问题解决好泰国才会繁荣，人民才会幸福。他向政府提出过许多发展农业、改善民生的建议，并且以自己牵头、民间赞助的方式设立“国王倡议发展工程”，具体项目逐渐发展到数百项之多，其中如治水、造林、土地综合利用、山地开发、农村教育等效果很突出，不但在泰国，而且在国际上都有良好影响。

泰国炎热，旱雨两季分明，雨季洪灾频发，旱季则干旱缺水。曼谷在雨季里多次被水淹，街道可行船。东北部在旱季里缺水严重，有的地方颗粒无收。为此国王提出“猴腮计划”。他说，5 岁时看见猴子吃香蕉，吃了一根又一根，但并非一下子全吞到肚子里，而是先存在腮帮中，然后慢慢下咽。此法可实现蓄水工程。政府根据他的建议，在多条河道支流建设水库，在曼谷东面和北面低洼处建起蓄水池，雨季蓄水旱季引出灌溉，对克服水患、缓解旱情发挥了积极作用。

普密蓬国王提出，林是水之源，治水须与造林结合。由于刀耕火种和乱砍滥伐，泰国森林面积锐减，水土流失严重。经国王提议，政府于 1962 年启动造林计划。国王在王宫划出一块土地专用于培育树苗，供林业专家和学生做研究并向社会提供优质种苗。

泰国北部与缅甸、老挝交界的崇山峻岭中居住着苗、阿卡、克伦等少数民族，还有原国民党 93 师残部和奠边府战役后逃过来的越南人，他们曾以种植罂粟为业，使这里变成毒贩渊薮。普密蓬国王实地考察后提出“替代种植”计划，鼓励山民改种果树、茶叶、咖啡和坚果。一次国王闻知有山民将大甜桃与野山桃成功嫁接，不辞辛劳地走了一个多小时的崎岖山路实地考察，然后将这一做法加以推广。从1969年到1980年，国王倡导的这项山地开发计划在清迈、清莱、夜丰颂、帕尧、难府设立85站点，惠及300多个山村的14098人。这项计划不但促进了山地的合理开发，而且对消灭鸦片毒品发挥了重要作用。国王的这一计划和实际效果受到国际社会的重视和肯定。

经多年调查研究后，国王提出“6＋3＋1”的“综合农业”概念，即6分土地种植农作物，3分土地作水池，1分土地作农舍。作物以水稻为主，同时轮种或辅种别的作物如红薯、芋头、青菜等。水池可养鱼，池边栽种香蕉、桑树等。实践证明，这一倡议有利于土地的合理使用和养护，很受农民欢迎。

国王在他居住的吉拉达宫里划出一块土地作为试验田。他在这里种水稻，从播种到收割都到现场指导甚至亲自动手。人们从新闻报道里可以看到国王驾驶“铁牛”耕田的情景。他养鱼，曾经将国外引进的罗非鱼成功繁殖，然后提供给百姓养殖。1967年应联合国粮农组织的请求，他曾向孟加拉国无偿赠送50万尾罗非鱼苗。他养奶牛，不仅生产鲜牛奶，还引进设备生产奶粉。

国王重视环保。他潜心研究污水处理，发明的“猜帕塔纳水车”可用于池塘补氧，促进污水净化。1993年，该水车获得专利并广泛应用。

国王提出“适度经济”的理念。他认为，经济的发展必须与环境保护相结合，发展不应以损害环境为代价。发展既是着眼当前也要考虑长远，唯有“适度”发展才能持续。普密蓬国王这一理念和实践受到联合国的重视和赞赏，安南秘书长专程来泰国为他颁发人类发展终身成就奖。

国王重视教育。国王认为教育是国家发展的根本，没有良好的教育国家发展将难以为继。他亲自为泰国三所著名大学朱拉隆功大学、法政大学、农业大学谱写校歌。每年亲自为所有大学毕业生颁发文凭。他提议创办“远程教育”，解决偏远山区贫困儿童上学难的问题。

不仅国王本人，整个王室都参加到“为民谋福祉”的行动中。诗纳卡琳王太后组织了一个志愿者医疗队，经常为缺医少药的偏远山区百姓送医送药上门。王太后常常身着医疗志愿队制服，头戴贝雷帽率医疗志愿者乘坐直升机出现在村头寨尾，百姓把她当菩萨一样膜拜。王后在考察中发现民间的泰丝服饰和手工艺制品很有特色，便成立了专门基金加以扶助，使泰丝服饰等成为出口的一大宗商品，这样既增加农民的收入又弘扬了泰国文化。王储、公主也经常代表国王出席各种公益慈善活动。到 20 世纪 70 年代，普密蓬国王和王室在人民中已经享有很高的威望。

“呜——”

汽车轻鸣一声短笛，忽闪着转向灯拐进公路左边的服务区。司机要为车子加油。我们下车穿过一座小木桥，走进一栋被椰树、芭蕉和三角梅掩映着的咖啡屋。我要了一杯泰北产的黑咖啡，慢慢品着。一抬头，墙上挂着的普密蓬国王的肖像正投过来平静而坚毅的目光。这样的肖像在泰国公共场所和百姓家中随处可见。

我们继续赶路。伴随着那坚毅的眼神，国王在危机面前力挽狂澜的画面在我的脑际闪现……

应对危机

普密蓬国王曾两次成功应对泰国政治危机，维护了国家稳定和人民福祉。

第一次是在20世纪70年代。自1932年实行君主立宪制以后，泰国政权长期把持在军人集团手中。君主专制的结束换来的却是军人独裁，人民享受不到民主权利，不满情绪日益增长，反独裁呼声渐趋强烈。在舆论界，克立·巴莫和他主办的泰文《沙炎叻》报成了反独裁、争民主的一面旗帜。

克立·巴莫何许人也？1978年，我以翻译的身份陪同张伟烈大使拜会克立先生时，曾听他介绍过自己的身世和当年的泰国形势。

1911年，克立出生在一个王族家庭，其父为拉玛二世国王之孙。14岁赴英国读书，22岁毕业于牛津大学，获哲学、政治和经济三门学科学士学位。1933年学成回国时泰国政体已经改变，但他对这种变化并不抵触，反持欢迎态度。他曾在自传中写道："在英国学习的最后一个学期，我就知道君主立宪制取代了君主专制，有了宪法、议会和政府，作为一个贵族，听到这一消息却非常高兴。"回国后却发现掌权的军人虽标榜"民主"，但比原来的君主更独裁。

1950年，克立创办泰文《沙炎叻》报，旗帜鲜明地抨击军人独裁。他说，我们连弹弓都没有，只能用笔杆子对付他们。当局实施新闻检查后，他们又更多地采用讥讽的方式继续战斗，提出要用笑声把独裁者打垮。《沙炎叻》报成了一份军人集团害怕而百姓喜爱的报纸。

克立认为，泰国的民主进程其实是由王室发轫的。从拉玛四世开始，泰王室就开始向西方学习，引进西方的民主和科学，逐步采取一些改革措施，如解放奴隶、义务教育、办邮政、修铁路、向英法等国派留学生等，这些举措逐渐培育了泰国的民主思想，引发了民主革命的行动。他还说，泰国应有"泰式民主"，不能照搬西方的，即使在西方也不是只有一个版本。他强调泰国是一个有七百年历史的王国，王室对国家发展有历史性的贡献。在君主立宪制下，国王不具体行使权力，但仍是国家的"象征、核心和稳定器"。但是，军人独裁者既忽视了人民，也忽视了王室，以致几乎把国家引向崩溃的边缘。接着，他讲述了发生在20世纪70年代初的流血事件。

自1963年他侬·吉滴卡宗接替沙立执政后，他侬自任总理兼武装队总司令和外长，其亲家巴博·乍鲁沙天任副总理兼内政部长和警察总监，实行有浓厚家族色彩的独裁统治。对各界的不满和要求民主的呼声，动辄扣上一顶"共产党"的帽子，极尽打压之能事。积压已久的反抗终于爆发了。

1973年10月14日，曼谷爆发以学生为主体包括各界人士参加的40万人的大规模游行示威活动。普密蓬国王召见他侬总理，要求他通过对话方式妥善处理与民众的分歧。然而，军警还是向示威群众开枪了，造成57人死亡。大批学生群众泅水逃向王宫，遭到军警阻拦。国王下令打开大门，大批群众涌入王宫避难。血腥镇压激起全国的愤怒和更加强烈的反抗，他侬和巴博虽手握重兵也完全失去了对局势的控制。当晚，他侬和巴博向国王提交辞呈，流亡国外。

国王依据宪法赋予的权力，任命法政大学校长讪耶·探玛塞为总理组织临时政府。国王召见讪耶总理，要求他从物质和精神两个方面医治国家的创伤，恢复正常社会秩序。讪耶不负国王嘱托和人民期望，迅速推进民主进程，当年12月，成立由来自农民、工人、商人、学生、知识分子、公务员的2347名代表组成的国民大会，并在此基础上选出299名代表组成制宪议会。1974年10月，制宪议会通过泰国的第10部宪法，同时制定并实施《政党法》。1975年1月，举行全国大选。克立组织社会行动党参选并最终获得组阁权，出任总理。当年7月克立率团访华，实现中泰建交。

克立说，他为能在推动泰国民主和中泰关系发展中有所建树而感到自豪。他特别强调指出，这次事件表现了普密蓬国王面对危机的冷静、睿智和勇气，也使泰国人民认识到国王是国家稳定的保障，增加了对国王的崇敬。

9年后，又一场政治危机降临泰国。这时，我在中国驻泰国使馆任三等秘书，负责对泰国政局的研究，跟踪观察了这一事件的全过程。

1991年2月23日，正当全世界目光被海湾战争的隆隆炮声吸引的时候，泰国政局发生突变，总理差猜·春哈旺在曼谷廊曼机场遭军方逮捕了。军人团以差猜及其幕僚贪污腐败为由宣布发动政变，推翻政府，接管全国权力。舆论认为，差猜是位改革型的政治家，在柬埔寨问题政治解决接近尾声之际，他率先提出“战场变商场”的倡议，积极推动泰国和地区的经济恢复与重建。在政治上，提出扩大民主的新举措，进一步限制军人干政。因此，军人的政变在民众中引起普遍不满。军人团不得不宣布尽快举行大选，还政于民。然而在1992年4月大选中失利的军方强人素金达·甲巴允上将却宣布担任新一届政府总理。民众愤怒了，数十万群众走上街头示威抗争。5月18日凌晨，军方把坦克、装甲车开进曼谷市，宣布戒严，禁止10人以上集会，示威群众领导者被冠以“共产党”罪名加以逮捕。对峙中，军人向民众开枪，血染街头。一位外国记者躲在大树后用长镜头拍照，居然也被军人击毙。据报道，在这场血腥镇压中，52人被打死，600多人受伤，还有200多人失踪。舆论称之为“令人发指的黑五月”。然而，军方的弹药平息不了群众的怒火，局势继续恶化。

1992年5月20日，普密蓬国王在吉拉达王宫召见军方代表素金达·克拉巴云上将和群众代表占隆·西芒，经电视向全国直播。国王端坐在椅子上，二人膝行上前，俯伏叩拜，国王开始讲话，语调平和却句句千钧：

“把你们请来见面，应该不感到奇怪吧！”

“已经给国民和国家造成难以估量且无可挽回的损失。”

"国民害怕还会出现更大的危险，担心国家一蹶不振，难以恢复和治理。"

"你们谁胜利呢？都不可能胜利，只有失败，两败俱伤，对峙的双方都失败，而最大的失败者是国家！"

"难道还不应该结束吗？"

二人静静地听着国王的训示，无言以对。全国民众与军警都收看了这庄严而神圣的一幕。然后，军警撤回营地，素金达被迫流亡国外，示威群众散去，一场骚乱就此平息。

人们再次领略了普密蓬国王临危不乱、举重若轻的定力和魄力。自此，国王近乎神一样的权威在泰国民众中确立。人民自发地把普密蓬国王等同于曼谷王朝功勋最为卓著的拉玛五世朱拉隆功国王，称为"大帝"。

泰国诗人拉达那蓬·查蓬赋诗称颂普密蓬国王：

匡扶社稷，
民心所向；
人如其名，
八方景仰。

敦睦各国，对华友好

普密蓬国王重视对外交往，积极促进泰国与世界各国的友好关系。

从1960年到1961年，普密蓬国王偕王后访问了美国和欧洲的14个国家。

在美国，他与艾森豪威尔总统会见，在国会发表演讲。他参观好莱坞电影制片厂，与当时正在拍摄电影《从军乐》

的明星猫王埃尔维斯会面。他与演奏家班尼·古德曼在纽约会面，和他以及他的乐队一起共同演奏《阿拉伯酋长》《忍冬玫瑰》《阳光下的街道》等名曲。古德曼赞扬国王的萨克斯吹奏堪称完美，以一支塞尔曼品牌的萨克斯作为礼物赠送给他。

抵英时，伊丽莎白二世与丈夫爱丁堡公爵到伦敦火车站迎接，同乘敞篷马车前往白金汉宫。伊丽莎白二世盛宴招待普密蓬国王并授予他维多利亚女王勋章。

抵达巴黎时，戴高乐总统到机场迎接，在爱丽舍宫设宴款待，在卡尼尔歌剧院安排了专场音乐晚会，为国王演出了肖邦的《林中仙子》等经典节目。据报道，国王的帅气和王后的端庄优雅“分散了人们对舞台上精彩演出的注意力”。

此后，国王又对日本、马来西亚和老挝等亚洲国家进行了访问。

同时，普密蓬国王还广泛会见了访问泰国的各王国王室成员和其他国家的领导人。国王为促进泰国与各国友谊和了解做了大量富有成效的工作。

普密蓬国王一家关心旅泰华侨华人，华侨华人对王室也常存感恩之心。

1946 年，普密蓬曾随他的哥哥阿南塔国王到曼谷唐人街耀华力路看望华侨华人群众。日本占领泰国时披汶政府对主张和同情抗日的华侨华人采取镇压政策。侨领蚁光炎因发动侨胞筹款支持“自由泰”抗日活动和中国人民的抗日战争，而遭暗杀。抗战胜利后，耀华力街区的华人聚会庆祝，竟遭当局抓捕，造成泰人与华人间的对立。此次阿南塔国王和王弟普密蓬对唐人街的巡行遏制了社会上的反华歪风，缓和了泰华族群之间的矛盾。

泰国华侨华人感激王室的恩情，积极支持普密蓬国王倡导的各项经济社会发展计划，同时也自行开展造福社会和百姓的慈善事业。20 世纪 90 年代初，以郑午楼为董事长的“报德善堂”倡议成立“华侨崇圣大学”，受到广大华侨华人热烈响应，从筹款到建校仅 3 年时间即告完成。1974 年 3 月 24 日，普密蓬国王出席华侨崇圣大学落成仪式并亲自揭牌。国王还会见了前来参加庆典的几位资深中国学者，包括北京大学季羡林教授、中国香港饶宗颐教授、美国加州大学田长霖校长、中国台湾摄影家郎静山等。当国王得知郎静山老人已经 82 岁高龄时，便请教养生之道，问他平常吃些什么。郎静山回答说，地上四条腿的除去桌子，天上飞的除去飞机，水中游的除去潜水艇，什么都可以吃。一切听其自然，不作勉强之事。他的幽默与无拘令国王忍俊不禁，哈哈笑了起来。

1975 年中泰建交后，普密蓬国王十分重视发展同中国的友好关系。这年 10 月，中国第一个杂技艺术团访问泰国，普密蓬国王和诗丽吉王后亲临观看首场演出，赞扬表演艺术精湛，感谢演员的辛勤工作。

1978 年，中国领导人邓小平以副总理身份访问泰国，泰方以国家元首的规格进行接待，普密蓬国王亲切会见，邀请邓小平出席王储哇集拉隆功的出家剃度仪式，邓小平欣然应允，成为流传至今的一段佳话。国王还通过邓小平向中国人民赠送了一对马来貘。国王说，马来貘为稀有动物，象征泰国人民对中国人民的珍贵友谊。

1985年，时任国家主席李先念访泰。普密蓬国王对已届耄耋之年的李主席处处关心体贴，在机场送别时亲自搀扶李主席登上舷梯，令人动容。

1991年，时任国家主席杨尚昆访泰，在普密蓬国王举行的国宴上起立讲话时因所坐椅子靠餐台太近而有所不便，国王亲自为他挪动椅子，表现出谦谦之情。

1999年，时任国家主席江泽民访泰，参加普密蓬国王在大王宫节基殿举行的国宴后欲步行返回住处，国王便与江主席相偕而行，一直把江主席送至下榻的披曼殿方始离去。

2003年，时任国家主席胡锦涛访泰，这时普密蓬国王已届高龄且健康状况欠佳，但仍以饱满的热情亲切而隆重地接待了胡主席。泰舆论认为，这充分体现国王对泰中关系的高度重视。

普密蓬国王还多次会见访问泰国的其他中国领导人，如邓颖超、李鹏、李瑞环、朱镕基、温家宝等。

国王在同中国领导人的历次谈话中，由衷赞赏中国在经济和社会发展中取得的成就，高度评价中国在维护亚洲和世界和平中发挥的重要作用。指出泰中关系密不可分，两国人民亲如兄弟，应世代友好。言简意赅，感情真挚。

普密蓬国王自20世纪70年代以后不再出国访问，但他鼓励王室成员访问中国。王姐、王储和三位公主都是多次访华，特别是诗琳通公主几乎每年都访华，走遍了中国大陆各省市和自治区。国王通过他们的访问了解中国并让中国更多了解泰国。

特别值得一提的是，应时任国家主席江泽民和夫人王冶坪的邀请，诗丽吉王后于 2000 年 10 月代表国王对中国进行了一次成功的访问。

10 月 16 日，诗丽吉王后抵达北京，下榻钓鱼台国宾馆 18 号楼。窗外碧水照蓝天，红叶映亭台，澄明的秋景使王后心情格外愉悦。

下午，时任国家副主席胡锦涛在人民大会堂东门外广场为王后举行隆重欢迎仪式，陪同王后检阅三军仪仗队。

晚上，江泽民主席在芳菲苑会见王后并举行欢迎宴会。江主席对诗丽吉王后代表普密蓬国王首次访华表示热烈欢迎并请她转达对国王的亲切问候。江主席愉快地回忆起 1999 年访泰的情景，对泰方的热情接待再次表示感谢。江主席说，中泰关系十分密切，两国人民亲戚般的传统友谊不断发扬光大，友好合作深入各个领域。他赞赏国王知识丰富，阅历广泛，富有远见，为泰国的发展和中泰关系的密切作出了重要贡献。

诗丽吉王后感谢江主席和夫人邀请访华并给予热情友好和高规格的接待，转达了国王的亲切问候。她赞赏中国经济社会发展取得了巨大成就，她说，北京市容美丽洁净，人民笑逐颜开，展示了这座现代化国际大都市的风采和迈向新世纪的勃勃生机。她表示赞同江主席对泰中关系的评价，国王和她都将继续致力于增进泰中友好发展。席间，江主席还就历史、文化、水利建设等同王后进行了广泛交谈。

时任全国人大常委会委员长李鹏和夫人宴请了诗丽吉

王后，并应询介绍了长江三峡工程建设和环境保护情况。王后表示，国王非常重视耕地的合理使用、水利建设和环保，很愿意借鉴中国的经验。

王后还饶有兴趣地参观了长城和颐和园，称赞中国人民的伟大创造力和璀璨的中国文化。

20日晚，诗丽吉王后在中国大饭店举行答谢宴会，胡锦涛副主席和夫人刘永清应邀出席。王后表示，普密蓬国王非常关注她的访问，当他通过电话了解到王后受到中方高规格接待时，感到十分满意和高兴。王后说，泰中关系是兄弟关系，彼此密不可分。她本人也有中国血统，祖父是华人。王后说，百闻不如一见，中国取得的进步远远超出她的想象。她还代表泰国人民对中国政府在泰国遭受金融危机期间给予的及时有效的援助再次表示衷心感谢。

王后一行还赴西安、上海、苏州、郑州、洛阳、开封、桂林等地参观访问。全国政协副主席钱正英全程陪同。王后告诉钱副主席，国王很关注中国的变化，他常说，中国地域宽广，人口众多，历史悠久，文化灿烂，是个伟大的国家。经过艰苦努力，中国不仅解决了人民的温饱问题，而且正向更加繁荣的目标迈进，令人十分钦佩。通过访问她对此深信不疑。

10月31日，王后结束对中国的访问，从桂林乘专机返泰。王后回国后，即通过外交途径正式致函中方表示感谢。过几天又从华欣行宫以私函方式向江泽民主席和夫人致谢。在给江主席的函中，她热情洋溢地写道：

“我一抵达北京，就立刻被随处可见的高大建筑、宽阔街道和成荫绿树深深吸引，这里可与世界上任何其他伟大的首都相媲美。”

“第一个晚上，您为我主持了国宴，尽管国务繁忙，但您做得确实非常卓越。”

“整个访问让我了解了中华人民共和国过去和现在的丰富内涵以及未来的无限潜力，这种潜力不仅对中国有利，尽管我知道这必然是主要方面，但同时更是对本地区和全世界都有利……”

王后此访集中反映了普密蓬国王和王室对中国的友好态度和感情，增进了泰国王室对中国的了解，对中泰关系发展具有长久的积极影响。

忘忧宫里庄严的一刻

近午，我们的车子驶进华欣。这是一座滨海小城。

“华欣”，是泰文的音译。倘若意译，应为“石头”。相传很早以前，这里海岸有一块凸出的大石头，石头挡住风浪，形成一片平静的港湾。石头下住着一户渔民，以打鱼为生，日子殷实。人们闻讯纷纷聚居，渐渐而成村，村再成镇，镇又成城。所以，华欣也叫石头城。

有文字记载的故事是，20 世纪初的一天，拉玛六世国王的弟弟与访泰的俄国大臣前来打猎，在追逐一只梅花鹿时惊讶地发现了这个美丽的所在。此后，王公贵族开始在这里修建行宫别墅，有钱人也纷纷在这一带置地建房，服务设施和交通也随之跟进，一座新兴小城就这样在暹罗湾西岸出现了。

我不是第一次来华欣了。这确是一座美丽的小城，泰式小筑、西式别墅、高档饭店错落有致地掩映在椰林中。东面是无垠的大海，滩头细沙如雪。西面青山逶迤，山脚下有一座古老而风格独特的火车站，还有泰国最早修建的高尔夫球场。街巷里各色商品琳琅满目，夜市上人头攒动，叫卖声此起彼伏，热闹非凡。多少游客慕名而来，流连忘返。

按照泰国外交部的安排，我们住进了希尔顿酒店。与我同来的还有利比亚大使、尼日利亚大使和克罗地亚大使。用过午餐以后，泰国外交部通知递交国书将安排在下午晚些时候，此前大使们自行休息。

我来到酒店大厅，要了一杯咖啡，边啜饮边欣赏海景。大堂经理走了过来与我搭讪，自我介绍说，他是泰国人，在瑞士学的饭店管理，曾经在北京的希尔顿酒店工作，十分赞赏中国发生的巨大变化。我对酒店的建筑风格和周到的服务表示赞赏。他于是给我介绍酒店的人性化管理，接着又介绍华欣的地理和气候，说这里优美、宁静和舒爽的环境，吸引不少人前来购置房产和旅游度假。王室尤为青睐。1860 年拉玛四世王在华欣北面修了一座被誉为“山中之城”的行宫，中泰合璧的建筑风格吸引着过往行人的目光。拉玛五世王修了一座被称为“炮屋”的行宫，造型别致。拉玛六世王修的行宫最为浪漫，名为“爱与希望之宫”，希望爱妃能为他生下一位王子。建筑风格独特，1080 根柚木支撑起 16 栋高脚屋，游廊将彼此连接并延伸到海边，尽头处更建起一座亭台，供眺望辽远的海天并观览潮起潮落。此行宫建成于 1924 年，可惜第二年他就逝世了，终无子嗣。七世王建了“忘忧宫”，兼具泰国与西班牙建筑风格，美观而宜居。现在是九世王的行宫。近年普密蓬国王身体欠佳，长期住在这里。

经理用手指着远处海面上停泊的两艘军舰说，当泰国海军的舰船出现在华欣海面，就说明国王驾临忘忧宫了。

我感谢这位经理的介绍，走出大厅，顺着林荫小径朝海边走去。海浪拍打着沙滩，海风拂面，令人心旷神怡。这时，盖堂走过来告诉我，泰方通知，由于国王健康原因，请每位大使与国王谈话时间控制在 3 分钟之内。这么短的时间，能谈什么呢？我边走边琢磨……

下午 4 时 30 分，王宫的礼宾车队来到希尔顿酒店。主车是一辆黄色奔驰 300，一边插着中国国旗，一边插着泰国国旗。身着白制服手戴白手套的司机恭敬地把车门打开，我迈腿坐进车里，车子朝忘忧宫驶去。警车前导，6 辆摩托车前后左右护卫，一路绿灯，不一会儿就抵达王宫。宫门内侧，两列皇家仪仗队肃立行持枪礼。车子缓缓行驶，道路两旁绿草如茵，三角梅争奇斗艳，旅人蕉碧翠欲滴，椰子树高耸云空，一头白象把鼻子高高举起，孔雀打开美丽的羽屏。

车子在一座巍峨的宫殿前停了下来。泰国副总理素瓦、国王秘书长阿沙迎候在门前。我和素瓦、阿沙握手寒暄，步入休息室。我跟素瓦和阿沙都熟稔，他们多次访问中国，对华友好。素瓦说，你出任中国驻泰大使可谓轻车熟路，我们很欢迎。阿沙说，你多次见过国王，国王记得你呢！我表示能出任驻泰国大使感到非常荣幸，又说，可惜见国王的时间只有3分钟……阿沙说，如果国王愿意继续跟你交谈，你可以适当超时的。说完，三人都会意地笑了。

5时30分，普密蓬国王开始接受几位大使递交国书。按先来后到的礼宾顺序，先行递交国书的是利比亚大使、尼日利亚大使，我是第三位，最后是克罗地亚大使。

5时40分，礼宾官通知我准备觐见。在一面落地镜前，我再次审视自己的衣着：一身黑色、挺括的中山装，肥瘦长短合体，风纪扣已扣紧，白色衬领可见，白色衬衣袖口微露，黑色皮鞋锃亮，发型齐整，自我感觉良好。我随礼宾官来到会见厅。但见左边三个拱形落地窗，米黄色的帷幔向两边挽起，白色纱帘低垂。地板上铺着整块红色嵌花地毯，中央稍靠后的位置摆着一把明黄色的雕花椅子，室内灯光明亮适度，有一种庄严而祥和的气氛。素瓦副总理等泰方陪见人员在靠窗的一边排列站立，电视、摄影人员已经就位，宫廷典礼大臣手持仪仗来到我的左侧。这时国王从侧门进入，走向大厅中央，站立在坐椅旁边。他身着深灰色西服，白色衬衣，系紫红暗花领带，鼻梁上架着一副金边眼镜，步履缓慢却沉稳，略显疲惫，但一双眼睛透着睿智而坚毅的光芒。

随着典礼大臣的示意，我收腹挺胸立正，向国王一鞠躬。向前走6步，再鞠躬。又向前走6步，三鞠躬。这时，典礼大臣颂道："尊敬的国王陛下，这位是中华人民共和国新任驻泰王国特命全权大使张九桓阁下，现在请允许大使阁下向陛下正式递交国书！"于是，我立正，向前走四步至国王跟前，再立正，双手递过由胡锦涛主席签署、李肇星外长副署的中华人民共和国国书，普密蓬国王双手接过，把国书交给秘书长，然后紧紧握住我的手说：“欢迎！欢迎张大使！”

“谢谢！谢谢陛下！”我说。

“你这是第几次常驻泰国?”国王问。

“第三次。”我回答，“第一次做随员，第二次先做一等秘书，后做参赞。”

“你熟悉泰国了，这里有很多朋友，一定能把工作做好。”国王说。

“谢谢陛下的鼓励！”我高兴地回答。

我转达时任国家主席胡锦涛对国王的亲切问候，并代表中国政府和人民向泰国政府和人民致以崇高敬意和良好祝愿。

我说，近年来，在国王陛下倡导的自给自强和固本养源思想激励下，泰国人民万众一心，励精图治，战胜了亚洲金融危机和“非典”等灾难，经济增长在东盟国家中名列前茅。贵国实行睦邻友好政策，推动湄公河流域开发和东盟一体化进程，倡导成立“亚洲合作对话”，获得热烈响应和广泛赞誉。

我说，中泰自古就是亲密友好邻邦。建交以来，经历国际风云变幻考验，始终保持稳定健康发展势头，这与国王陛下和王室成员关心和支持是分不开的。王后陛下作为国王陛下的代表对中国进行成功访问，为中泰友好树立了新的里程碑。哇集拉隆功王储、诗琳通公主、朱拉蓬公主等王室成员也频繁访华，为增进两国之间的了解和友谊作出了积极贡献。相信在双方共同努力下，中泰友好一定会开辟更加美好的前景。

我说，我们即将迎来中泰建交30周年，在这样一个时刻，我被任命为驻泰国大使倍感高兴和荣幸。我将为加强中泰友好竭尽全力。我深信，在我履行这一使命过程中，一定得到国王陛下和贵国政府大力支持和协助。

国王微微点头，嘴角浅含笑意。他请我转达对胡锦涛主席的亲切问候。他赞扬中国改革开放和建设事业不断取得新进展，他说中国提出的科学发展观是正确的，经济的发展应与环境保护相结合，既要考虑当前也要考虑长远，要为子孙后代着想。他欣赏中国的扶贫政策和中国领导人的亲民作风。他对中国部分地区发生水灾表示关切，希望灾区能克服困难，重建家园。

国王语速很慢，声音很轻，但吐字清晰。他强调，泰中关系密不可分，亲如一家。他表示希望泰中关系不断发展，两国人民世代友好。他对王后、王储、公主访华时中方给予的热情接待表示感谢。他说，诗琳通公主访华次数最多，我正是通过她的访问保持对中国的了解。国王说，欢迎你出任中国驻泰国大使，泰国各界都会支持你，相信你能做出成绩。

谈话进行一段时间后，我感觉已经超时，两次想告辞，国王都示意不急。到这时，我觉得是真的该告辞了，便即表示非常感谢国王的会见，一定努力工作，为加强两国友好合作关系作出自己应有的贡献，并衷心祝愿国王陛下健康长寿！国王于是伸过手来与我握别。握住国王的手，看着他充满笑意的目光，我颔首，立正，然后退 4 步，一鞠躬，再退 6 步，再鞠躬，又退 6 步，三鞠躬，最后转身走出会见厅。这时，我抬腕看表，会见时长 15 分钟。

6 时 30 分，泰方在王宫的草坪上为我们四位大使举行一个小型招待会，祝贺我们递交了国书。鲜花装点着四周，特色点心摆放在餐桌上。乐队奏起轻快的乐曲，侍者端上香槟酒。在素瓦副总理的提议下，大家为友谊干杯。宾主愉快交谈。

一轮明月从海面冉冉升起，又圆又大。这是中秋节的第二天。“十五的月亮十六圆”，月亮的清辉洒向沙滩、宫苑、街巷、山峦……整个世界都浸进如水的月光中。

素瓦副总理提议并邀请大使们在华欣逗留几日，领略一下这座城市的景色与风情。三位大使都留下了。我连夜赶回曼谷，因为第二天是 9 月 30 日，我将主持履新后的第一个国庆招待会。

汽车在月光下驶上公路，风驰电掣，一口气跑出几十公里。热带的气候变化莫测。涌起的黑云遮住了月亮，接着便是电闪雷鸣、大雨如注。车子在雨中艰难前行。我突然生出一种莫名的预感，我的这个任期或许不会平稳。然而，这丝毫没有影响我愉悦的心情。鲜花与荆棘、坎坷与坦途从来就相伴相依。我愿穿越风雨去迎接彩虹。于是乎即兴哼道：

澄澈举杯月正圆，
不期风雨骤如磐，
鲜花美酒何曾醉，
雷霆焉知不是缘？

我所了解的诗琳通公主

我对诗琳通公主的关注始于一张公主操琴的照片。

1976 年，也就是我到驻泰国使馆工作的第二年。一天，我在翻阅报刊时，看到这样一张照片：诗琳通公主身着泰丝衣裙，腿向左边斜屈席地而坐，身姿英挺，左手持胡琴，右手持琴弓，双目炯炯有神，神情专注，正在一支泰国民乐队里领衔演奏。

公主所操胡琴跟中国胡琴完全一样。而胡琴正是我最早接触的乐器。小时候，在故乡那静静的夜晚，我们常常可以听到悠扬悦耳的琴声，那是我一位叔叔在一天劳作之后，坐在家门口的石阶上悠然自得地拉胡琴，男女老少渐渐围拢过来，山村因此而热闹了。而今，在异国他乡，公主的胡琴唤起我淡淡的乡愁。自此，我开始格外留意诗琳通公主的活动。一把胡琴开启我了解公主、学习公主并与公主交往四十多年的经历。

跟随父亲的脚步

1955 年 4 月 2 日，诗琳通公主出生在曼谷，是普密蓬国王和诗丽吉王后的第三个孩子，上有姐姐乌汶叻，哥哥哇集拉隆功，下有妹妹朱拉蓬，处于不受娇宠的位置，一般家庭如此，帝王之家也不例外。诗琳通公主曾对身边的人说，从小父母要求严格，她从无出身高贵的优越感，不知何为“娇气”。她有许多小朋友，经常在一起玩耍。一次她和她的小伙伴们玩得正酣，旁边的一头白象伸过长长的鼻子把她卷了起来，把小伙伴们都吓哭了，她自己倒觉得好玩，一点儿都不怕。最后白象把公主轻轻地放到自己跟前。公主说，白象有灵性，它是嫉妒她的小伙伴们呢！

诗琳通公主从 1958 年起进入吉拉达学校。这是一所设在吉拉达王宫里，涵盖了幼儿园、小学和中学的学校。公主聪颖好学，小学毕业时考试成绩全国第一。1973 年，诗琳通从吉拉达学校高中毕业并以优异成绩考入朱拉隆功大学，主修泰国历史和文学，兼修梵文和巴厘文。1976 年获朱大文学学士学位，因连续 4 年全系成绩第一而荣获金质奖章。1979 年获朱大东方语言文学硕士学位。1980 年获朱大梵文、巴厘文硕士学位。1986 年获得诗纳卡琳威洛大学教育学博士学位。

在大学期间，诗琳通公主学习勤奋，成绩突出而不骄矜，生活条件优裕而不娇气。兴趣广泛，积极参加各种课外活动，能演奏胡琴、木琴、小号等多种乐器。她平易近人，有许多平民朋友。她有一副热心肠，常常扶贫济困，许多同学甚至普通百姓都得到过她的帮助。校园里至今流传一段她关照孤独老人的佳话：朱拉隆功大学文学院附近有一个水果摊，摊主是一位老翁，说起泰语来带有潮汕口音，显然是华人。说是水果摊，其实就是一辆三轮车，上面放一个玻璃箱，箱里摆放各种水果，西瓜、菠萝、芒果、杨桃等。老翁拿一把水果刀熟练地削皮、切块，装进小塑料袋，再加上一小袋由糖、盐、辣椒掺和成的佐料，然后交到顾客手里。他起早贪黑，薄利多销，勉强维持生计。诗琳通公主知道了很是同情，经常以一个普通学生的身份到他这里买水果。老翁很感动，逢人便说这个事，生意慢慢红火起来。记者闻讯后赶来拍了张诗琳通公主前来购买水果的照片登载在报纸上，老翁将报纸照片剪下装框挂在水果车上，天天笑得合不拢嘴。我听闻这个故事后，曾邀约使馆的两个年轻人一起来到老翁的摊上买水果，感受公主的人文情怀。公主离开朱大后仍然惦记着这位老翁，继续以适当方式予以关照。

诗琳通公主大学毕业以后，普密蓬国王分配她承担部分王室工作。她出任泰国红十字会常务副会长（王后为会长），担任吉拉达学校董事长，协助国王管理吉拉达王宫内的农业试验基地，代表国王为一些高校毕业生颁发文凭，跟随国王到各地考察社情民意等。

1979 年 12 月 5 日，普密蓬国王授予诗琳通公主“玛哈扎克里”封号，有继承王位的权利。此前，1972 年，他的哥哥哇集拉隆功已被立为王储。诗琳通公主获此封号后，民间产生一些猜测，甚至有人称她“女王储”。公主对此大概也有所闻，一次对身边的中文老师说起她访问挪威时听到的鲇鱼故事。早年，挪威渔民出海捕捞沙丁鱼，返程颇费时日，沙丁鱼因缺氧出现严重死亡现象。只有一位渔民的沙丁鱼大都存活了，只因他装载沙丁鱼的池子有几尾海鲇，贪吃的海鲇追逐沙丁鱼跑个不停，搅动了池水，沙丁鱼不再缺氧而大都活了下来。人们称这种现象为“鲇鱼效应”。公主说，古时候中国也有陪太子读书的做法，她就是“陪读”。公主对父王的安排早有自己的理解。

此后，公主受国王委托做的事越来越多。作为国王山地开发计划的组成部分，诗琳通公主致力于泰北山地油茶种植试验。中国使馆给予大力支持，协助从广西、湖南引进种苗，并派专家指导，几年内便取得成功，油茶种植面积由几十亩扩大至上千亩，经济效益前景可观，对扶助山民脱贫也有积极作用。2006 年秋，我曾应邀随同公主视察，宣国兴参赞、郑欣三秘等同行。我们先乘飞机至清莱，再乘越野车翻过几座大山和沟壑才能抵达种植基地。山民们早早等候在道路两旁迎驾。公主从他们中间走过时，老人和孩子伸出手抚摸公主的脚踝，公主蹲下来拉着老人粗糙的手，嘘寒问暖。有的还跟公主谈及油茶种植遇到的问题，公主便打开本子，边听边记。遇到一位孩子生病，公主立即吩咐用直升机送进城医治。公主离开时，人们俯伏恭送。公主关心民众疾苦和当地百姓对公主纯朴而真挚的感情令人动容。

2008 年底，泰国枢密院大臣西提邀我喝茶，叙谈中曾对我说，诗琳通公主为人做事总以普密蓬国王为榜样，跟着国王学，跟着国王做，为国王分忧，为百姓谋福祉，深受人民喜爱。公主曾以这样的诗句抒发自己的情怀：

纵使疾行在充满荆棘的旅途，
茂密的丛林浩瀚无垠，
但见蔽日的枯藤古树……
不在任何挫折面前气馁，

以智慧和毅力面对痛苦。

为有如此信念，

我感到幸福。

前进，

跟随父亲的脚步！

学习中文，研究中国文化

记得那是1979年的秋天，我以翻译身份随同张伟烈大使出席泰国外交部举行的一个招待会，泰国外长西提·沙卫西拉端着一杯鸡尾酒来到张大使跟前，寒暄过后西提郑重其事地说，诗琳通公主打算学习中文，想请一位老师，中方可否提供协助呢？张大使听后很高兴，当时就作了积极表态。随后，泰国外交部又就此事正式照会我驻泰使馆。我按大使指示起草电文报国内并建议对泰方要求予以积极考虑。国内很快答复，同意为诗琳通公主选派中文教师，并纳入使馆编制。

1980年春，国内派出的首位中文教师张砚秋来到泰国。4月12日，张砚秋老师在曼谷吉拉达王宫为诗琳通公主上了第一堂中文课。公主中文教师任期初始为1年，后改为2至3年，迄今已轮换13位。经过30多年坚持不懈的努力，诗琳通公主的中文水平从零开始，由浅入深、由低到高，已经掌握听、说、读、写、译技能，中文已经成为公主工作和社交的一门工具。

公主有非常明确的学习目的。我不止一次在不同场合听公主谈及她学习中文的初心。1973年，诗琳通公主访问瑞典，在博物馆里看到许多中国古代精美的瓷器，开始萌生对中国文化的兴趣。中国日新月异的发展更使她产生了解和研究中国的愿望。1979 年，诗丽吉王后对她说，中国是一个重要的国家，要想更好地了解就要学习中文。普密蓬国王说，你可以通过中国使馆请中方为你派一位老师。公主于是下决心学习中文，研究中国文化，以便更好了解和借鉴中国。

公主良好的学风给老师们留下深刻的印象。

公主学习勤奋刻苦。张砚秋老师说，学习汉语发音阶段单调枯燥，公主一练就是三个小时，中间不离座不喝水，十分执着，从不叫苦。每星期六上午 9 点到 12 点为公主学习中文时间，雷打不动。如若因为到外府视察或出国访问等原因耽误，她将设法弥补，比如请老师将授课录音、预留作业等。据范春明老师介绍，一次国王在华欣行宫约见公主，凌晨 1 点才见上，谈了两个小时，公主夤夜才就寝，早上 9 点照常上课却毫无倦意。又有一次，公主出国访问归来凌晨 4 点才下飞机，9 点又准时走进书房，神采奕奕地听老师讲课。

公主好学敏求，学而不厌。她接受能力强，汉语发音到位，四声掌握准确。学习到第二年就练习造句和简单的演讲。第三年开始学习唐诗宋词，随着熟读和背诵诗词的增加，她开始翻译古诗词，由于理解能力强又有灵性，译文不仅准确而且有韵味。北京大学裴晓睿教授看到公主翻译的李清照词《声声慢·寻寻觅觅》，大加赞赏，说“既达意又传神，且音韵和谐，朗朗上口，读来如珠落玉盘，堪称神来妙笔”。

公主尊师敬贤，平易近人。凡教过她的老师她都铭记在心。每年公主访华尽管日程安排很紧，一定要挤出时间邀约她的老师们见面餐叙。她不时打电话给卸任的老师关心他们的身体和生活情况，还几次应邀到老师家里做客。公主对前辈长者尤其尊重，一次公主邀请多位泰民乐老艺人同台表演，既为学习、切磋，也为传承，因时间较长，中场休息时，公主亲自为老艺人跪送润喉片，在场人无不为之感动。

我在和公主交往中对她的汉语学习有一个突出感受，就是无畏无忌，勇于实践。有一次公主应邀到使馆做客，我们自然而然地谈到中文学习，我说，所有外文学习包括中文学习，很重要一条大概就是要敢于张口，敢于应用。公主马上接着说：“我敢！不敢人家怎么能发现你的错误并且帮助你纠正呢?”确实，公主正是这样做的。我每次与公主见面，无论是在会见、宴请、机场迎送等正式场合还是参观、游览等非正式场合，公主总是主动与我用中文交谈，只有遇到说不通时才使用泰文。公主在中国各地访问但凡有要求题词的，她从不推迟，总是爽快地蘸墨挥毫，落落大方，令不少人既钦佩又汗颜。公主曾跟我们讲起她和金日成主席用中文交谈的故事。一次她访问朝鲜，金日成主席会见，翻译突然咳嗽不止不得不暂时离开，她于是便用中文同金主席交谈起来，翻译回来看到二人谈笑风生，先是一愣而后又惊愕不已。1999 年江泽民主席访问泰国，诗琳通公主代表国王陪同江主席到普吉参观，途中公主尽量与江主席说中文，气氛亲切。江主席把自己的一幅书法作品《李白〈客中游〉诗》背送给公主，公主也抄了白居易的《忆江南》相赠，并快乐地说，这首词仅27个字就有4个“江”呢！

2001年2月14日至3月15日，诗琳通公主作为中华文化研究项目奖学金的获得者，到北京大学进行了为期一个月的研修生活。这对公主来说虽然短暂却十分难得，她的工作实在繁忙，无法拿出更多的时间了。公主把此次北大留学看成是一种浸濡，把日程安排得非常紧凑。首先是大量的汉语课程，其次是学习书法、二胡、绘画和太极拳，还拜会知名学者，参观琉璃厂、老舍故居、郭沫若故居、北京四中、宏志中学、北大附小、北大生命科学学院，观看中国舞剧和京剧，游览长城、八大处、大觉寺、潭柘寺等。除此之外，还有临时增加的日程。一次校方拟请公主用中文作一个“中国文化在泰国”的专题报告，公主爽快答应，连夜挑灯准备，当晚只睡3个小时，次日照常上课，又很好地完成一个广受欢迎的学术讲座。老师们感慨地说，公主简直就是充分利用一切机会，对自己进行汉语语言的“狂轰滥炸”。一个月的时间很快就过去了，老师们对公主的学习成绩给予很高评价，认为取得超乎想象的显著进步。北大校方郑重决定，授予公主名誉博士学位。公主感谢校方和老师们的热心教诲。在临别宴会上，她操起胡琴以近乎专业的水准演奏了几首中泰曲子，其情之真、意之切深深感染了在场的每一位师生。最后又边拉边唱一首泰国歌曲，感激留恋之情和着音韵久久绕梁。歌词大意是：

无奈别离，

我心依依，

笑语欢歌忆往昔。

我今离去，情非得已，

人生自古难别离。

我们慰藉相互，

用最甜美的言语。

诗琳通公主与多位中国文化名人有交往。

她与王蒙先生自1987年结识以后，曾四次造访王蒙住处。2008年8月，公主到北京出席奥运会开幕式，尽管日程紧张仍然抽空到京郊王蒙别墅看望，并为王蒙题写了“好朋友”书法条幅。2009年1月，王蒙应邀赴泰国作文学讲座，诗琳通公主亲往聆听，并在自己的宫苑设宴款待王蒙及家人。2012年，王蒙妻子因病去世，诗琳通公主吩咐泰国驻华使馆送了花圈并委托泰驻华大使参加送别仪式。

2001年3月，诗琳通公主留学北大期间，拜访了季羡林先生。这天下午，季先生穿着一身中山装早早就等候在寓所门口。两人一见如故，落座后侃侃而谈，从佛教谈到梵文、巴厘文、古高棉文，公主既陈述见解又虚心求教。季老如遇忘年知音，循循善诱地聊了不少。旁听者若明若暗，他们却乐在其中。谈话结束，季先生把公主送到门外，目送公主的汽车缓缓离去。

2014年4月11日，诗琳通公主在中国现代文学馆拜会了铁凝女士。一见面就将她翻译的铁凝的小说《永远有多远》泰文版新书送给铁凝，并就翻译中遇到的问题和铁凝交谈起来，神情执着而忘我，令铁凝十分感动。后来铁凝在她的回忆文章中这样写道："这位东方公主，睿智、博学、诚朴、谦逊。作为国王秘书，她勤于国事，关心民瘼，情感热烈而又理性克制。尽管拥有与生俱来的荣耀，但以我短暂的接触，更多感受到的是公主面对文学艺术时的欢快性情，是公主的勤勉和辛苦。那是一种仁慈的辛苦，伴随命中注定的深沉奉献。"

这些年来，公主先后翻译出版了巴金、王蒙、铁凝、王安忆、池莉等中国当代作家的作品，在泰国引起广泛关注。

诗琳通公主不但自己努力学习中文，而且积极推动泰国的中文学习。在她的倡导下，泰国朱拉隆功大学与北京大学合作开办了朱拉隆功大学孔子学院。2007 年 3 月 26 日，我有幸陪同公主为朱大孔院揭牌，而后公主又题词"任重道远"予以勉励。2010 年 4 月 5 日，诗琳通公主访问中国国家汉办，在许琳主任陪同下参观中国文化体验中心，了解汉办的工作情况，临别又挥毫题词"传承文明，增进友谊"。在诗琳通公主的支持下，中国国家汉办与泰国教育部签订汉语教学合作协议，启动泰国汉语教师来华培训和中国继续派出赴泰汉教志愿者两大合作项目。截至 2016 年，汉办已资助 3500 名泰国本土汉语教师来华培训，累计向泰国派出 11880 多名汉语教师和志愿者。目前，泰国设立了 13 所孔子学院和 18 个孔子课堂，累计注册学员 53 万人。泰国大、中、小学学习汉语的学生超过 100 万人。

走遍神州大地

1981年5月11日，诗琳通公主首次访华。我作为翻译陪同张伟烈大使前往机场送行。

早在3月初，泰方就向我驻泰使馆提出，诗琳通公主拟访问中国。使馆根据国内指示表示热烈欢迎。3月9日，泰外交部正式照会我馆，希望对公主访华发出书面邀请。我馆正式照会泰方，表示中国政府诚挚邀请诗琳通公主殿下于5月间访问中国。西提外长在一次活动中对张伟烈大使说，普密蓬国王自70年代以后不再出国访问，诗琳通公主此访的身份其实是王室的代表，国王非常重视。张大使表示，中方对公主的访问已做好各项接待安排，请泰方放心。

曼谷廊曼国际机场冠盖云集。普密蓬国王和诗丽吉王后亲往机场送行。前来送行的还有炳·廷素拉暖总理、西提·沙卫西拉外长等一干军政要员。

诗琳通公主来到张大使跟前，用刚刚学会的中文表示，她十分期待对中国的访问。张大使预祝公主访问成功。普密蓬国王对张大使表示，感谢中国政府邀请诗琳通公主访华。诗丽吉王后说将来她也想找个机会去中国看看，张大使表示欢迎。

诗琳通公主乘泰航班机当天飞抵香港。

5月12日，中国政府派专机赴香港将公主及其随行人员接至北京，下榻钓鱼台国宾馆。当晚，时任全国人大常委会副委员长邓颖超为诗琳通公主举行欢迎宴会。

13日上午，时任国家副主席邓小平会见诗琳通公主。邓小平问候普密蓬国王并邀请国王方便的时候访华。公主表示，父王身体很好，就是忙，休息时间少，父王也嘱咐她问候小平先生。邓小平说，中泰交往可以追溯到两千多年前，亲如兄弟。希望两国领导人和人民之间的往来今后更密切些。我们两国之间没有纷争，只有友谊。旅居泰国的华人和当地人相处很好。诗琳通提及1978年邓小平访泰给泰国人民留下美好印象，人们至今常常谈起。邓小平说，那次访泰受到国王和王后的亲切会见，又应邀参加了王储的剃度仪式，这体现了两国和两国人民之间的深厚感情。中方以中国政府名义赠送诗琳通公主一套文房四宝。公主也向中国领导人赠送了礼品。

除北京外，诗琳通还在王幼平副部长陪同下赴西安、成都、昆明参观访问。公主在接受记者采访时表示，此次访华收获很大，中国历史悠久，文化灿烂，人民勤劳、认真、负责，给她留下深刻印象。5月19日，结束访华前夕，诗琳通公主作了一首诗并在昆明的告别宴会上用中文朗诵，赢得大家热烈称赞。诗曰：

自古中泰是近邻，
两国人民友谊情。
今后来往更频繁，
传统关系更昌明。

回国后，诗琳通公主举行千人报告会，以“踏访龙的国土”为题，介绍访华观感，畅谈中泰友谊，随后又著书出版发行，在泰国引起巨大反响。

1990 年 4 月，诗琳通公主第二次访华。此后几乎每年甚至一年内多次来访。从塞外戈壁到江南田园，从东海之滨到西藏雪域，到处有她的足迹和身影。

在八达岭长城，她登上一座又一座烽火台，察看古老的砖石，感受千年沧桑。她询问女墙为何一边高一边低?导游告诉她，高者为外墙低者为内墙，修长城是为了防御。她由此感悟中国爱好和平不只是当今政策而且是“自古传承的基因”。

在西安，她参观古城墙、半坡遗址、秦兵马俑和大雁塔，慨叹中华文明的古老、开放和包容，赞赏文物工作者卓有成效的发掘和保护工作。

在内蒙古，她饶有兴味地踏访元上都遗址，想象 13 世纪中叶被马可·波罗称为“东方神话”的城池的兴衰，探寻泰国第一个王朝素可泰与忽必烈帝国的历史联系。她告诉中国朋友，元朝曾派工匠到素可泰传授技艺，生产出传承至今的宋加洛陶瓷。

船过三峡，公主凭栏眺望两岸雄奇风光，脱口吟诵李白“两岸猿声啼不住，轻舟已过万重山”的诗句。她认真观察和询问建设中的三峡大坝，表示普密蓬国王很关心这项伟大工程，回去要向国王作详细报告。

列车爬上世界屋脊，公主喜欢这里的空阔和辽远。她不顾高原缺氧的疲劳，不停歇地参访拉萨的布达拉宫、大昭寺、哲蚌寺、泽当昌珠寺、日喀则扎什伦布寺，还拜访了十世班禅肉身灵塔。在参观寺院藏经阁时，公主的虔诚和好学感动了住持喇嘛，破例打开珍藏千年的贝叶经册，请公主观览。

站在上海外滩，公主由衷赞叹上海建设日新月异。来到杭州，她尽情领略“晴好雨奇”的西湖美景。游览漓江，她迷恋秀甲天下的桂林山水。置身张家界，她惊叹大自然的鬼斧神工。走进敦煌莫高窟，她被那无与伦比的优美壁画折服。在松花江畔、长白山巅，面对仙境般的冰雪世界，她如痴如醉……

她出席香港、澳门回归庆典，对中国和平统一大业取得重大进展表示衷心的祝贺。

每次访华之后，公主都以演讲、展览、撰文和著书等方式，向泰国各界民众介绍她的见闻和感想。她先后出版了《踏访龙的国土》《平沙万里行》《云雾中的雪花》《彩云之南》《黄河，文明的摇篮》《清清长江水》《江南好》《回归中国》《走访青藏高原》《留学北大》等著作，图文并茂，深入浅出，很受读者欢迎。

2004 年 2 月 25 日至 3 月 12 日，诗琳通公主完成第 18 次访华。至此，她实现了访问中国大陆所有省、自治区、直辖市的夙愿。

2 月 26 日，时任全国人大常委会委员长吴邦国在北京人民大会堂会见诗琳通公主，对她遍访中国大陆表示祝贺。吴邦国说，中泰关系这么好，第一，靠人民之间的友好，“中泰一家亲”是共同心声；第二，两国间有着广泛共同利益；第三，两国领导人关心和支持。普密蓬国王和王室为推动两国关系发展发挥了不可替代的作用。中方愿本着

"以邻为伴、与邻为善"的方针，和泰方一起推动中泰关系迈上新台阶。诗琳通公主表示，18 次访华领略了中国的美丽风光和灿烂文化，目睹了中国取得的巨大进步，中国经验值得泰国借鉴。她深深体会到中国人民对泰国人民的友好感情，将为促进中泰友好不懈努力。她希望今后继续保持对中国的访问，就某些专题作深入考察和研究，以便更好地向中国学习。吴邦国表示欢迎公主常来，这次画上的应是逗号，不是句号。

时任国务院总理温家宝将一本《中华人民共和国政区标准地名图集》赠送诗琳通公主，并在扉页上亲笔题词："遍访神州大地，发展中泰友谊。"公主表示非常感谢，将妥为珍藏，留作永久纪念。

同日，中国人民对外友好协会会长陈昊苏拜会诗琳通公主，代表对外友协授以公主"人民友好使者"称号。"人民友好使者"称号始设于 1990 年，是中国人民对外友好协会向为中外友好作出突出贡献的国际友人授予的最高荣誉称号。

同年 7 月 2 日，我前往吉拉达王宫拜会诗琳通公主。这是我出任中国驻泰国大使履新活动中的一项重要安排。

事有凑巧，1981 年诗琳通公主初次访华，我曾作为使馆工作人员赴机场为她送行。23 年后，当公主遍访中国之时，我又以大使身份来向她道贺。

寒暄过后，我对公主说，殿下无论作为泰国王室重要成员还是国家领导人，遍访中国大陆各省、自治区、直辖市，而且认真地作了一番考察和研究，这在世界上是独一无二的。公主说，我每次踏上中国土地都觉得很亲切，完全没有异国他乡的陌生感。中国历史悠久，文化深厚，就像一本书。“我是在读一本很大很大的书呢！”公主认真地说。我说，您这可是“天下第一读”呀！说着我将一个卷轴递给诗琳通公主，这是我为公主走遍神州大地作的一首诗的书法条幅。公主边吟边点头，高兴地说：“我收下了！”诗云：

初读经典十八遍，
地角天头留万言。
雨落西湖忆苏子，
霜凝东篱咏陶潜。
椰林寨里论歌舞，
嘉峪关前说烽烟。
满载归来意未尽，
从头不辍谱新篇。

擎起北京奥运会火炬

2008 年 4 月 19 日，北京奥运会火炬传递在曼谷举行。诗琳通公主非常关心，给予了很大的支持。

经国际奥委会批准，北京奥组委决定以“点燃激情，传递梦想”为主题，在境外 19 个城市和境内 116 个城市和地区进行火炬传递。3 月 24 日，圣火在希腊奥林匹亚山的赫拉神庙前点燃，在希腊各地传递后于 3 月 31 日运抵北京。4 月 1 日，圣火运抵哈萨克斯坦，以阿拉木图为第一站开始在亚洲、欧洲、北美洲、拉丁美洲和大洋洲传递。各国政府和广大人民对北京奥运会火炬传递活动持欢迎和支持态度，但也有极少数敌对势力竭力破坏和阻挠。火炬在伦敦、巴黎、旧金山传递时遇到了很大阻力。国内要求有关使馆商请驻在国采取切实有效措施，保证火炬传递安全运行，并强调大使是第一责任人。这时，我馆不断接到敌对势力潜入曼谷伺机破坏的情报。我和使馆的同志们深感责任重大，颇有压力。我们商泰方，在原来安排的基础上，把工作做得更加周密细致，确保万无一失。与此同时，我们使馆和泰奥委会都不谋而合地想到，如能请到诗琳通公主出席火炬传递活动，对所有组织者、参与者和广大民众都是极大的激励，对可能的破坏捣乱也有震慑作用。于是使馆和泰奥委会同时向诗琳通公主发出邀请。令人高兴的是，我们很快收到王宫的答复，公主愿意以她的名义为北京奥运会火炬接力运行团举行欢迎招待会。

4 月 18 日凌晨 2 时，北京奥运会火炬接力运行团乘专机由新德里抵达曼谷，我和使馆同志到机场迎接。蒋效愚团长向我介绍了火炬传递前几站情况，强调一定要保证火炬在曼谷安全顺利传递。我向他汇报了有关准备情况，他予以充分肯定，对诗琳通公主的参与尤其感到高兴。

当晚，诗琳通公主在湄南河边的花园广场举行盛大招待会，欢迎北京奥运会火炬接力运行团。泰国副总理兼北京奥运会火炬传递曼谷站主席沙南、泰国奥委会主席育塔萨、曼谷市长阿披功、80 名泰国火炬手以及泰国体育界人士、曼谷市和泰华社团知名人士等 300 多人出席。

6 时许，诗琳通公主来到会场。沙南副总理向公主简要报告奥运会火炬传递的准备情况，并说，这是奥运圣火首次在泰国传递，我们能在200多个奥运参赛国的竞争中脱颖而出实属不易，这是国家的光荣！公主说，我们要珍惜这个机会，确保火炬传递顺利进行。

我向诗琳通公主介绍时任北京奥组委执行副主席、奥运会火炬接力运行团团长蒋效愚，公主握着他的手说，欢迎你和你的团队，你们辛苦了！蒋效愚表示感谢并引领公主观览摆放在会场中央的圣火火种和火炬。公主在火炬前端详良久，表现出浓厚的兴趣。蒋团长向她作了具体介绍。

蒋团长说，2008北京奥运会火炬名曰“祥云火炬”，是从广泛征集的847件作品中优中选优产生并经国际奥委会批准后采用的。火炬造型灵感来自中国传统的纸卷轴。造纸术是中国四大发明之一，纸通过丝绸之路传到西方，从而承载和促进了东西方文明的传播和交流。火炬上的祥云图纹最早出现于春秋时期，是吉祥、喜庆、幸福的象征。火炬上运用的漆红源自汉代，为中国所特有。红银对比的色彩产生醒目的视觉效果。火炬上下比例均匀分割既暗含阴阳平衡又显中正大气。造型和图案设计以及立体浮雕式的工艺使火炬高雅华丽、内涵厚重，是奥运理念与中国文化元素的完美结合。

蒋团长又说，火炬长72厘米，重985克。燃料为丙烷，符合环保要求。火炬外壳采用轻高品质铝合金制成，下半部喷涂高触感塑胶漆，握之舒适、轻巧而不易滑落，适合各种体型和年龄的传递者。

公主听后赞赏说：“火炬的设计和制作堪称完美。”

蒋团长表示："今天，我代表北京奥组委将这支火炬赠予公主！"

公主表示感谢，在一片掌声中将火炬高高举起。

锣鼓铿锵，狮子欢快地腾跃。管弦悠扬，人们高兴地跳起了南旺舞。不多时，"砰砰砰！"五彩缤纷的烟花在湄南河上空绽放，与勾勒着各式建筑物轮廓的华灯交相辉映，照亮了夜空和两岸的屋宇、椰林。人们端着酒杯自由交谈，共同为即将于第二天举行的火炬传递献出祝福。

4 月 19 日下午 3 时，北京奥运会火炬接力境外第 12 站——曼谷传递起跑仪式，在唐人街耀华力路的"中华门"举行。

曼谷唐人街始建于 18 世纪，与曼谷王朝的建立和发展同步，迄今已有 200 多年历史。通常认为它包括耀华力路、石龙军路和三聘街及穿插其间的诸多街巷，是华人聚居地，至今保留着浓郁的中华文化和习俗。

这时的唐人街彩旗招展，锣鼓喧天。与会群众早早来到现场。泰国副总理沙南、北京奥运会火炬接力运行团团长蒋效愚、泰国奥委会主席育塔萨、曼谷市长阿披叻等出席仪式。我和沙南副总理作简短致辞。蒋效愚团长将点燃的火炬交给我，我交给阿披叻市长，阿披叻市长再交给第一棒火炬手曼谷市政府次长阿南。阿南高擎火炬，昂首挺胸，迈出了火炬传递的第一步。

80 名火炬手来自各行各业，有男有女有老有少。长者虽年逾八十，仍然健壮矍铄。少则英姿飒爽，青春勃发。他们各就各位，精神抖擞。火炬传递离开唐人街后，经著名景点玉佛寺、大王宫，转入被誉为“国宾大道”的五马路，绕行吉拉达王宫，过议会大厦门口，进入五世王广场，全长10.4公里。沙南副总理对我说，这条线路既兼顾城市古今风貌又包含中泰文化元素，是“中泰一家亲”之路。

我陪同蒋效愚团长坐在指挥车上。我们的前面是火炬手和护跑队员。沿途群众夹道欢迎，可谓里三层外三层。他们挥舞着中泰两国国旗、鲜花和彩带，高喊着“点燃激情，传递梦想”“中泰友谊万古长青”等口号，欢呼雀跃，载歌载舞。就像过节一般快乐。我高兴地哼道：

擂鼓欢歌更舞龙，
热风十里中国红。
并捐筑梦情如火，
中泰一家喜乐同。

我们安排在沿线各重要地段的观察哨位不断传来“顺利”“正常”的报告。也有一些小情况发生。在一个街角，有人试图打出反华的标牌，立即被旁边坚持友好的群众制止了。在联合国大厦前出现一小撮手捧达赖画像的“藏独”分子，很快被高举着五星红旗、唱着中华人民共和国国歌的群众洪流挤到马路边沿，惶惶如丧家之犬。

不多时，前方传来振奋人心的消息，诗琳通公主来到吉拉达王宫的篱笆跟前，正在等待火炬传递队伍的经过。队伍沸腾了，人们的情绪更加高涨。火炬手加快了前进的脚步。

我们很快来到吉拉达王宫外面，只见诗琳通公主端坐在小板凳上隔着墙篱向火炬手和传递队伍招手，脸上露出满意而喜悦的笑容。接着又举起相机为火炬手拍照。火炬传递队伍的人们也为公主拍照。人们无比激动，深受鼓舞，欢呼声此起彼伏，把整个活动推向高潮。

晚 6 时 30 分，火炬传递活动胜利结束。阿披叻市长对我说，估计有不少于 10 万市民参加了火炬传递活动。又说，诗琳通公主的积极支持和热情参与是曼谷火炬传递取得圆满成功的一个非常重要因素。我对他的看法表示赞同。

患难见真情

2008 年 5 月 12 日下午 2 时 28 分，中国四川汶川发生特大地震。我们驻泰国使馆工作人员虽身在曼谷也有感觉。

国内通报，此次地震中心在汶川县映秀镇与漩口镇交界处。里氏震级为 8.0 级（矩震级达 8.3 级），震中烈度 11 度。波及大半个中国及亚洲多个国家，北至辽宁，东至上海，南至香港、澳门、越南、泰国，西至巴基斯坦都是有震感的。

地震中遭到严重破坏的地区超过 10 万平方公里，其中汶川、北川等 10 个县为极重灾区。共造成 69227 人死亡，374643 人受伤，17923 人失踪，是中华人民共和国成立以来破坏力最大的一次地震。

当天，我应邀向泰国外交部作了通报，同时接受电视、广播和报纸多家媒体采访，介绍汶川地震情况以及中国政府和人民万众一心、众志成城抗震救灾的决心和行动。

泰国各界对中国人民遭受地震灾难和英勇抗灾行动给

予了极大关注、同情和支持。一连数日，前来我使馆吊唁、慰问和捐款的人络绎不绝。泰国政府捐赠 50 万美元，普密蓬国王的“猜帕塔纳”基金捐赠 10 万美元，诗琳通公主个人捐赠 10 万元人民币。许多社团、侨领、企业家也慷慨解囊。据统计，此次泰国官方和民间共捐款 5671 万元人民币。

5 月 30 日，我应邀拜会诗琳通公主。公主十分牵挂汶川地震，向我了解抗震救灾的进展情况，问救灾中还缺什么，她还能做点什么。当得知灾区需要帐篷时，她当即表示捐赠 1000 顶帐篷，并吩咐秘书马上落实。公主对灾区学校遭受严重损坏尤其关切，表达了个人拟再捐赠 1000 万元人民币援建一所小学的意愿。我对公主表示诚挚谢意。公主说普密蓬国王常说中泰是不可分离的亲兄弟。历史上，泰国有难，中国提供了有力的帮助，中国有难，泰国也给予帮助。公主还深情地回忆起 2004 年底泰国南部遭遇海啸袭击时中国给予及时有效的援助，不仅以最快速度运来灾区急需的物资，派来医疗队、DNA 检测专家组和打捞队，而且参与了灾后重建。强调说，仅中国红十字会就向泰国提供 350 万美元，专门用于建设灾民安置住房。

我接过话头说，公主对这个援助项目非常重视，亲自过问，安排专人负责，使之迅速得到落实。公主并以泰国红十字会常务副会长名义代表会长诗丽吉王后，与专程前来的中国红十字会会长彭珮云女士一起主持了这批住房的落成启用仪式。

公主最后表示，救灾工作告一段落进入重建阶段后，她希望到地震严重的地区看看，与地方政府商洽落实援建一所小学的事宜。后来，公主连续三年三次访问地震灾区，我有幸参加了其中的两次。

2009 年 4 月，诗琳通公主第一次访问地震灾区。4 月 4 日上午 9 时 30 分，我陪同公主乘车从成都出发，11 时抵绵阳。市政府安排公主一行在富乐山宾馆稍事休息并用午餐。下午 1 时 20 分，公主及随行人员驱车前往北川县。北川是 5·12 地震极重灾区之一。

2 时 20 分，诗琳通公主来到曲山镇，这是地震前北川县政府所在地。站在三道拐的山坡上，出现在眼前的是一片触目惊心的景象。群山环抱的谷地里，处处是断壁残垣、破砖碎瓦。几座尚未完全坍塌扑地的楼房，东倒西歪，钢筋裸露，龇牙咧嘴，一副狰狞的模样。昔日繁华的街巷荡然无存。北川县政府负责人介绍说，这次地震使北川县生命财产损失惨重，死亡 15645 人，受伤 26916 人，失踪 1023 人。在低回的哀乐声中，公主神情凝重，缓缓走上前去，在地震废墟跟前献上花圈，肃立默哀，悼念地震中的罹难者。

离开三道拐，诗琳通公主来到北川县城新址永昌镇。在一片平整好了的土地上，县领导介绍新县城的建设蓝图。他表示，北川人民将在灾难中奋起，用自己的双手重建家园。北川是羌族自治县，这里将会出现一座富有羌族文化特色的新城。到那时，请公主再来北川参观指导。公主对灾区人民坚强不屈、乐观向上的精神表示钦佩，相信一个更加美丽的新北川一定会出现在世人面前。

从灾区回到成都后，经商省市有关方面同意，诗琳通公主决定出资重建遭地震严重毁坏的绵阳市先锋路小学。由泰国一家建筑公司承建，在当地采购建材，雇用当地工人施工，一年内建成。2010 年 4 月，诗琳通公主二访四川地震灾区，为如期重建的绵阳市先锋路小学剪彩。

2011 年 4 月，诗琳通公主第三次访问四川地震灾区。4 月 9 日上午，我陪同公主由成都乘车前往绵阳。经过三年重建，绵阳已治愈地震创伤，呈现出崭新面貌。涪江两岸草木葳蕤，花团锦簇。

先锋路小学校园里张灯结彩，鼓乐齐鸣，师生载歌载舞，热烈欢迎公主的到来。公主向学校赠送了一批图书。公主说，书是经验的积累、文明的记载，是知识的海洋。又说，重建的先锋路小学是中泰友谊的结晶，希望同学们在良好环境中好好学习天天向上，为中泰友谊添砖加瓦。同学们对公主的殷切期望报以热烈的掌声。公主在校长的陪同和孩子们的簇拥下参观了教室、图书馆，欣赏了学生的剪纸、书法和绘画作品。经公主提议，绵阳市先锋路小学与曼谷吉拉达学校结为姐妹关系，开展校际交流。第一个交流项目便是互派学生参加当年的夏令营活动。当公主就要离开时，师生们依依惜别。孩子们拉着公主的手，稚嫩的脸庞挂满了惜别的泪珠，齐声唱起《感恩的心》：

感恩的心感谢有你，
伴我一生，
让我有勇气做我自己。
感恩的心感谢命运，

花开花落我一样会珍惜。

公主的眼睛湿了，对我说，孩子们是中泰友好的未来，我在他们身上看到了两国世代友好的希望。

返程路上，我的心情久久不能平静，哼道：

春花烂漫映涪江，
感戴稚音动四方。
为有隆情铸善举，
仁德公主世无双。

诗书传友情

2008年11月，泰国留学中国大学校友总会主席罗宗正对我说，他和他的前任陈汉涛、刘锦庭商量了，拟以留中总会名义为我举办一个书法展，希望得到我的同意。陈汉涛、刘锦庭、罗宗正都是我熟悉的朋友。他们都是泰国二、三代华裔，少年时家境贫苦，向往新生活。20世纪50年代回到中国求学，分别毕业于厦门大学、南京工学院（现东南大学）、北京钢铁学院（现北京科技大学）。70年代返泰经商，开拓进取并取得成功。2002年11月，他们和其他几位有相似背景又志同道合的朋友共同发起成立“留学中国大学校友总会”，陈汉涛为首任主席。同时邀请诗琳通公主担任“永远最高荣誉主席”，公主欣然应允并题墨宝“泰中桥梁”予以勉励。留中总会倍受鼓舞，以公主的题词为努力方向，积极促进中泰友好，特别注重弘扬中华文化，促进中泰文化交流。总会下属有一个“留中大学出版社”，经常编辑出版一些中文书刊。2007 年曾为我出版《俯仰集》诗集。留中总会成立时间不长，成绩斐然，广受好评。这是一个可以信赖的组织，但对他们的要求我未置可否，因为当时已得到非正式消息，我的驻泰国大使任期将很快结束，恐怕没有充裕时间办书法展了。

几天后，罗宗正主席邀我共进晚餐，陈汉涛、刘锦庭两位名誉主席也来了。他们说，许多朋友都希望得到我的字作纪念，但不好意思张口。倘若办展义卖，并把所得的款项捐献给诗琳通公主教育基金会，大家既得到大使的字又一起做了件善事，皆大欢喜。又说，大使很快要离任的事我们也听说了。我们要赶在你走之前把这件事办好。你只要把作品交给我们，其余的事情就不用操心了。他们考虑得很周到，说得很恳切。在座的我们使馆的二把手吕健参赞和主管文化的秦裕森参赞也表示赞同。我不便推辞了。最后商定将此展定为诗书展，由泰国中华总商会、潮州会馆、留学中国大学校友总会、南美书店和中国使馆共同主办。南美书店为此展提供场地。

南美书店由广东汕头人陈式金创办。中泰建交初期，我不止一次陪同柴泽民大使到南美书店购书，陈式金先生每次都陪同参观选购，并邀柴大使喝工夫茶。陈先生曾向柴大使诉说中文书店在海外生存的艰辛。1949 年他 18 岁时移居曼谷，22 岁创办南洋书局，39 岁创办南美书店，专门经销中文书籍。由于中国和东南亚国家关系经历了一段曲折，中文书店日子不好过。但他认为书籍是传播文化的工具，中文书店的存在对侨胞和后代有不可估量的价值，所以始终坚守不弃。陈式金年事渐高，后将书店交儿子陈英实打理。陈英实勉谨务实，又赶上中国与东南亚国家关系步入正常发展轨道，书店办得越来越红火，书店的规模由石龙军路的小平房变成了沙吞路的图书大厦。业务伙伴以中国大陆为主，同时联系港澳台和东南亚。这次为了办好我的诗书展，他们用一个很大的展厅，提供全部展板并派工作人员协助布展。

经过一个多月的筹备，2009 年 1 月 9 日，“张九桓诗书展”在南美书店举行预展。这天下午，中华总商会主席吴宏丰，潮州会馆主席陈汉士，留中总会主席罗宗正和名誉主席陈汉涛、刘锦庭，盘谷银行董事长陈有汉等社团领导和企业家早早就来到南美书店。我和他们一起参观展览。走进展厅右手边第一块展板悬挂的是杨洁篪外长亲笔题写的展头“张九桓诗书展”。杨外长得知我要办展，欣然题词予以鼓励。人们称赞杨外长的书法秀逸俊朗，力透纸背，功底深厚。

展品共 136 件，包括六尺、四尺和三尺的横幅和条幅以及扇面，内容主要是自作诗词，也有部分唐诗宋词和名联名句。

在一首《咏木棉》诗条幅前，人们停下脚步。祖籍广东的几位侨领联想先开花后长叶的木棉，对诗中蕴含“敢为人先”的精神表示赞赏，齐声朗诵起来：

不待绿扶先自红，
如霞似火闹春风。
一朝引领群芳俏，

抖擞投身万绿丛。

作家岭南人对《交响人生》一诗颇有共鸣，对围拢过来的华侨崇圣大学的同学们侃侃而谈，说“人的一生要有理想，有追求，要专注于实现自己的目标，这是主旋律。但我们无须做‘苦行僧’，生活本身是丰富多彩的，不要把它搞得单调和枯燥”。他边说边吟哦：

人生应唱主旋律，
境界登攀敢造极。
风骨何妨风月雪，
多姿多彩交响诗。

在一幅《春华秋实》的三尺挂轴跟前，书画家苦觉对这幅字表示特别欣赏，认为结字严谨，笔力雄健，无论从笔法还是结构角度讲都是佳作。盘谷银行董事长陈有汉也看中了这幅字，当场以高出标价一倍的价钱认购了。

在预展现场，我接受了几家媒体的采访。提的最多的问题是，你工作这么繁忙，怎么还能有时间吟诗弄墨呢？我告诉他们，外交是我的工作，维护国家利益，发展中泰友好是我职责所在。使命在肩，我如履薄冰，战战兢兢，不敢稍有懈怠。触景生情吟一首小诗寄托情趣，研墨挥毫写一幅字抒发情怀，是我长期养成的习惯。诗大多吟于舟车旅次，字则写于早起晚睡之时，是工作之外的一种消遣，也成了工作的润滑剂。有如热带的积雨云，飘来一阵雨，散去万里晴。诗书之于我，无论对工作还是身心都是有益的。

2009年1月11日，“张九桓诗书展”正式展出。下午6时，诗琳通公主抵达南美书店，为展览剪彩揭幕。泰国内政部长差瓦腊，中华总商会主席吴宏丰，潮州会馆陈汉士，泰国留学中国大学校友总会主席罗宗正和名誉主席陈汉涛、刘锦庭以及“九属十同乡”的社团领导，还有学者、企业家、大学中文系的老师和学生等300多人出席。

公主兴致勃勃逐一观看展品，不时驻足提出问题，我陪同在侧随时作答。参观完毕，公主说，诗书展办得很好，每件作品都凝聚了作者的心力，是献给中泰文化交流和中泰友好的一份礼物。公主提议我当场作字，我写了“龙象共舞”四个字，然后铺开一张四尺宣纸，请公主赐教。公主提笔凝神，认认真真地写下“诗书传友情”五个端庄遒劲的大字，又郑重地盖上自己的名章，大家报以热烈掌声。

最后，我将一幅装裱好的诗书作为礼物赠送诗琳通公主。这是一首我于2007年12月5日填的词，描写泰国人民举国庆贺普密蓬国王诞辰的情景。公主高兴地收下并表示感谢。然后人们跟着公主深情地吟诵起来：

《水调歌头·庆典》

浩荡金风爽，遍地黄花香。更见黄衫处处，一色染城乡。空巷空街空户，人山人海人墙，万众仰东方。难能恒而久，更其寿而康。

火树灿，银花绽，曲悠扬。几声炮响，天降花雨耀星光。彻夜华灯闹市，达旦明烛僻壤，举国颂吉祥。但愿人长久。和谐国运昌。

两天后，罗宗正主席告诉我，此次诗书展共筹得款项342.2万铢泰币，悉数捐赠给了诗琳通公主教育基金会，作为中泰教育交流合作之用。

我在泰国任满回国以后，2013年4月又应泰国留学中国大学校友总会邀请赴泰再次举办书法展，同时参加“2013中文图书和中国文化展览”。时任国务委员杨洁篪题词“中泰翰墨情”予以鼓励。管木大使题写展头，文化参赞秦裕森在开幕式上致辞。外交部亚洲司派郑欣同志陪我赴泰协助工作。诗琳通公主亲临剪彩和观展。泰华各界给予大力支持。此展筹得130万铢泰币，全部捐献给诗琳通公主教育基金会。4年中两次办展，都得到公主殿下厚爱，使我得以为增进两国友好略尽绵力。

“十大国际友人”

2009年夏天，在一次全国政协的活动中，国际广播电台的朋友告诉我，他们正在酝酿网评“十大国际友人”事宜。近一百多年来，中国人民在争取独立解放、国家富强和民族复兴的伟大征程中，得到许多国际友人的宝贵支持和帮助，他们的事迹广为传颂并已载入共和国史册。在新中国成立60周年的时候，通过这种方式缅怀和铭记他们的贡献是很有意义的。我当即表示赞赏，并提及战争年代如白求恩大夫，和平年代如诗琳通公主等都是突出人选。我们相约届时和同事、朋友们一起参与投票，共襄盛举。

不久，这项工作便付诸实施。活动名称定为“中国缘”国际友人网络评选。中国国际广播电台、中国人民对外友好协会和国家外国专家局共同主办，国际在线承办，新浪网协办。8 月 31 日启动，10 月 21 日结束，5600 多万网民积极参与投票，经评选活动指导委员会确认，在投票中排名前十的当选“中国缘·十大国际友人”。

12 月 8 日，“中国缘·十大国际友人”颁奖仪式在北京人民大会堂举行。时任全国政协主席贾庆林会见了诗琳通公主等当选者和当选者代表。贾庆林说，中国人民没有忘记在新中国建立和建设过程中给予中国帮助的各国朋友。这次评选活动吸引了中国民众广泛参与，产生了很大反响，体现了中华民族重情感恩、不忘朋友的传统美德。贾庆林说，中国的发展离不开各国友好人士的关心帮助，世界的繁荣发展也离不开中国这个最大的发展中国家。国家与国家之间、人民与人民之间比以往任何时候都更需要互相帮助，加强合作，以促进世界和平与发展。中国人民愿与世界人民一道为建设一个和谐美好的世界而共同努力。诗琳通公主对贾庆林主席的亲切会见表示感谢，她说，中国举办这样的评选活动非常令人感动，充分表明中国人民始终没有忘记曾经帮助过自己的老朋友，这些国际友人一直在中国人民的心中。

国家广电总局局长王太华、评选活动的三个主办单位领导向诗琳通公主、平松守彦（日本大分县“一村一品”国际交流推进协会理事长）两位当选者，以及白求恩、拉贝、萨马兰奇、斯诺、李约瑟、爱泼斯坦、路易·艾黎、柯棣华八位当选者的亲属或代表颁发了纪念奖章和证书。

诗琳通公主代表当选获奖者发表感言，她说，得悉自己获得“中国缘·十大国际友人”称号，心里特别高兴和激动，感到此奖意义非凡。中国人民以重情义、不忘老朋友著称于世，这次评选活动再次证明这一点。她说，我曾从书本上了解到其他当选者的事迹，觉得他们都是很值得尊敬的人，我为自己能与他们一同入选感到骄傲和自豪。

诗琳通公主获此奖项的消息传到泰国，各界群众纷纷以各种方式向公主致贺，中泰友好也因此而再次升温。

长期以来，诗琳通公主为促进中泰友好合作做了大量工作，贡献颇多。中国有关方面陆续授予她各种荣誉称号，为她颁发各种奖项。2000 年，中国教育部授予她“中国语言文化奖”；2001 年，中国作家协会中华文化基金会授予她“理解与友谊国际文学奖”，北京大学授予她名誉博士学位；2004 年，中国人民对外友好协会授予她“人民友好使者”称号；2006 年，厦门大学、广西民族大学、广东外语外贸大学、华南农业大学、浙江大学、汕头大学、华侨大学分别授予她“名誉教授”称号；2007 年，北京外国语大学授予她“名誉院长”（诗琳通语言文化学院）称号，复旦大学授予她“名誉教授”称号；2008 年，哈尔滨工业大学授予她“名誉教授”称号；2011 年，重庆大学、四川大学、成都大学分别授予她“名誉教授”称号。

2011 年 4 月，诗琳通公主应邀访华，我有幸全程陪同。交谈中当我提及公主对促进中泰友好所作贡献和各方给予的各种奖项时，公主表示：“非常感谢大家对我所做工作的肯定和鼓励，我当铭记在心，为中泰两国世代友好不懈努力！”

荣获友谊勋章

2019 年 9 月 29 日，在北京人民大会堂隆重举行的授勋仪式上，诗琳通公主身着绛紫色泰丝正装，迈着庄重的步子走向主席台中央。国家主席习近平将一枚熠熠生辉的友谊勋章挂在诗琳通公主胸前，公主向习主席躹躬致谢。习主席与公主亲切握手，并合影留念。

在中华人民共和国成立 70 周年之际，中国政府为 6 位国际友人颁发友谊勋章，这是中国授予外国人的最高荣誉。诗琳通公主代表获奖者发言，对中国政府和人民表示衷心感谢。她说，获此殊荣深感荣幸，至为感动。她指出，中华人民共和国的成立是世界近代史上具有里程碑意义的一件盛事。70 年来中国人民砥砺前行，战胜各种艰难险阻，经济社会面貌发生翻天覆地的变化，举世瞩目。中国就像世界民族之林中一座光辉的灯塔。她援引唐人诗句“相知无远近，万里尚为邻”强调，距离分不开真正的朋友，即使远隔千万里，心仍然连在一起。她和所有获奖者将继续为增进各自国家与中国的传统友谊和推动彼此间的友好合作继续作出积极贡献。

我在电视机前收看了诗琳通公主受勋的转播，深以为公主获此殊荣乃实至名归。公主德高望重，深受泰国人民爱戴，同时也为中国人民所熟悉。公主喜欢中国，自 1981 年起访华 48 次，足迹遍及大江南北、长城内外。她坚持不懈地了解中国、学习中国、传播中国，是促进中泰友好的卓越使者。她曾深情地对我说，近 40 年来我几乎年年访华，最初孩子们称呼我为“姐姐”，后来叫“姑姑”，再后来就叫“奶奶”了，这从一个侧面说明我与中国的关系越来越深入、越来越密切，我为此感到高兴。

当天晚上，泰国驻华大使为诗琳通公主获奖举行招待会，我因不在京未能应邀出席，特吟诗一首并书写、装裱，请同事代为转交公主殿下。诗云：

金秋时节颂金枝，
铁板铜琶恐调低。
遍访九州步未歇，
饱读诸子腹犹饥。
仁德懿范谁能匹，
上善高风众看齐。
铸就殊勋膺大奖，
霞光万道照桑榆。

公主高兴地说：“这份礼物我收下了！”并请转达对我的谢意。

我担任中国驻泰国大使期间，诗琳通公主曾为中国使馆题赠墨宝“中泰手足情，绵延千秋好”。我们将之装裱悬挂，永久珍藏。这个题词反映了中泰关系的历史和现实，代表了两国人民的共同心愿，也是公主长期为此身体力行的真实写照。

海啸发生的日子

无风起浪

2004年12月26日早上，地处热带的曼谷，天气依然很热。中国驻泰国大使馆的院子里，树叶一动也不动，没有半点儿风。我在使馆院子里散步，不一会儿就汗流浃背了。

我遇上潘广学公参，于是两人绕着主楼边走边说话，走到宿舍楼前时突然发现游泳池无风而起浪，就像被晃荡似的，里边的水泼洒了出来。

正当我们纳闷时，又看见隔街斜对面一栋高层建筑外侧楼梯上的人拼命往下奔跑，大楼前面空地上很快就聚集了一堆人。

这时，使馆宿舍楼也有馆员跑了出来，不无慌张地喊："吊灯摇晃得好厉害呀，窗户玻璃也格格作响，恐怕是发生地震了！"

我跟潘公参说，我们得赶紧把事情搞清楚。

原来，这天早晨7时58分55秒，印度洋发生了一场大地震。震中位于印度尼西亚苏门答腊岛以西160公里、水下3公里的海底，强度9.3级。地震引发浪高30米的大海啸，对印尼、马来西亚、新加坡、泰国、缅甸、斯里兰卡、马尔代夫、印度、孟加拉国、巴基斯坦等国造成严重生命和财产损失。濒临印度洋的西亚北非一些国家也受到不同程度影响。

最后的统计数字表明，这次地震引发的海啸总共造成14个国家29万余人死亡，51万人受伤。

这是继1960年智利9.5级地震、1964年阿拉斯加9.2级地震之后又一次强震，是自1900年以来百余年间在全球范围内发生的第二大地震。

紧急救援

当得知这是一场大地震和大海啸，并且严重波及泰国南部地区以后，我马上意识到作为旅游胜地的泰南普吉地区可能滞留有大批中国人。我们决定立即启动使馆应急机制。

我与潘广学公参商量，由他带领两名助手马上乘飞机前往普吉，尽快搞清楚灾情和滞留在那里的中国人的情况。同时与驻宋卡总领事华锦洲取得联系，请他带上几个人驱车赶往普吉。由于受海啸影响，普吉机场一度关闭，潘公参等到晚上才从曼谷飞抵普吉。潘公参与华总领事组成使领馆前线救灾联合工作组，连夜开展工作。后来，我又让魏莉参赞等几位同志赶过去支援。使领馆在普吉联合工作组最后增加到14人。

在使馆，我请领事参赞胡小兰牵头，以领事部为主负责有关中国人的救助事宜，立即开通几部热线电话，24小时接受求助信息，提供咨询和一切必要的服务。办公室、政治处、经商处、文化处、武官处等各部门的工作也都以海啸救灾为中心展开。

很快，我们了解到约有2000名中国公民滞留在普吉地区，这些人或旅游或经商或探亲访友，在海啸中丢失了行李、钱包和证件。我们决定，立即在普吉和曼谷机场设立临时办公地点，现场为滞留公民补发证件，联系航班，组织他们迅速有序撤离灾区。所有滞留的中国公民（包括港澳台同胞）两天内全部脱离险境，有的直接回国，有的撤离到了安全地区。

一个40多人的浙江旅游团在普吉岛附近的一个小岛被海水围困，我们及时与泰国旅游警察取得联系，泰警冒着余震的危险将我国公民及时解救了出来。

使领馆经反复查证后确认有15个中国人在这次海啸中遇难，其中港澳台12人。另有24人受伤。我们及时通知家属前来处理善后，并以周到和细致的工作尽量减轻家属的悲伤，未留下后遗问题。伤员则及时送往医院救治，短时间内得以康复。

在及时有效地救助中国公民的同时，我们开展了一场救灾外交。在那些日子里，救灾工作成了我的主要日程。

海啸发生的当天，我即与泰国外长素拉杰通电话，了解泰国蒙受的灾情，表示中方愿积极提供必要的帮助。他对我们的关心表示感谢，并很快告诉我，泰国南部普吉、攀牙、甲米等府治濒临印度洋受到海啸的严重冲击，5000多人遇难，其中约一半为泰国人，一半为外国人。大量民房和旅游设施遭到毁坏，财产损失惨重。泰方希望中方在医疗、尸体辨认、灾民临时安置及灾后重建等方面提供帮助。国内对泰方的要求十分重视，很快作出积极回应。

从12月27日起，我每天接受泰国和国际媒体采访，表示中国政府和人民高度关注印度洋大海啸给沿岸国家造成的巨大冲击，深切同情和关心包括泰国在内的灾区人民蒙受的损失，积极提供及时有效的救助。同时也通过中央电视台、新华社等媒体向国内及时介绍滞留灾区的中国同胞的救助情况。

28日，我往见泰国外长素拉杰，转交中国政府向泰国政府提供用于海啸救灾的30万美元援款。素说，这是泰方收到的第一笔外国援款，我们看得很重，真正从心里感激。

29日，中国第一批救灾物资运抵曼谷国际机场。我和商务参赞宣国兴前往机场，向泰国政府的代表办理交接手续。

同日，我前往大王宫签字，吊唁在海啸中不幸遇难的大公主的儿子坤鹏。同时通过媒体对在海啸中所有遇难者表示哀悼。

30日，我前往曼谷医院等多家医院，看望在海啸中的受伤人员，向他们表示慰问并提供必要帮助。

31日凌晨，我前往机场迎接中国科学院DNA检测专家组、上海医疗队和广州医疗队。

同日，我向泰国外长素拉杰通报，中国驻泰国使馆全体馆员个人为灾区捐款50万泰铢。

2005年元旦及其后的几天里，我来到海啸灾区与泰方接洽并组织协调救灾工作。

1月19日，我驻泰使馆与泰国中华总商会等社团联合举办赈灾义演，筹得217万泰铢，捐献给泰国政府用于灾民安置和灾区重建。

在这次救灾当中，中国应邀向泰国派出了由一批志愿者组成的医疗队、DNA检测组和打捞队。中国政府紧急运送价值90万美元的救灾物资，并提供部分援款。中国红十字会提供350万美元，专用于修建安置灾民的住房。中方先后向泰方提供的现款和物资援助共计470万美元。中国政府和人民及时有效的援助获得了泰国各界的广泛赞许和好评。舆论称，“患难见真知”，这再次体现了“中泰一家亲”的深厚情谊。

生死之间

我先后5次深入泰南海啸灾区，了解灾情、看望救灾志愿者、协调救灾工作。在这过程中，我看到了海啸给人类带来的巨大灾难，看到了中国志愿者和当地人民共同救灾和重建的忘我精神，受到了一次心灵的震撼和灵魂的洗礼。

在巴东海滩，威腊县长向我讲述海啸发生时的景象。数十米高的大浪从海面上滚滚而来，狂风呼啸，树被连根拔起，电线杆被拦腰折断，咖啡馆、餐馆、酒吧瞬间被夷为平地。他边说边指着一片狼藉的海滩，往日的繁华没有了，只剩下断壁残垣、枯枝败叶。他感叹天灾难测和不可抗拒，表示崇尚中国文化“天人合一”的理念，说如果我们对海啸有更多的了解，更注意环保，遭受的损失会少一些。

他讲述了一个英国女孩救了一批游客的故事。这天早上，这位小女孩在母亲陪伴下来到海滩踏沙、戏水、拾贝壳，享受着晨光中大海带来的欢乐。突然间，她发现海水悄无声息地倒退，一会儿就空出一片沙滩。她马上跟妈妈说，老师在课堂上讲过，这种情况的出现很可能就是海啸的预兆。童真无邪呀，宁可信其有！妈妈立即高声招呼海滩上正在玩耍的人赶紧离开。大家将信将疑，但很多人还是跟着这母女俩离开海滩向高处走去。果不其然，海水很快杀了个回马枪，数层楼高的水墙一堵接着一堵地压了过来，越过滩头，冲毁马路，摧垮楼房。这情景让刚跑到山坡上的人看得目瞪口呆，后怕之余一个劲地感谢这位女孩。

这个故事，英国驻泰国大使弗尔先生也曾对我说过。多家媒体有报道。人们甚至将她比作比利时的“尿童”。14世纪，入侵比利时的外敌试图用炸药炸毁布鲁塞尔，一位勇敢机智的小男孩用一泡尿浇灭导火索，拯救了这座城市。这位英国女孩则以她学到的海啸知识机智地救了一批旅游者。我国著名雕塑家袁熙坤先生曾对我说，这位英国女孩的事迹引发了他们的创作冲动，他为这位小英雄创作了一尊塑像。

威腊县长陪同我们来到坐落在半山腰上的半坡酒店。酒店老板陈志强先生告诉我们，海啸发生当天，大批逃难者从山下奔来，他敞开酒店大门收容了他们，免费提供食宿。威腊县长说，不光陈先生如此，其他许多华人开设的酒店、餐馆也这样做了，体现了有难同当、同舟共济的团结友爱精神。我对陈先生和当地华人社团在海啸中的善举表示钦佩，高度赞赏他们的社会责任感，并应邀为酒店题写了“上善若水”和“宾至如归”两幅字。

在普吉岛西南端的崖顶上，有一座泰式亭子，青松掩映，凉风习习。我们步入亭中，凭栏远眺。夕阳下影影绰绰地散落着几个离岛，平静的海面上波光潋滟。普吉旅游局负责人纳西瓦向我们讲述了海啸在海上的另一番景象。

他说，海啸发生的这天早上，有不少船只载着游客由普吉本岛去附近小岛游玩。走得早的抵达小岛时正好赶上海啸，大多遇难，几无生还。走得晚的海啸发生时船正行驶在深海，反而安然无恙。不少人对此感到奇怪，因为他们对海啸形成过程不了解。

纳西瓦告诉我，他是学地质学的，对海啸有些研究。海啸由海底地震引起，地震推动海水以数百公里的时速向四面运动。它还在深海里运行时，海面不会有太大异常，一旦抵近陆岸就会突然发力，掀起难以想象的巨浪，摧枯拉朽，吞噬一切。这就是为什么海啸发生时在深海里的航船无险，抵岸后反而遭殃的原因。

我告诉纳西瓦，他所说的情况在中国团组的经历中得到验证。当时在普吉有一个由田麦久副主任率领的北京市人大代表团。泰方原计划安排这个团早上 7 时出发去皮皮岛考察。由于前一天日程安排紧凑，大家比较疲累，第二天起床稍晚，出发时间迟了大约半个小时。经过个把小时的航行，当船快到皮皮岛时，发现岛上情况异常，像被洗劫了一般。大家都感到情况不妙，决定放弃登岛立即返航。

回到普吉本岛才知道，就在他们前往皮皮岛途中海啸发生了，皮皮岛遭受了一场灾难。

28 日，我宴请田麦久副主任一行，为他们压惊。田主任是九三学社中央常委、北京市委副主委。运动员出身，对运动学很有研究，有多部著作，在北京体育大学等多所大学做兼职教授。对文学也有浓厚兴趣，出过诗集。他年轻时曾留学德国，38 岁那年遭遇一起严重车祸，在病榻上昏迷 50 多个小时。席间，他既感慨唏嘘又达观幽默地说："我年轻时在德国的车祸中大难不死，年近古稀在泰国又与死神擦肩而过，看来我在阎王爷那里是个不受欢迎的人呀!"

当时正在泰国访问的还有党组副书记甘英烈率领的中国文联代表团。团中有著名书画家刘大为、声乐家金铁霖等。他们原计划也要访问普吉，后接受使馆建议改去沙梅岛。文化参赞秦裕森对他们说，许多人只知道泰国有个普吉，其实与之相邻的沙梅岛是一个别有情趣的好地方，尤其对采风者更是值得一看，代表团一听便动心了。沙梅岛和普吉岛与这次地震中心苏门答腊附近海域的直线距离相差无几，只因隔着一块狭长的陆地，沙梅岛便无海啸之灾。事情发生后，代表团再三对使馆的变动性安排表示感谢。就在海啸发生前两天，我和秦裕森参赞邀约该团在大使官邸共餐，当时刘大为展纸挥毫兴趣盎然地写了"南海观涛"四字横幅，字体遒劲，力透纸背，博得大家一阵鼓掌。想起当时情景我打趣地说："你们有先见之明呀，大为早就声明了，此番南临沧海只做'观涛'之举，自然与海啸无相遇之缘了！”大家听罢都哈哈大笑起来。

在考拉的寺庙里，我看望了中国科学院青年志愿者DNA检测组的专家们。

泰国是一个佛教国家，大多数人信仰佛教，寺庙随处可见，据泰国官方统计数字，全国有寺庙43800座。寺庙除供僧人驻锡、信众礼佛外，还有一项重要功能，就是办丧事。所以，海啸中遇难者的遗体都集中停放在寺庙里。

中国DNA检测组工作所在的这座寺庙就停放了300多具遗体。经海水浸泡和烈日的曝晒，尸体发紫变黑，散发着浓烈的臭气。一进庙门，工作人员就为我穿上防护服，戴上双层口罩，但仍然抵挡不住阵阵的恶臭。

我穿过庙廊，来到后面的停尸场。中国的青年科学家们正在聚精会神地工作。他们从尸体上取下一缕头发、一块带血迹的衣衫或者其他被认为有价值的部位，然后小心翼翼地装进塑料口袋，标上编号。神情是那样专注，那样一丝不苟。可他们既不穿防护服，也不戴口罩，镇定自若，从容不迫。我被他们的忘我精神感动了。我摘下口罩，走上前去握住他们的手，向他们道声辛苦，表示亲切的慰问。他们告诉我，天气太热，穿戴过多，碍手碍脚，很不方便。为了工作，他们奋不顾身！

当天晚上，在使领馆工作组的协调会上，我建议考虑可否对DNA检测组的工作做轮换性的安排，但DNA检测组年轻的专家志愿者们坚决不同意，说这是他们的职责所在，不能也不应该由别人来替代，他们能坚持而且能做好。

他们确实能做好。他们近乎完美的工作，赢得了国际同行的认可和泰方的赞赏，泰方决定把全部DNA检测任务交由中方专家负责。而我们的专家们也不负众望，如期完成了任务。

这个DNA检测组由5位青年科学家组成，组长邓亚军，35岁，其他几位的年龄比她还小。他们初抵曼谷的时候，我们到机场迎接他们，当时已过午夜，同一航班的乘客都快走光了，才看见他们几位朝我们走来“自报家门”，我们还不太敢相信自己的眼睛。我们想象中的科学家，若非“满头飞雪”也是“两鬓苍苍”。然而，就是这一群“黄毛丫头”“俊俏小伙”勇敢地接受并出色地完成了一份重任！在他们完成任务回国的时候，我为他们作了一首诗：

怅望何曾生死路，
从容恰在鬼门关。
青春奏响安魂曲，
异国扛旗载誉还。

山与海的较量

2005年1月29日，泰国在普吉岛举办“海啸预警安排区域合作部长级会议”。作为东道主首席代表的泰国外长素拉杰给时任外交部部长李肇星打电话，说答应出席会议的大国外长不多，恳请李部长拨冗与会。李部长欣然同意，决定在完成头天既定日程后连夜赶到普吉。

李部长从一开始就非常重视此次海啸救援外交，海啸发生不久他就委托武大伟副部长到印尼、泰国等重灾国作过一次考察。在泰国，武副部长到普吉、攀牙等海啸最严重的地区进行了察看，会见了素瓦副总理和素拉杰外长，表达了中方的关切和尽力提供援助的真诚意愿。

28日下午，我从曼谷飞抵普吉。晚上出席素拉杰外长为前来参加第二天会议的各国部长举行的招待会。塔信总理也来了，他握着我的手说："泰国在这次海啸中遭遇空前灾难，中国政府和人民提供了最为及时有效的帮助。请转达我对温家宝总理诚挚的感谢。"又说，"感谢李肇星外长拨冗出席明天的会议，我知道他正在路上，请转达我对他的问候。"招待会一结束，我便赶往机场迎接李部长。

李部长的商务包机飞抵普吉机场已近午夜时分。在陪同李部长乘车进城路上我向他汇报了招待会的情况。李部长对我说，中央非常重视此次救灾外交，组织了新中国成立以来最大规模的对外援助行动。海啸一发生，中国政府就宣布向受灾国提供首批价值2163万元人民币紧急救灾物资和现汇援助。几天后，温家宝总理又会见泰国、印尼等10个严重受灾国驻华使节，宣布中国将提供5亿元人民币的救灾援助。1月6日，温总理出席在印尼召开的东盟地震和海啸灾后问题领导人会议，并用他的专机带去16吨紧急救援物资。在这次救灾中，中国政府和人民的捐助总额超过12亿元人民币。李部长对我馆在求助中国公民和协助泰方救灾中所做的工作予以充分肯定和鼓励。

第二天上午，李部长在会议上第一个发言，表示中国政府和人民将继续全力帮助印度洋海啸受灾国开展救援和重建。会后李部长要求到灾区看看，代表中国政府慰问灾民。为了赶时间，李部长提出可乘直升机。泰方有点犹豫，因为此前发生过直升机坠机事故。我也有些担心。李部长坚持说不要紧。素拉杰外长于是给空军司令打电话，调来王室使用的性能最好的一架直升机。我陪同李部长乘直升机考察了灾情最严重的攀牙府考拉地区。李部长后来在他的回忆文章中这样记述当时的感受：

“真是不看不知道，一看吓一跳。眼前的情景令人终生难忘：一艘巨大的货轮被冲到岸边一二百米处、大树被连根拔起、几家饭店只剩下几根柱子……泰国人民得克服多大困难，才能重建家园！”

下午 2 时，李肇星部长一行由普吉乘坐商务包机回国。

送走李部长，我也登上返回曼谷的航班。飞机起飞后沿着攀牙湾向北飞去。近一个月抗灾救援的日日夜夜，又一幕幕地浮现在我的脑际。

我们高举“为民”“善邻”两面旗帜，及时启动应急机制，及时将滞留灾区的所有中国公民安全转移，安排伤亡公民的救治和善后，同时组织协调各种力量对泰国开展了一场救灾外交，展示了中国的良好形象。所有参加救灾的中国志愿者和我们的外交队伍的良好表现获得广泛好评，本身也得到了锻炼和提升。后来我得知来泰参加救灾的几支志愿者队伍回国后都受到了表彰。DNA 检测小组的领队邓亚军被评为三八红旗手并荣获五一劳动奖章。外交部也为我们驻泰国使馆和驻宋卡总领馆记了集体三等功。

俯瞰机翼下经海啸洗劫后依旧岿然挺立的苍岩青山，我想，天灾固然是不可抗拒的，人对自然应保持一种敬畏，但绝不是无所作为，人类应遵循自然规律谋求自身的发展。

人类的坚强、团结和遵循科学规律的进取所产生的伟力也可感天地泣鬼神！我口占一绝云：

狂涛汹涌撼青山，
山稳如初笑海顽。
海怒冲天卷地啸，
青山劫后还岿然。

周年祭

一年以后，2005年12月26日，泰国政府在攀牙考拉海滩举行盛大纪念仪式。泰国王室代表乌汶叻公主、塔信总理以及其他军政要员、社会名流、各界代表和驻泰使节1000多人参加。我应邀出席了这项活动。

人们举行研讨会，就海啸的预警、防范和救灾交换意见，探讨有效解决问题的途径和措施。又来到曾经被海啸蹂躏的滩头，以献花、签字等形式悼念海啸遇难者。还为即将动工兴建的海啸纪念碑铲土奠基。

傍晚，一个隆重、肃穆的祭奠仪式在考拉海滩举行。乌汶叻公主出席并主持仪式。公主在这次海啸中失去了她唯一的儿子坤鹏。一年前的这天早上，坤鹏独自驾驶摩托艇出海，海啸袭来时来不及躲避，不幸被大浪吞没。公主承受了中年丧子的巨大悲痛。仪式上，以放飞孔明灯的方式悼念逝去的灵魂。公主亲自点燃第一盏孔明灯。

孔明灯是一种纸糊灯笼。用竹篾扎成一个圆柱形的框架，四周和顶部糊上藤纸，底架上安放一支蜡烛，蜡烛点燃后生成的热空气就会带着灯笼升空。相传这是孔明七擒孟获时带到当地并留传东南亚的。泰国人无论办红事白事都有燃放孔明灯的习惯。

随着第一盏孔明灯的升起，十盏、百盏、千盏……跟着徐徐升起。这天晚上考拉海滩共放飞 5000 盏孔明灯，祭奠 5000 多个在海啸中遇难的灵魂。这纸糊的烛灯逶迤飘飞，照亮了海滩和夜空，越飞越远，越飞越高，寄托着人们对逝者的哀思，承载着人们对大自然要有更多的了解、真正实现天人合一的美好愿望。

塔信寻根

一道特殊的作业题

2005 年 5 月 2 日上午 9 时，我应约前往泰国总理府，盖唐秘书与我同行。我们一迈上主楼门口台阶，礼宾官便径直把我们领到楼上塔信总理办公室。

平时塔信总理会见外国客人一般都在楼下“象牙厅”，今天将会见安排在他的办公室有何特别考虑呢？我刚跨过办公室门口，塔信总理便迎了过来，热情地拉着我的手，让我坐在沙发上，他挨着我坐上另一个沙发。服务员端上来一杯茶，轻轻地搁在两个沙发中间的茶几上。

“这是中国茶，我的家乡清迈产的，请大使看看品味如何?”塔信说。

“不错！但感觉得出来，里面融入了泰国元素。”我抿了一口后回答。

“这就对了，这是在泰国这块土地上长出来的中国茶。”塔信边说边从秘书手上接过一叠资料，然后略为探过身子接着说，“今天想跟大使谈一件家事，所以把你请到我办公室来，这样随意一些。”

他告诉我，第二次世界大战期间，为躲避战乱，他的外祖父领着他母亲回到广东老家住过一段时间。母亲生前嘱咐他一定要找机会回祖籍地看看。

“我手头有些资料，请你以此为线索，帮助查找我母亲当年曾经住过的祖屋。”塔信诚恳而风趣地说，“就算是我个人给大使的一道特别作业吧！”

听完塔信的介绍，又翻阅了他提供的资料，里面有文字也有图片，我笑着表示：“很高兴接受你这道特别作业题。”

塔信送我到门口又说：“我的根在中国，我对中国有一份特殊感情。如果能找到母亲的祖屋，我打算去寻根。”然后握着我的手加重语气说，“拜托了！”

“请总理放心，我们一定努力帮助查找并尽快给予答复。”我作了认真的表示。

我将塔信此次会见所谈内容报告国内。国内非常重视，广东省政府有关部门进行了认真细致的调查，很快有了眉目，建议我过去进一步核实。

5 月 25 日，我飞抵广州。次日，广东省外办主任黄子强、礼宾处长苏才芳陪同我来到梅州。梅州市领导详细介绍了调查了解到的有关情况，然后一起实地查看，最后一致认为，梅州市梅县松口镇梅教村就是塔信总理母亲的祖籍地。

6 月 7 日下午，我约见塔信总理。他在电话里得知我约见的内容后，高兴得急不可待地把会见即时安排在曼谷市内一个高尔夫球练习场。塔信喜爱高尔夫球运动，担任总理后由于工作繁忙下场的机会减少，但仍然坚持抽空到练习场挥挥杆。我一来到练习场，他便扔下球杆，边擦汗边听我介绍寻找他母亲祖屋的情况。听完紧紧握着我的手，认真地说："谢谢大使这么把我的家事当回事！"转而又笑着说，"你的作业完成得很好呀！可以打满分。"他让我转达对中国政府和广东省政府以及有关部门所做工作的衷心感谢。借此机会，我还同塔信总理就他 7 月访华相关事项交换了意见。他当时就表示，7 月访华时将拿出一天时间作"寻根之旅"。

亲上加亲 30 年

2005 年 6 月 30 日，塔信总理正式访华。随行人员包括颂奇、披尼两位副总理和主管外交、工业、农业、商业等多位部长以及 100 多位企业家，共 154 人。塔信一行于傍晚时分抵达北京，下榻钓鱼台国宾馆。

当晚，塔信总理向我表示，他此行主要办两件事：一是庆祝中泰建交 30 周年；二是寻根认祖。

7 月 1 日上午，时任国务院总理温家宝为塔信总理在人民大会堂东门外广场举行隆重欢迎仪式，然后双方举行会谈。中午，温总理为塔信举行欢迎宴会。下午，时任国务院副总理回良玉陪同塔信总理出席由中国贸促会在北京饭店举办的中泰经贸合作研讨会，时任北京市委书记刘淇陪同塔信总理出席在朝阳公园举行的泰方向北京市赠送泰式凉亭暨泰国风情节开幕仪式。晚上，时任国务院副总理黄菊陪同塔信总理出席由中国人民对外友好协会在人民大会堂举行的庆祝中泰建交 30 周年大型招待会。

两国领导人对中泰建交 30 年来在政治、经济、文化等各领域取得的丰硕成果表示满意。塔信总理提议，两国在

2001年建立战略性合作伙伴关系基础上，进一步制订落实这一关系的“行动计划”，温总理表示赞同，双方责成工作层具体草拟，争取尽快签署。

塔信告诉温总理，北京活动结束后他将赴广东作寻根之旅。温总理说，中泰两国毗邻而居，自古密切往来，血缘相通，文化相近，情同手足，就像两国人民常说的一句话：“中泰一家亲”。建交30年来两国关系的迅速发展更是亲上加亲了。温总理祝愿塔信访粤愉快。

乡情浓于酒

7月1日晚，我陪同塔信总理由北京飞往广州。时任外交部亚洲司副司长管木、二秘杨扬一同前往，杨扬担任翻译。时任广东省副省长汤炳权到白云机场迎接。

午夜的广州宛如白昼。珠江两岸华灯闪烁，流光溢彩。塔信对这座不夜城的繁华和美丽称赞不已。

代表团入住花园酒店。

7月2日上午，时任广东省委书记张德江在花园酒店会见塔信总理。张德江代表省委、省政府和8000多万广东人民热烈欢迎塔信总理到访。他说，粤泰之间往来频繁，合作富有成效，过去的一年广东与泰国进出口贸易60多亿美元，约占两国贸易总额的1/3。工业、农业、渔业是双方重要合作领域。旅游合作潜力很大，泰国独特民族风情对广东游客有很大吸引力。广东市场将继续对泰国开放，泰国农产品在广东消费市场很受欢迎。中国特别是广东与泰国合作前景广阔。

塔信总理表示，来到广东有一种特别亲近感。包括他本人在内，很多泰国人的祖先来自广东。他完全赞同张德江书记对双方关系密切的评价，希望泰粤之间像走亲戚一样多往来，不断扩大交流合作。

中午，时任广东省省长黄华华在花园酒店会见并宴请塔信总理。黄华华介绍了广东改革开放和发展的基本情况，表达了与泰国进一步加强合作的愿望。塔信表示完全支持泰国企业家积极开展与广东的各项合作。并说，泰国有众多华人，多数祖籍广东，他们与当地人民并肩携手为泰国的繁荣作出了历史性的贡献。我们是朋友也是亲戚。

“我的祖先就是从广东来到泰国谋生并在泰国繁衍生息的，我的根在梅州呀！”塔信说。

“我祖籍兴宁，地属梅州。我和总理是老乡哩。”黄华华说。

“老乡和老乡干一杯！”塔信说着端起酒杯站了起来。

黄华华从服务员手上拿过酒瓶为塔信未满的杯子满上，然后给自己斟上一杯，两人高举酒杯一饮而尽，大家报以欢快的掌声和笑声。正是：

把盏诉衷肠，
异国同梓桑。
乡情浓于酒，
见证有珠江。

走进儒林第

7 月 2 日下午，塔信总理一行搭乘中方安排的专机从广州飞往梅州。

在飞机上，我应询向塔信介绍梅州的一些情况。

梅州设治于五代十国时期，迄今已有1000多年历史。境内主要河流梅江自西北流向东南，在三河镇与汀江汇合成韩江后经潮州注入南海。古时梅江两岸广植梅花有“梅香十里”之美誉。梅州因梅而得名。宋代诗人杨万里到过梅州并留有诗篇：

一行谁栽十里梅，
下临溪水恰齐开，
此行便是无官事，
只为梅花也合来。

梅州地处粤赣闽交界处，是客家人聚居地，有“世界客都”之称。据介绍，梅州移民遍布80多个国家和地区，海外客属华人有700万之多。梅州下辖梅县、丰顺、兴宁等8个县市。塔信母亲的祖居在梅县松口镇梅教村。

专机经过近一小时的飞行，降落在梅州机场。梅州市领导在机场迎候塔信总理并陪同前往松口镇梅教村。

汽车在平整的山间公路上奔驰。群山逶迤，溪水湍流，松树、竹林郁郁葱葱。塔信眉开眼笑，称赞环境保护得好。

松口镇位于梅州市东北方向，距市区54公里。自古就是粤东北重镇，今天仍然是梅州第一大镇。因濒临梅江，从来水运发达。元末明初粤闽赣客家人到海外谋生一般都经由松口码头。塔信的外祖父黄铨成当年就是从这里登船下南洋的。镇上建有移民博物馆。松口镇拥有7万人口，下辖 41 个自然村，梅教村是其中之一。

梅教村距离镇上约 5 公里，依山傍水，隆文河从村前流过，而后汇入梅江。两岸阡陌纵横，民居鳞次栉比。全村 580 户人家，2000 多人口，以种植水稻、果蔬为业。杂居着 15 个姓氏，世代和睦相处、守望相助。黄姓是其中之一，祖祠“千顷堂”有楹联“千顷家声，五经门第”，反映其“务农而崇文”的门风。塔信的外祖父黄铨成的祖屋“儒林第”，是一座“二堂四点金”客家“双喜屋”。

车子走了约 50 分钟驶进了梅教村。镇上和村里的领导已在村口迎候多时，乡亲们扶老携幼夹道欢迎。为了一睹塔信总理风采有的人甚至爬上房顶，有的骑在树杈上。村道清扫得干干净净，狮子在铿锵锣鼓声中起舞，人们兴高采烈，就像过节一样。

塔信从车子上下来，边走边向大家招手致意，口中说着“乡亲们好！谢谢乡亲们!”热泪在他的眼眶里打转。

86 岁的表舅母丘荣秀、72 岁的表兄黄先荣携一家老少 11 口人站在“儒林第”门前迎接塔信归来。塔信走过来拉着丘荣秀的手激动地说：“舅母，我回来了!”又把身后的儿子潘通泰让到前面来介绍说，“这是您的外孙。”说着，大家一起来到正厅落座。

黄先荣介绍说，“儒林第”建于清乾隆年间，已有 270 年历史。祖屋占地 1000 多平方米，三横八厅 34 间房。1939 年，塔信的外祖父黄铨成曾带着家眷回到“儒林第”住了两年多。塔信的母亲黄金垒就是那次回来的。黄先荣回忆说，家里一下子增加 10 多个人，几个孩子跟自己年龄不相上下，每天上山摘野果，下田摸鱼虾，玩得很开心。黄先荣边说边让大家喝茶。桌子上摆放着柚子、酿豆腐、米粄等客家小吃。

少顷，黄先荣安排塔信来到祖屋土地神前上香祭拜。然后开始参观祖屋各厅室。来到一间卧室，黄先荣对塔信说，这就是你母亲曾经居住的房间。塔信在床上坐了下来，似乎要感受一下母亲当年的起居情景。塔信不止一次说过，母亲不仅能说泰语还能说客家话、潮州话和普通话，勤劳节俭，为人热情大方，对他影响很大。临别，塔信将一个红包递给丘荣秀，紧握着她的手说："祝舅母健康长寿！"

离开"儒林第"祖屋，塔信又来到附近的山坡上，祭扫了外曾祖母沈氏墓。乡亲们再次来到村口送别塔信总理，嘱咐他有机会再回来。车子开动了，塔信摇下车窗一再挥手，跟大家说再见。

暂不去丰顺

离开梅教村，车队直奔梅州机场。塔信总理一行登上专机向潮州飞去。

在飞机上，塔信总理对我说，本来他还应该去丰顺的，那里是他父亲的祖籍地，但这次时间来不及，只能以后再弥补了。

2003年2月15日，第五届世界丰顺同乡联谊大会在梅州市丰顺县举行，塔信总理曾致函祝贺。此前，在泰国丰顺会馆举行的一次联欢会上，塔信曾表示自己的祖籍是广东丰顺。

丰顺是梅州南端的一个县，该县埔寨镇有一个塔下村。村前有塔下溪，溪水汇入榕江，在汕头入海。清光绪年间塔信的高祖父邱志勤携妻子和两个儿子从村前码头乘“红头船”穿越南海来到泰国。后因水土不服，邱志勤带着妻子和一个儿子返回中国，留下小儿子邱春盛（塔信的曾祖父）继续在泰国打拼。邱春盛经人推荐先在尖竹汶府和清迈府做地方税务官，后弃官从商，做丝绸生意。邱春盛与当地姑娘唐迪结婚生下阿昌（塔信的祖父）。根据泰国的习惯，这个家庭自阿昌起以“钦那瓦”为其姓氏。阿昌与清迈女子娘盛成家，生意越做越大，他们从中国、缅甸甚至伊朗进口生丝，加工成色彩丰富的时尚丝织品，畅销遐迩，很快打响了“钦那瓦”品牌。自此“钦那瓦”丝绸店长盛不衰，一直延续至今。阿昌与娘盛生下阿乐（塔信的父亲）。阿乐与茵蒂（黄金垒）结婚生下9个儿女，老大是女儿瑶瓦叻，老二就是塔信，塔信下面有2个弟弟比亚努和乌隆，5个妹妹瑶瓦帕、帕雅、蒙塔蒂、塔沙妮和英拉。塔信与普乍曼结婚，育有一男二女。这个家族100多年来从无到有、从弱到旺的发展历程，从一个侧面反映了泰国华人的奋斗史。

夜访潮州

傍晚，塔信一行抵达潮州。夕照下，韩江浮光跃金，城市好像被涂上一抹橙黄色的油彩。

尽管已经忙碌了一天，塔信总理仍然毫无倦意。他饶有兴致地参观潮州陶瓷精品展，称赞潮瓷风格独特、精美绝伦。他来到市民广场，走过亭台、楼阁、喷泉，不时对随行的部长们说哪些值得参考借鉴，哪些可考虑直接引进。塔信在一处题刻着“海滨邹鲁”的柱石前停下脚步，问何以将潮州称为“邹鲁”？解说员不无自豪地讲起一个典故。宋代有一位京官叫陈尧佐，因得罪皇上被贬为潮州通判。他来潮后关心民瘼，重视教化，治潮有功，又被召回京，最后做了宰相。一年，潮州一位姓王的举人进京赶考且金榜题名。宰相陈尧佐特地写了一首诗送他：

休嗟城邑住天荒，
已得仙枝耀故乡。
从此方舆载人物，
海滨邹鲁是潮阳。

意思是说，潮州学子进京考取了功名，这将载入史册。这里虽地处偏远海滨但非蛮荒，与孔子故乡鲁国和孟子故乡邹国一样，是文明昌盛之地。听到这里，塔信回过头来对身边的随行人员说：“看到了吧，潮州人会做生意不光因为脑子灵活，而且有文化。我们要提倡多读书，读好书！”

潮州市领导为塔信总理举行欢迎宴会。塔信发表了热情洋溢的讲话。他感谢梅、潮两州政府和人民对他热情、亲切的接待，盛赞两州物阜民丰、人杰地灵。说他母亲祖籍梅县，父亲祖籍丰顺，所以他既是梅州人又是潮州人，继承了客家人和潮州人的好传统，会读书，会做生意，也会做官。他是泰国人但根在中国，将以毕生精力服务于泰国的繁荣昌盛，促进泰中友好合作。宾主皆为他动情的话语感动，席间掌声阵阵，觥筹交错，气氛热烈。

坐在我旁边的一位市领导恐怕我对塔信“既是梅州人又是潮州人”的说法有疑惑，特地向我解释说，丰顺自清乾隆三年设县治100多年时间里一直隶属潮州，新中国成立后曾几易隶属于梅、潮之间，1988年至今隶属梅州。我说，是的，泰国华人习惯把丰顺看作潮州属地。

晚9时左右，塔信总理一行结束在潮州的访问活动，取道汕头飞广州。

“塔信现象”

在去汕头机场的路上，我与塔信总理的几位主要随同人员同乘一辆车子，他们仍然处在刚才宴会引发的亢奋中，争先恐后为塔信总理在讲话中的自我表扬做注脚。

是的，塔信会念书。

他从小聪明过人，离开幼儿园时算术已达到小学二、三年级水平。

念警官学校时曾获数学考试全校第一。1973年获政府奖学金赴美国肯塔基州读犯罪学获硕士学位。1976年又获奖学金赴美国得克萨斯州攻读犯罪学博士学位。

塔信会做生意。

家庭环境的影响使塔信从小就有做生意的意识，上小学和中学时就经常利用课余时间帮助父母料理买卖。大学毕业从警后，工作之余也做些生意，先后开过丝绸店、电影院，做过房地产和电脑生意。1985年进入电信业后生意节节攀升。1987年正式辞警从商。此后12年中，他从传呼机到移动电话，生意做得风生水起，左右逢源，很快占据了泰国电信业的“半壁江山”。1993 年 12 月 18 日，由他任董事长的“钦那瓦”集团投资 10 亿泰铢实施的“泰空一号”通信卫星在圭也那发射升空，诗琳通公主亲自前往观看。“钦那瓦”集团从此获得“电信王国”的称号，塔信的从商之路通向了事业的顶峰。

2001 年，据泰国官方公布，塔信及夫人和子女的财产达到 162.75 亿泰铢（约合 3.875 亿美元）。另据《亚洲周刊》报道，塔信家庭总资产约为 9.902 亿美元，在泰国华商中排名第五位，世界华商中排名第 100 位。

塔信会做官。

1973 年至 1987 年他在警察部队服役，表现优异，从警少尉做到警中校。

1995 年从政，在正义力量党旗下，先后出任政府外交部长、副总理。

1997 年，泰国颁布了一部旨在鼓励和催生大政党的新宪法。塔信敏锐地抓住这个“英雄有用武之地”的时机，于 1998 年 7 月 14 日成立“泰爱泰党”，接着在 2001 年 1 月 6 日全国大选中一举夺得下议院 500 个席位中 248 席，牵头组阁，出任泰国第 23 位总理。

塔信一上台就以“新思维、新作风”为口号，雷厉风行地推出一系列新举措，在泰国政坛刮起一股“改革旋风”，创造了引人注目的政绩。

他采取“大进大出”即大量引进外资、推动大量出口的政策，有效地激活泰国经济，使之从低迷状态很快提振到

6%～7%的增长水平。到2002年底，泰国悉数还清1997年金融危机中从国际货币基金组织（IMF）和其他方面举借的总共172亿美元贷款。2004年底，泰国外汇储备480亿美元。泰铢对美元的汇率从1997年金融危机时的73∶1回升到39∶1。2004年大米出口1034万吨，位列全球第一。

他提出“社会资本主义”的概念，实施多项向“草根”阶层倾斜的社会政策。例如，“30铢治百病”，不足部分由政府补齐；“百万乡村基金”，政府每年给每个村子拨100万泰铢用于农、工、商生产活动，以解农村资金不足之忧；“冻结乡村债务”，将农户欠债暂时冻结3年，以便他们将从“百万基金”分得的款项用于发展生产，然后视情减免或适时清还债务；“一村一品”，鼓励每个村子重点生产一种“拳头产品”并协助在国内外推销。这些政策受到下层民众特别是贫困农民的广泛支持和拥护。

他将CEO（首席执政官）模式引入政府的行政管理。各级政府和部门实行“长官负责制”，强调责权统一，要求敢于担当，失职必问。突出“一把手”的作用，减少推诿扯皮，提高了工作效率。

他以雷霆手段缉私肃毒。连续发动几次大规模的围剿毒窝、毒点和毒贩的行动，镇压了一批毒犯，遏制了毒品泛滥的势头。2004年，美国宣布将泰国从毒品生产和中转国名单除名。塔信的严厉手段招致贩毒集团悬赏200万美元取其性命，并曾在其乘坐的飞机座位下安放炸弹，但这丝毫动摇不了塔信缉毒的决心和意志。

他“立足亚洲、放眼世界”，推行全方位外交，积极发展同各国友好关系。他首倡与邻国举行联合内阁会议；牵头建立泰、马、印尼三国联合橡胶公司；倡议召开大米生产国部长会议；提议建立亚洲债务市场（Asian Bond）；发起亚洲合作对话机制（ACD）。2003年“非典”肆虐之时，他倡议在曼谷召开东盟与中国联席会议，互通情况，协调政策，对抗击“非典”发挥了积极作用。他积极支持建立中国—东盟自贸区，率先与中国实行蔬菜水果零关税，实现“早期收获”。他坚持对华友好，恪守一个中国原则，对中国和平崛起持欢迎态度，坚信中国是维护地区和世界和平的重要力量。

2005年1月，塔信以突出的政绩完成第一个4年总理任期。2月，塔信又率领泰爱泰党赢得新一轮大选，获得下议院500个席位中的377席，占议员总数的76%，他再次担任泰国总理，并且由泰爱泰党单独组阁。

泰国于1932年由君主制改为君主立宪制以来，塔信是第一位完成4年任期的民选总理，第一位届满后连选连任的总理，第一位一党组阁执政的总理。塔信创造了历史，对他当政后提出的新理念、新思想、新作风，尤其是他治国理政6年所取得的突出成绩，以及泰国政坛上出现的新气象，人们称之为“塔信现象”。

晚上11时许，塔信总理一行由汕头飞抵广州白云机场。谢强华副省长在机场迎送。塔信总理在登上返泰的专机前握着谢副省长的手说，此次寻根之旅非常愉快，有“游子省亲”之感。他对广东方面的盛情接待再次表示感谢。同时表示，因为时间仓促，这次没能去丰顺看看他父亲的祖屋，留下了一点遗憾。

谢强华表示欢迎塔信以后再来。

塔信总理的专机缓缓滑出，起飞，隐没在夜空。

来到塔下村

9 年以后（2014 年），塔信再次访问梅州。这次是和妹妹英拉一起以平民身份前来。

2006 年 9 月 19 日，泰国发生军事政变，塔信总理被迫下台并长期流亡国外。2011 年 7 月英拉在大选中当选泰国第 28 位总理，又在 2014 年 5 月 22 日的军事政变中下台。这次他们应中国人民外交学会邀请访华，先访问了北京、四川和云南，广东是最后一站。

2014 年 10 月 31 日，塔信和英拉以及英拉的儿子一起先到梅县看了母亲曾经居住的老屋，然后来到丰顺。丰顺街头挂起“热烈欢迎塔信英拉兄妹回乡”的横幅和标牌。县领导在县政府会见塔信和英拉，将一件稻穗玉雕作为礼物赠送二人，并在县政府大院合影留念。兄妹俩来到塔下村，走进曾祖父曾经居住的老屋。塔信抚摸着门框似乎在想象祖辈在那久远年代的生活情景。

县领导对塔信和英拉说，县里考虑将这座祖屋加以整修，办成供村民休闲的场所，并辟为旅游景点。塔信兄妹均表示赞成和支持。

塔信的远亲近邻闻讯纷纷赶来，拉着塔信兄妹的手嘘寒问暖。他们一起品尝家乡特色小吃，一起叙说着如丝如缕的亲情和乡情。

在邱氏祠堂，塔信和英拉摆上供品，焚香点烛，虔诚地祭拜了祖先。

塔信披着暮色，走在村道上，望着远山，心头涌起一股眷恋之情。行色匆匆，来了又要走了。让他感到慰藉的是，终于完成父母的遗愿，圆了寻根之梦。

“再见了，乡亲们!”塔信使劲挥动手臂，转身钻进即将远行的轿车。

亲历“九一九”政变

2006年9月19日晚，曼谷街头车水马龙，灯红酒绿。

我驱车来到曼谷东郊，出席泰国正大集团董事长谢国民为欢迎时任国资委主任李荣融举行的家宴。李主任正在泰国进行工作访问，考察正大是其访问的内容之一。正大集团是中国改革开放以来最早赴华投资办厂的泰国企业，业务遍及中国各省市。

谢宅掩映在一片绿树丛中，廊柱、厅堂在华灯的映照下显得格外富丽，墙上悬挂着刘海粟、关山月的书画，更增添几分雅致。宴会在亲切的气氛中进行着。

8时30分左右，我突然接到使馆潘广学公参的电话，说有朋友提醒，今晚泰国可能要发生政变。不一会儿，又接到新华社驻曼谷首席记者张秋来的电话，说有来自军方的消息，军队有异常调动。

半年多来，泰国政局一直动荡，不时有政变传闻，这回真的是“狼来了”吗？我不敢掉以轻心。商李主任和谢董事长后，我决定提前离席返馆做必要布置。

路上，我又接到朋友的电话说，曼谷城外发现坦克部队在集结。看来一场事变已迫在眉睫！

车窗外，风卷起路上的落叶扑打在闪烁的霓虹灯上。远处隐隐传来雷声。

风雨之夜

回到使馆以后，我立即布置相关同志利用平时积累的人脉关系进一步了解情况。

综合各方面消息，我们很快掌握一个基本事实：驻扎东部和东北部地区的主力部队第三军和第五军辖下的四支部队第 31 步兵团、第 2 骑兵营、第 23 骑兵营和第 24 骑兵营下午 6 时奉命向曼谷方向运动，9 时前抵达曼谷外围待命。

9 时 30 分，我接到新华社记者凌朔的电话："大使，政变发生了！总指挥是陆军司令颂提·汶雅叻格林，参加政变的除原先知道的四支部队外，还有曼谷卫戍部队。北碧和华富里的特种部队也在待命。

几乎与此同时，负责盯着电视的同志报告，第五电视台中断正常节目，所有频道改播国王和王室的画面及音乐。五台是陆军电视台。随后，其他电视台也出现同样情况。

负责上街观察的同志报告，军队上街了，M41 主战坦克、M113 装甲车、悍马吉普隆隆驶过。总理府被军队占领，交通要道设卡了。

窗外，狂风大作，暴雨欲来。

11 时，电视五台的荧屏上出现一位美女主播。有人一下就认出来，她是塔玮南，1987 年的"亚洲小姐"，拥有硕士学位。人们敏感地意识到，这位美女在这时露面也许有特殊使命。果然，塔玮南以温婉的语调宣布一个震惊全国乃至世界的消息：

为了维护和平与秩序，军队和警察已经成功控制了曼谷及周边地区，没有遇到任何抵抗。军方请求公众予以配合，并为由此造成的不便予以谅解。

此后，电视五台陆续发布政变当局的号令：

以陆军司令颂提为主席的“国家管理改革委员会”宣告成立，并接管全国政权。

塔信政府造成了国家的严重分裂和官场的猖獗腐败，这种现象必须中止。

国家管理改革委员会接管政权后，将尽快恢复正常社会秩序，然后实行政治改革。

废除现行的 1997 年泰国宪法，解散国会和内阁。

在没有总理的情况下，总理的权力暂归国家管理改革委员会主席。在没有内阁情况下，各部次长暂行部长职权。

实施戒严令，禁止五人以上的政治集会。自 20 日凌晨 1 时起全国宵禁，没有军方特别许可，任何人不得离开自己的住所。

……

闪电划破夜空，轰隆隆的炸雷从湄南河上空滚过，两岸的万千楼宇、寺庙、街巷和椰林都被笼罩在白茫茫的雨幕中。

媒体争先恐后地报道这场政变。

世界各主要通讯社、电视台和报纸在曼谷都派驻记者。他们之间既沟通又竞争。新华社在这次报道中拔得头筹。他们在当晚 10 时发出第一条泰国政变消息，比第二快的法新社早 1 小时 51 分。

记者凌朔告诉我，为了抢消息，他整夜未眠。发完文字消息稿，他马上上街拍照。首席张秋来递给他一把伞，又塞给他一把泰币，说是备用。同时叮嘱，拍摄时要大大方方，不要躲躲藏藏的。秋来作这样的叮嘱是有鉴于以往的教训。1992 年泰国“黑五月”流血事件中，一名西方记者就是因为躲在大树后面用长镜头拍照，被误认为“偷窥”“偷袭”而遭乱枪打死。

凌朔脚踩油门，汽车冲出院子。街上的车子和行人少了许多。他很快来到总理府附近一个铁路与公路相交的五岔路口。这里设了路障，持枪的士兵指挥车辆和行人向两侧疏散，不准继续往前了。凌朔谙熟这一带地形，七拐八拐便来到总理府对面的胡同口，一眼就看到几十辆坦克和装甲车，还有荷枪实弹的士兵把总理府这座西式大院包围得水泄不通。他把车一停，架起相机就拍摄。有士兵过来阻止，他边亮出记者证边不停歇地按动快门。不一会儿就近景与远景、全貌与特写地拍了数十张图片。然后坐在马路沿上，把手机接到上网本，以每秒 36 千字节的速度发出泰国政变组图。

一个好心人悄悄地把雨伞打开，蹲到凌朔身边。豆大的雨点落在及时张开的伞盖上，图片从伞盖下飞向世界各地。凌朔抬头一看，是位泰国人，急忙表示感谢。打伞人说：“我是新华社的粉丝呢！”

热带的雨来得快去得也快。

当曙光初照的时候，这座城市又恢复了往日的熙攘与喧闹。车来人往，店铺照常营业，僧人托钵化缘。一位姑娘向在街头站岗的士兵献上一束兰花，一对情侣手持玫瑰在坦克前留影。各大报均以头版头条报道政变消息，并配发大幅坦克入城和街垒哨卡的画面。据一家民意测验机构随后公布的数据，80%的曼谷人接受了这场政变。

这时，我们得到消息，就在19日晚枢密院主席炳·廷素拉暖引领国家管理改革委员会主席、陆军司令颂提觐见了国王，国王首肯了这场政变。

20日上午9时15分，泰国各电视台同时播出国家管理改革委员会领导成员集体与民众见面节目。委员会主席陆军司令颂提·汶雅叻格林、副主席武装部队最高司令伦洛·玛哈萨拉侬、海军司令沙拉提潘·盖亚侬、空军司令差立·普帕素、警察总监格威·瓦塔那五人均着上将服，一字儿排开，个个腰板挺直，目光前视。他们向公众行过合十礼后，颂提开始讲话。

颂提说，由泰国武装部队最高司令、陆军司令、海军司令、空军司令、警察总监组成的国家管理改革委员会已经成功接管国家政权，请大家保持平静并支持军方的行动。委员会成员一致认为，塔信独断专行，他的错误政策造成国家史无前例的分裂，政府严重腐败，破坏了国家的稳定和发展，损害了国家形象。委员会认为，政变是弥补社会裂痕，结束民主遭受腐蚀的必要举措。委员会无意统治国家，将在君主立宪政制下尽快还政于民。

当天下午1时30分，颂提等五位国家管理改革委员会成员在陆军司令部会见各国驻泰使节。我在郑欣秘书陪同下应邀出席。颂提说，政变是泰国内部事务，希望得到各国理解。一部临时宪法将在两周内颁布施行，很快成立立法议会，任命新总理并组成文官政府。他强调，泰国的对外政策没有变化，将继续发展同各国的友好关系。

陆军司令部戒备森严，但附近交通恢复正常了。

2 分钟的视频

这场政变是在塔信总理不在国内的情况下发生的。

这时，塔信正下榻在纽约第 42 大道君悦酒店。他刚刚结束对欧洲的访问来到纽约，准备参加第 61 届联合国大会的一般性辩论并作关于泰国民主的发言。

据后来媒体报道和随同塔信访问的代表团成员透露，9 月 19 日凌晨 5 时（曼谷时间傍晚 5 时），塔信在梦中被手机铃声惊醒，电话的那头传来在曼谷的妻子普乍曼急切的声音："他们可能要发动政变……"

塔信突然想起，昨晚 8 时（曼谷时间 9 月 19 日上午 8 时），他在纽约召开内阁远程视频会议，同时通知陆、海、空军司令与会，但他们一个也没有出席。陆军司令颂提说时间太仓促，赶不及。这个解释显然牵强，但未引起塔信的注意。

塔信自认为有恩于颂提。2005 年 10 月 1 日，他提名任命颂提为陆军司令时曾有非议，认为此职历来由佛教徒担任，而颂提是穆斯林。塔信解释说，他正是希望利用颂提的穆斯林身份和丰富的作战经验加快解决泰南穆斯林聚居地区的叛乱问题。

前些日子，针对坊间政变传闻，塔信曾经把颂提找来，直截了当地问："你是不是想搞政变推翻我？""怎么可能，我不会这么做。"颂提轻声细语但并不含糊地回答。塔信表示，我相信你。

事到如今，塔信必须立即把情况搞清楚。他与国内军、警、政、情各部门联系，但众说纷纭，莫衷一是。他指示奇猜副总理代表他全权应对一切突发情况，指示武装部队最高司令伦洛上将把握住军队。然后，塔信通知代表团主要成员集中到他的房间，听取他们的对策建议。这些要员们一听说政变就炸了锅：

"是真的吗？"

"怎么可能？"

"谁敢冒这天下之大不韪？"

"他们注定是要失败的！"

除了愤愤然的议论，谁也提不出能解决问题的办法。

塔信坐在办公桌后面，似听非听，突然拿过来一张纸，提笔疾书。他决定发表电视广播讲话，采取反制措施。他吩咐马上接通网络线路，几经努力未果。他只好改用电话线，通过电视九台播出。九台台长是塔信的心腹，这是他此时还能掌握的唯一新闻阵地了。

在曼谷，晚上 10 时，电视九台中断各频道所有节目，开始播报塔信的"重要讲话"。

我当时恰好就在看电视九台。屏幕上出现塔信静止的图像和略带沙哑的画外音：

我宣布，曼谷即时进入严重紧急状态。任何部队不得非法调动。解除陆军司令颂提的职务，由武装部队最高司令伦洛上将直接统领各部队；所有武装部队高级军官立即向代总理奇猜报到，授命奇猜代总理全权处理危机……

电视突然黑屏，塔信的讲话中断。我抬腕看表，前后不到 2 分钟。显然，第九电视台也被军方占领了，塔信失去了最后一个新闻据点。

塔信全力倚仗的副总理奇猜是他在曼谷和美国同窗好友，武装部队最高司令伦洛则是他的“患难之交”，但他们接到塔信指令后为何迟迟没有行动，一直是个谜。塔信只有扼腕叹息。

2006 年 9 月 20 日凌晨 5 时，塔信的车队离开君悦酒店，在晨曦中驶向肯尼迪机场。作为泰国第 23 位总理，塔信最后一次使用总理专机由纽约飞往伦敦，开始他的流亡生活。

事非偶然

泰国军人有干政的传统。历史上曾经发生过 17 次军事政变。他们通过政变改变国家政制、更迭政府，干预国家政治生活。是推动社会进步，还是遏制和破坏民主，历史自有公论。

第一次政变发生在 1932 年 6 月 24 日。凌晨 5 时，以披耶帕凤为首的一批军人突然包围王宫，缴了御林军的枪械，扣押各部大臣，占领电话电报局、铁路局和中央车站，宣布夺取了国家政权。正在华欣打高尔夫球的七世王，闻讯立即丢掉球杆，赶回曼谷与政变者谈判并达成妥协，组成以披耶帕凤为总理的新政府。泰国从此结束延续 700 多年的君主专制，开启君主立宪制的新纪元。

这场政变实际上是民党发动的。这个党的骨干是一群曾经留学法国的青年军官和政府公务员，政变成功后不久分化为以比里为首的文治派和以披汶·颂堪为首的武治派。武治派在镇压王室势力试图复辟的政变中逐渐壮大并占据优势地位。1938 年 12 月 16 日，披汶取代披耶帕凤出任总理，泰国从此进入长期军人独裁统治的时代。

第二次世界大战期间，披汶政府投降日本，加入轴心国向同盟国宣战。比里等组织并领导“自由泰”运动，坚持抗日。战后披汶被迫辞职，泰国一度出现由比里等担任总理的短暂文官政府。

1947 年 11 月 8 日，披汶通过政变再度上台。他借助冷战形势，反共亲美，镇压民主力量，继续实行军事独裁。

1957 年 9 月 16 日，沙立发动政变取披汶而代之，军事独裁之势有增无减。

1963 年 12 月 8 日沙立病逝，他侬继承前任衣钵，泰国政坛继续掌控在军人手中。

1973 年 10 月，泰国爆发大规模学生运动，推翻他侬政府，延续近 40 年的军人独裁统治才宣告结束。

此后，泰国进入军人与政党共治时期。这时出现的江萨·差玛南政府由军人、政客和技术官僚组成，虽然政党参政仍有限制，但开放大选，放松对社会的管制，被称为“温和的军人政府”。随后的炳·廷素拉暖政府更加开明。炳时任陆军司令，为人正直清廉，有实力也有威望。起初由少壮派军人推举接替江萨出任总理，3 年后退役仍被各政党邀请牵头组阁执政。炳倚重王室，鼓励政党活动，协调各方利益，维持政局稳定，促进经济发展，连续执政 8 年后主动辞职，为推进泰国民主进程作了积极的铺垫。

1991 年，陆军司令素金达发动政变，试图恢复军人独裁统治，遭到各界强烈反对，造成 1992 年“黑五月”严重流血冲突，国王出面干预，素金达被迫流亡国外。这次事件标志军人主导政坛的结束和政党主导政坛的开始。

然而，为什么 15 年后政变又起，军人重新登上政治舞台？

我和我的同事们利用各种机会同专家、学者、企业家、媒体人和政府公务员进行广泛交流和探讨，形成一些看法。

这次政变是近几年来泰国政局演变的结果。自 1992 年军人淡出政坛以后，泰国精英阶层形成一个共识：缔造一两个、两三个大党，彻底改变政党林立、力量分散的局面，最终实现政党主导政坛的目标。从某种意义上说，1997 年宪法就是为此制定的。正是在这个背景下，塔信领导的泰爱泰党应运而生，在 2001 年 1 月大选赢得下议院 500 个议席中的 248 个议席，以明显优势牵头组阁。2005 年 2 月大选又赢得下议院 500 个议席中的 377 个议席，更是以绝对优势单独组阁。泰爱泰党控制了议会，掌握了政府，塔信集行政、立法权于一身。权力因失去有效制约而滋生腐败，损害社会公平，导致民怨沸腾。2005 年 9 月以后，曼谷开始出现“街头政治”。先是媒体大亨林明达，而后号称“中产阶级代表”的占隆也参与进来领导了一场反对塔信的运动。集会从校园到公园、广场，游行从文化街区到商业闹市，参加者由市民、商贩、医生、企业家、教师到政客，声势越来越大，逐渐形成一支反塔“黄衫军”。而这时发生的一桩“售股案”更是把塔信推进了执政危机。

2006年1月，塔信的儿子潘通泰和女儿佩通坦以18.7亿美元价格将手中持有的泰国第一大电信企业臣那越集团49.6%的股份卖给新加坡国有企业淡马锡集团。根据泰国议会几天前刚刚通过的一项法律，塔信的子女以个人名义进行这笔交易是不用纳税的，如以公司名义则需缴纳4.5亿美元的巨额税款。此事很快被媒体曝光，批评之声骤起，舆论哗然。人们责问，小摊贩卖一碗米粉尚且要纳税，缘何数以亿计的买卖却可以不交一分钱税？政府答曰法律使然。人们追问，法律是由泰爱泰党完全操控的议会制定的，这不是身为党魁的塔信利用手中权力为家人侵吞国家利益大开方便之门吗？尽管政府安排法律顾问，甚至塔信本人也在每周“总理对民众谈话”电视节目中亲自作解释，仍然平息不了这场轩然大波。

迫于压力，塔信不得不于2006年2月宣布解散议会重新大选。但由于反对党民主党、泰国党、大众党等结成联盟集体抵制大选，泰爱泰党在无竞争的情况下虽然胜选却被法院裁决无效。这时支持塔信的力量身着红衫也走上街头，与反塔的“黄衫军”对峙，泰国社会出现以红、黄为标志的尖锐对立。社会政治矛盾日益激化，各种力量调解妥协无望，于是给军队介入提供了机会。

这是一场权力之争。1932年以前，国家权力完全集中在王室，此后主要权力转移到军方。2001年大选以后，塔信的泰爱泰党一党独大，权力过分集中，形成一种被称为“民主外壳下的新型独裁”，引起王室和军方的忧虑和反弹。

这又是一场利益之争。塔信政府实行“草根政策”，财政向农民倾斜，中产阶级和大资产阶级因利益受到损害而持反对态度，站到了倒塔一边。

这也是一次民主模式的调整。泰国自实行议会民主以来，一直在议员的选举与委任上摇摆、在集中与分散的尺度上权衡。选举怕选票被收买，集权怕失去制约，分散又造成莫衷一是、议而不决。到底如何是好，一直在探索中。此次政变前后，要求制约权力的呼声很高。

尊重泰国人民的选择

对于泰国发生的这场政变，国际上的反应不一。西方普遍认为这是反民主，持批评、谴责态度。欧盟国家驻泰大使集体抵制，拒绝出席政变后成立的立法议会开幕式，与新政府保持距离。美国宣布中断对泰军援。东盟国家态度谨慎，但也难免表示遗憾。

中国一如既往，坚持不干涉别国内政的原则。

2006 年 10 月 4 日，我拜会素拉育总理，转交时任国务院总理温家宝的贺电，对他的任职表示祝贺。素拉育是 10 月 1 日被任命为泰国总理的。他是泰国的第 24 位总理。随后，我拜会新任外长尼特转达时任外交部部长李肇星对他的祝贺。

10 月 19 日，时任中国人民解放军总参谋长梁光烈应邀访泰，王储哇集拉隆功、总理素拉育、枢密院主席炳、国防部长本洛、陆军司令颂提分别会见。泰方一再表示感谢梁总长在泰国遇到困难的时候到访，体现了真挚的友谊。

10月底，素拉育总理应邀赴南宁出席中国一东盟建立对话伙伴关系15周年峰会。温家宝总理与其进行了双边会见。

会见安排在邕江江畔的荔园山庄。这里山清水秀，风和日丽。礼宾司安排我陪着温总理在门厅等候素拉育总理的到来。

“他出任总理之前，你跟他认识吗?”温总理问。

“认识的，一起吃过饭，打过球。”我回答。我看素拉育还没到，便将他的情况作了简单介绍。

素拉育生于1944年，1965年入伍服役，做过步兵、炮兵和特种兵，1998年任陆军总司令，2003年任泰国武装部队最高司令，同年退役后被国王任命为枢密院大臣。素拉育的父亲帕荣·朱拉暖是泰共的一位领导人，曾以泰国爱国阵线海外代表的名义常驻北京直至病逝。其父病重期间，素拉育曾来京探视。这样的家庭背景对素拉育的升迁并未造成影响，从一个侧面反映了泰国文化的包容性。

素拉育从门口大步走了进来，温总理紧紧握住他的手，对他表示欢迎并将他引进会议室。中方李肇星外长、泰方尼特外长等参加会见。

温总理说，中国政府高度重视同泰国的关系，愿一如既往地推动中泰友好关系不断向前发展。中方愿与泰方加强高层往来，制订两国战略性合作行动计划，推动经贸合作取得更多实质性成果，进一步扩大文化和旅游合作。

素拉育说，泰国人民视中国为真诚的朋友。泰国政府将继续坚定不移奉行对华友好政策，不断深化两国战略性合作。泰方希望进一步挖掘合作潜力，加强两国交通运输联系，扩大双边贸易和人员往来。

2007年1月，泰国国家安全委员会主席颂提访华。新政府成立后国家管理改革委员会宣告解散，颂提改任此职。时任国家副主席曾庆红会见了他。

2007年2月，时任国务委员唐家璇应邀访泰，国王普密蓬在王宫亲切会见。唐国委以中国政府名义向国王的山地开发计划提供800万美元赠款。唐国委对国王长期以来为中泰关系稳定发展作出的巨大贡献表示高度赞赏。并说，中泰关系基础牢固，两国人民亲密无间。中方高度重视中泰战略性合作关系，愿与泰方共同努力，推动两国关系不断迈上新台阶。国王感谢中国政府对泰国政府的支持，感谢中方对国王山地开发计划的援助。他还对中国政府以人为本，在社会和经济建设中取得的成就表示钦佩。总理素拉育、枢密院主席炳、立法院主席米猜也分别会见了唐国委。

2007年5月，泰国总理素拉育正式访华。温家宝总理与其举行会谈，双方签署了《中泰战略性合作共同行动计划》。时任国家主席胡锦涛会见了素拉育。胡锦涛说，中国视泰国为亲密的朋友和可信赖的合作伙伴，尊重泰国人民自主选择的发展道路。无论国际形势和两国国内情况发生什么变化，我们坚持中泰友好的方针都不会改变。胡锦涛表示，《中泰战略性合作共同行动计划》的签署，是双方深化两国关系采取的重大举措，为新世纪中泰关系的发展注入了新的活力。

素拉育说，泰国政府感谢中国政府对泰国一贯给予的支持和理解，愿以签署《中泰战略性合作共同行动计划》为契机，深化两国在各领域合作，使之取得更丰硕的成果。

访问结束，我在机场送素拉育总理离京回国的时候，他握着我的手说，新旧世纪之交，泰国曾领先其他东盟国家与中国建立战略合作伙伴关系，今天尽管泰国政局出现困难，中泰又能率先签署战略性合作行动计划，作为临危受命的泰国总理，我不辱使命，感到特别高兴。

三国大使同台受访

媒体一直密切关注各国对泰国政变的态度。我几乎每天都要回答记者提出的各种问题。其中影响较大的一次是 2007 年 2 月 6 日中、美、英三国大使在泰国国家电视台的同台访谈。

电视台对这次访谈特别重视，早早就发出预告。三位大使按时来到演播室，工作人员在每个人脸上认真地打了粉，说是为了防止反光。人称“铁嘴”的总编辑素提猜亲自主持这次访谈。美国大使鲍尔斯、英国大使弗尔一开始就提出，此访不谈政治。素提猜满口答应，说恰好你们三位都懂泰语，就谈为什么要学泰语以及如何应用泰语工作吧。

当访谈进行到一半左右时，素提猜似乎顺其自然地问弗尔：“大使阁下，您即将离任，请问在您的整个任期中，什么事给您留下最深刻的印象?”

“海啸!”弗尔不假思索地回答。然后把英国政府和人民对2004年发生的印度洋大海啸如何关注并提供救灾援助作了介绍。

“您呢?除了海啸……”素提猜马上掉过头来问我。

“那就是九一九政变了。”我回答,并借机介绍了我国政府的立场和态度。我着重指出,中国政府恪守和平共处五项原则,坚持不干涉别国内政。认为这次政变纯属泰国内部事务,应该由泰国人民自己解决。我们尊重泰国人民的选择,相信泰国人民完全有智慧、有能力处理好自己的事情。我们希望泰国尽快恢复社会稳定,经济不断发展,民生得到改善。中国将继续奉行对泰睦邻友好政策。

“那么,你们二位呢,怎么看待泰国发生的这次政变?”素提猜紧接着把这个问题抛给鲍尔斯和弗尔。

他们于是不得不介绍本国政府的立场和态度,不同程度地表达了对政变的不满。

访谈结束后,鲍尔斯和弗尔对素提猜没有信守不涉及政治的承诺颇有微词。素提猜说,话到嘴边了如执意回避,反倒不好,是吧?两人耸了耸肩,只好作罢。返馆的路上,陪同我参加访谈的郑欣和曹婷秘书也忍不住评论道,素提猜硬是巧妙地把话题引到政变上来,无愧于“铁嘴”称号,难怪泰国政客都怕他呢。

这台访谈播出以后在泰国引起广泛反响。素提猜在他的博客里搞了一个投票测验,结果中国大使得了1008票,美国大使得了238票,英国大使得了80票。我馆连续几天接到来自泰国各界的电话，纷纷对中国政府在泰国政变问题上的态度表示肯定和赞赏。在曼谷外交和社交场合人们戏称，中美英三国大使“打了一场擂台”。

斗争尚未结束

塔信流亡国外后一直没有停止抗争，泰国政府也对其不断进行打压。

2006年11月27日，泰国国家安全委员会主席、陆军司令颂提把我请到他的办公室，一落座就对我说，近来，塔信在北京和香港多次会见泰国前政要和泰爱泰党骨干，进行反对泰政府的活动，泰方希望中国政府制止他的这种行为。会见时我馆高怀玉副武官、泰国安会秘书长兼国防部次长威奈在座。威奈送我们到门口上车时又说，颂提所谈塔信那些情况媒体已有报道。高副武官表示，我们注意到了。

12月6日，我约见颂提，按国内指示对他几天前的谈话作出答复。我说，泰国内政发生的变化是泰国的内部事务，中国政府不予干涉。至于塔信因私来华度假，温家宝总理和素拉育总理在南宁交换过意见，有过共识。中国严格按照共识处理相关事宜，未与塔信有任何官方往来。塔信或其他泰爱泰党成员以合法身份并持有效护照赴华是其个人行为，与中方无关。我并强调，中国政府不会允许任何人或政治势力在中国从事任何针对另一国的政治活动，请泰方放心。颂提说中方的立场和态度清楚、明确，泰方表示感谢。颂提还说，我知道两国总理的“南宁共识”。又说，我们将积极推动泰国的民主进程，争取早日举行大选。会见时高怀玉副武官和威奈秘书长在座。

所谓“南宁共识”指的是2006年10月31日温家宝总理与素拉育总理在南宁大范围会见后又进行了一对一的交谈，温总理告诉素拉育总理，塔信在伦敦提出拟来华作私人度假，按惯例中方对此不便反对。素拉育表示他致力于弥合各派分歧，塔信要去哪里是他的自由。素拉育回到曼谷后，11月14日，在一位侨领的儿子的婚宴上又对我表示，他并不全盘否定塔信所做的一切，而是要做必要调整。例如，“30铢治百病”将改为“穷人免费治病”；对泰南的动乱，不是一味用强，而是将严厉镇压恐怖分子与扶助贫困结合起来；经济发展不能只追求速度，还要注意解决发展中出现的问题等。他欣赏中国建设和谐世界的主张，将为推动泰国各派和解、实现社会团结而努力。素拉育还说，我不反对塔信去中国，知道中国政府很讲原则，不会允许他在中国做反对泰国政府的事情。

2007年1月11日，泰国外交部次长格里把我约到他的办公室向我通报，泰外交部1月10日作出决定，吊销了塔信及其夫人的外交护照。

2007年5月30日，泰国宪法法院判决塔信一手创办的泰爱泰党在2006年4月大选中“违章”，着立即解散并禁止该党111名执委5年内不得参政。

2007年6月11日，泰国资产调查委员会宣布冻结塔信及其家人在泰国全部70个账户的资金，总金额达21亿美元。

这使塔信在国际上的活动受到了很大限制。

2007年12月23日，泰国举行政变后的首次大选，沙马领导的以原泰爱泰党为班底组建的人民力量党胜出。2008年1月28日，沙马当选泰国第25任总理。31日，我拜会沙马总理，转达温家宝总理对其任职的祝贺。沙马表示将继续奉行对华友好政策并期待尽快访华。他还说，将继续推行塔信在任时的各项政策，并为塔信重返泰国提供方便。

泰国各媒体很快报道塔信即将返泰的消息。人们作种种猜测，有的认为塔信可能经马来西亚自泰南入境，有的认为可能顺湄公河自上而下由泰北入境，多以为他会不事张扬地悄然而来。事实却令这些人大跌眼镜。

2008年2月28日，塔信乘坐泰国国际航空公司的班机堂而皇之地由素万那普机场入境。当塔信走出机场大厅，人们看见他打扮一如往常：身着西便服，不系领带，白衬衫最上方两颗扣子解开着。面对众多的记者和围观的群众，他突然跪下，俯伏身体，亲吻泰国土地。“咔嚓，咔嚓!”各种长短镜头争抢着拍下这异乎寻常的画面。这条新闻很快传遍泰国，飞向世界。

塔信说：“我是回来应诉的”。他径直走进法院大门，然后又以800万泰铢保释。

尽管沙马政府全力支持塔信，但司法部门一刻也没有停止对塔信的诉讼进程。政变后，检察部门就对塔信提出17项贪污、渎职的指控，法院完全受理。7月31日，泰国刑事法庭宣判，塔信夫人普乍曼犯逃税罪，判处2年有期徒刑。媒体同时报道，法院对塔信也将很快作出宣判。塔信眼看面临牢狱之灾。

8 月 7 日，塔信和夫人获得法院允许后去北京参加奥运会开幕式。8 月 10 日由北京去了伦敦。塔信对媒体说，这次返泰未能得到法院公正对待，不得不再次流亡。

2008 年 10 月 21 日，泰国大理院宣判，塔信在一桩购地案中触犯反贪污法，判处 2 年徒刑，同时发出逮捕令，并向英国提出引渡要求。

2008 年 11 月，英国政府吊销塔信在英居留签证。塔信不得不离开英国前往其他国家另寻居所。

2008 年 9 月 9 日，泰国宪法法院宣判，沙马担任总理后仍然主持烹饪电视节目，“与公众争利”“违反道德规范”，依法剥夺其总理资格。下议院推举人民力量党副主席颂猜（塔信妹夫）接替沙马担任泰国第 26 任总理。

2008 年 12 月 2 日，泰国宪法法院对 2007 年 12 月 23 日大选中的舞弊案作出宣判，判决人民力量党犯舞弊罪着即解散，其执委 5 年内不得参政。身为该党副主席的颂猜总理遂告离职。

塔信势力的第一次“东山再起”就这样被打了下去。

2008 年 12 月 15 日，民主党主席阿披实在下议院被推举为泰国第 27 位总理。在阿披实政府治下，泰国各界“反塔”与“拥塔”两派继续较量，黄衫军与红衫军争斗不已。

2011 年 7 月，泰国再次举行大选，以原泰爱泰党为班底组成的为泰党胜选，该党领导人塔信的妹妹英拉当选泰国第 28 位总理。2013 年底，英拉试图推动“特赦法案”以便塔信返泰，但遭强烈反对，政坛因此再度激荡。

2014年5月22日，军方再次发动政变，陆军司令巴育出任泰国第29位总理。

塔信势力的第二次“东山再起”再次失败。

自2006年“九一九”政变后近8年时间里，泰国发生两次政变、举行两次大选、更换6位总理和6届政府，政局持续动荡，社会分裂，主要矛盾没有得到解决，斗争仍在继续。

暹罗湾畔游子吟

曼谷机场被“黄衫军”占领

2008年11月25日，晚9时左右，我突然接到几个陆续打来的电话：曼谷国际机场被以“民盟”为首的非政府组织“黄衫军”占领了！

不多时，电视即时新闻就播出“黄衫军”占领机场的画面，旅客惊恐而不知所措，到处是喧嚣和混乱。一位西方旅客对着记者的话筒说：“太可怕了！未曾见过这种场面。”一位泰国人说：“这在泰国是首次！太极端了，难以接受！”

街头巷尾都在说机场被占，人心惶惶。有的地方出现抢购现象。

素万那普机场当局宣布，为安全起见，不得不暂停所有进出港航班。继而又宣布，关闭机场直至局势好转。

素万那普机场几乎承担泰国与世界各国往来的全部运输任务。这个机场建成并启用于2006年9月28日。位于曼谷东面，距市区约35公里。占地3200公顷，有三条跑道，可降落“巨无霸”大型客机。每小时可供76架次飞机起降，每年旅客运力4500万人次、货物运力300万吨。航站楼设有360个登机手续办理柜台、124个入境手续办理窗口、72个出境手续办理窗口。在当时全世界机场繁忙程度评级中，素万那普机场排名全球第 11 位，亚洲第 4 位，仅次于北京、东京、香港国际机场。

此外，曼谷还有廊曼机场。这是泰国最早的机场，建成于 1914 年 3 月，位于曼谷北面 25 公里处。素万那普机场启用后它主要为国内航班服务，但仍有部分国际航班在此起降。

“黄衫军”占领素万那普机场后又占领了廊曼机场。泰国与世界的正常往来完全中断了。

我意识到这是一起严重的事件，它不仅对泰国经济和国家形象造成重大影响，并导致泰国政局新一轮动荡，而且对包括中国在内的各国访泰团组和人员安全构成威胁。

确保中国公民的安全

面对这一突发事变，我做的第一件事就是了解有多少中国公民滞留曼谷国际机场，并帮助他们转移到安全地方。

我立即找来使馆各部门负责人，要求他们弄清楚本部门主管的访泰团组有无当天晚上计划离泰因机场关闭走不了的；要求办公室协同领事部了解，有多少以私人身份来泰办事、旅游的中国公民因航班取消至今仍留在机场。

由于使馆平时与机场移民、海关、航空及各旅行社关系密切，我们很快掌握：当晚有数千名各国旅客滞留机场，其中中国旅客约 1000 人，这当中又有 100 多人已办理登机出境手续仍被困在候机室里。

我当即商使馆党委各同志，决定立即启动应急机制，首席馆员吕健参赞协助我负总责，高振廷参赞牵头处理有关领事保护具体事项，陈德海参赞和政治处负责跟踪形势的变化，安作山武官负责掌握泰国军警动向与其保持密切沟通，李学林参赞和办公室负责行政和后勤保障。当务之急是协助所有滞留机场的中国公民安全转移出来，然后密切跟踪事态发展，随时采取相应措施。全馆就像一部机器即时进入高速运转状态。

高振廷参赞和负责领事保护的同志从 25 日晚起就住进办公室直至整个事件处理结束。

至 26 日早上，所有滞留机场的中国公民都安全地转移到了城里的酒店，得到了妥善的安置。

有惊无险接信使

在这过程中，最使人揪心的是两位临时信使。他们乘坐的班机，恰在这个时候抵达素万那普机场。使馆办公室安排一秘吴书贵和他的夫人文晶一起上机场接机，出发前素万那普机场被占事件尚未发生。车子快到机场时，行进速度慢了下来，最后竟走不动了。有人摇下车窗，把头伸出来打探究竟，有人干脆从车上下来，朝前引颈张望。吴书贵有点着急，按预定时间，信使乘坐的航班就要落地了。

“轰轰轰……”“砰砰砰……”突然，机场方向传来爆炸声和枪声。站在车子旁边的人们赶紧钻回车里，也有人双手抱头就地蹲了下来。很快，前面传来消息，“黄衫军”把机场占领了。

吴书贵马上打电话向使馆报告机场发生的情况。我对办公室主任邱元兴交代，要千方百计进入机场，找到我们的信使，确保人和文件的绝对安全，尽快把他们接回使馆。吴书贵接完邱元兴电话当即带着文晶弃车步行赶往机场。

他们穿过一辆又一辆被堵在马路上的车子，远远便看见航站楼被“黄衫军”里三层外三层地围住，还设了路障和关卡，不允许外边的人进入。两人绕了一圈尚不得其门而入，正着急呢，忽然发现航站楼侧后有一个门，一辆运垃圾的车子正从里面出来，灵机一动便顺着这个通道进了大楼。几经周折终于在入境大厅的7号出口附近找到了信使。

两位临时信使叫张建兴和赵雪霓，他们都是驻曼德勒总领馆的外交官。赵雪霓从曼德勒抵达仰光后就有低烧，考虑到任务在肩，套上一件马甲，就不动声色地登上了飞曼谷的泰航班机。晚9时许，班机飞临曼谷上空，奇怪的是它并不马上降落，而是不停地兜圈子。小赵预感情况不好，猜测不是飞机发生故障便是地面有异常情况，她下意识地把文件包紧紧抱在怀里。飞机在机场上空转了20多分钟后终于着陆。两位信使走出机舱，没有像往常一样在廊桥口就看到前来迎接的使馆的同志。再往前走，过了入境卡，取出行李过了海关，还没看见使馆同志。大厅里空荡荡，冷清清，有点瘆人。小赵机警地把文件包提带挂在脖子上，将文件包捂进马甲里。直至来到大厅门口才发现楼上出境大厅喧嚣异常，大楼外面黄灿灿一片尽是“黄衫军”的队伍。这时，他们知道出事了。

小赵与文晶认识，一眼看到文晶，眼泪夺眶而出，两人抱作一团。文晶用手轻轻拍着小赵背部，安慰之情尽在不言中。

两位临时信使抵达使馆已是午夜时分。我和李学林、邱元兴等几位同志在院子里等候他们。我和两位信使一一握手，食堂准备了热面条，为他们压惊。张建兴颇有些激动，长舒一口气说："总算到家了！"赵雪霓这时倒显得轻松了，高兴地说："我们安全了！"

事态将如何发展

接下来的两天，机场被占成了曼谷外交场合的热门话题。人们或多边或双边，或餐叙或茶语，急切地相互交流和探讨，事情的脉络逐渐清晰。

这一事件是由非政府组织"民盟"策划、组织起来的。"民盟"为首的"黄衫军"发动"街头政治"，要求颂猜下台已有数月之久。他们打听到颂猜总理参加秘鲁亚太经合组织会议后将于25日傍晚返回曼谷，于是包围了素万那普机场，试图通过面谏甚至扣押手段，逼颂猜就范。颂猜得到消息，令飞机降落清迈机场。"民盟"计划落空，一不做，二不休，强行关闭机场，中断泰国与世界的往来，以此向颂猜施压。

我与颂猜有过几次交往，对他有些了解。他1970年毕业于泰国国立法政大学，先后担任律师、法官、司法部和劳工部次长。2008年9月，颂猜出任泰国第26任总理，我带着温家宝总理的贺电前往他在曼谷郊区的住家向他表示祝贺。他表示非常感谢中国政府和人民对他任职的支持，他的政府将继续奉行对华友好政策，努力把泰中友好合作关系推向新水平。会见时颂猜的夫人瑶瓦帕在座，瑶瓦帕是前总理塔信的妹妹，清迈选区议员，在泰北颇有名望。10 月，颂猜总理应邀赴北京参加第七届亚欧国家首脑会议，我前往机场送行。他轻装简从，不坐专机，不用贵宾室，由普通旅客通道登机。在廊桥口握别时，他表示，本打算顺访中国，因为国内事情多只好暂时放弃，以后一定找个合适时间正式访华。

颂猜是在泰国政局动荡之际步入政坛的。2006 年，一场军事政变推翻了民选的塔信政府，塔信被迫流亡国外。2007 年 12 月，颂猜辞去常务官参加大选并当选众议院议员。舆论称，颂猜是作为塔信家族的代表，肩负着保留塔信在政坛的影响、为塔信复出积蓄力量的使命而步入政坛的。2008 年 2 月，颂猜出任沙马内阁副总理兼教育部长，辅佐沙马实行“没有塔信的塔信路线”。9 月，沙马因涉嫌“从事商业盈利”而被迫下台，颂猜取而代之，一改沙马的高调做派，表示与塔信虽为亲戚，但并非塔信“替身”，将“秉公治国，为民理政”。然而，反对颂猜内阁的声音并未因此而减少。“民盟”为首的“黄衫军”一次次走上街头抗议示威，甚至冲击议会，占领总理府，以至于颂猜居无定所，工作躲躲藏藏。这次“民盟”领头占领曼谷国际机场，显然是反对派对颂猜内阁的新一轮攻势。

颂猜总理也不甘示弱，26 日对媒体谈话表示：“我的政府是依据宪法民选产生的，只有人民有权力决定我的去留。无论什么人，若要推翻或与政府对抗便是企图造反。”颂猜宣布对曼谷国际机场及其周边实施戒严，并责令警察厅对机场占领者强行驱离。但直至 27 日，警察对机场占领者只围不攻，双方“和平对峙”。颂猜怒而撤换警察总监，但事情并无任何进展。陆军司令阿努蓬说，建议政府和民众各让一步，政府解散议会、重新选举，民众退出机场、让机场恢复正常运营。军方保持“中立”。这样一来，颂猜一时也奈何不了“黄衫军”。

这时，坊间还有传闻，泰国宪法法院正加紧审理 2007 年 12 月大选中人民力量党“舞弊案”，其结果可能对颂猜总理不利。

此前，泰国宪法法院做过几次针对塔信集团的判决：

2006 年 5 月，宪法法院判决当年 4 月举行的大选无效，致使塔信领导的泰爱泰党虽赢得大选但无从组阁。

2007 年 5 月，宪法法院判决解散泰爱泰党，其 100 多位执委 5 年内禁止从政。

2008 年 9 月，宪法法院判处沙马出任总理后仍主持烹饪电视节目属商业盈利行为，剥夺其总理资格。

人们普遍认为，机场占领事件是扑朔迷离的泰国政局的反映，不可等闲视之。

审势建言与果断决策

12 月 28 日上午，我召开使馆党委扩大会议，研判形势，商议对策。

政治处主任姚文一秘介绍了曼谷国际机场被占以后的形势变化。领事部主任高振廷参赞介绍了滞留曼谷的中国公民的处境和情绪。与会同志进行充分讨论，并逐渐形成几点共识。

形势严峻。“黄衫军”占据曼谷机场不是孤立事件，是泰国政坛“拥塔”与“反塔”两股力量的新一轮博弈。军警持“骑墙”态度，颂猜总理未得到强力部门的支持，颁布的戒严令留于一纸空文。机场占领者坚持以颂猜下台作为撤出的交换条件，毫无妥协迹象。僵局一时难以打破。

滞留的中国公民情绪不稳。由于计划被打乱，工作被耽误，精神受折磨，许多人情绪波动，个别人出现不理智行为。遵循“以人为本”“外交为民”的宗旨，使馆有责任让我们这些滞留曼谷的同胞尽快脱离困境。

那么，我们应采取什么办法来解决这一难题？新中国成立以后我们有过几次大的撤侨行动，比如 20 世纪 50 年代从印尼撤侨、70 年代从越南撤侨，都是因为长期旅居这些国家的侨民遭遇动乱和迫害，生存受到严重威胁，祖国派轮船将他们接回并妥善安置。1998 年印尼发生“五月骚乱”，使馆曾联系我南方航空公司和香港国泰航空公司先后安排 4 个临时航班接回在印尼受难的侨胞。2006 年 4 月，所罗门发生骚乱，我国政府安排包机将遭到迫害的 310 名侨胞接回国内。从以往案例看，我们撤的主要是长期旅居当地的侨胞而非临时出差、旅游、办事的中国公民，可否突破以往惯常做法呢？大家觉得，经过 30 多年改革开放和现代化建设，我们的国力较之过去已有很大提升，中国人“走出去”已形成趋势，旅游、经商、求学和讲学的中国人越来越多，对这部分中国人的保护已经提上了议事日程。我们领事保护的对象实际上已不仅仅局限于传统意义上的侨民了。所以，我们应该考虑将滞留曼谷的中国公民及时接回国内。

关键问题是，被占的机场究竟何时能恢复运营，时间已过去四天，再过两三天可以吗？大家觉得，如能肯定，使馆继续保持对滞留公民最大关注、关心和帮助，通过艰苦细致的工作，还是有把握维持好局面的。倘若时间再延后，滞留公民无论经济和身心承受力都将超越极限，就很难保证不发生意外。也就是说，如果能断定两三天内危机不可能过去，就应建议国内派飞机来接回我公民。这个决心应该怎么下？大家都看着我。我脑子里飞快地捋了以下几个问题：泰国政局中几种力量的对比和可能的变化；颂猜虽处弱势但不会自动下台；军人估计不会发动政变但不排除司法介入；“红衫军”与“黄衫军”的对峙会不会激化等，然后我判断两三天内机场问题难以解决，即使出现戏剧性变化，“黄衫军”很快撤出，被破坏了的机场设备也需要时间修复，这样一来，乐观估计至少也要10天以后才能恢复正常运营。因此，我提议立即建议国内尽快派飞机接回滞留曼谷的3000多名中国公民。并提出两种运作方式供国内考虑：一是包机。即国内派来飞机，凡属中国公民均可登机，费用等相关手续回国再办理。二是特殊商业航班。即采取商业运作，凭票登机。第一种办法，国外简单但国内会麻烦一些。第二种办法也是可行的，多数滞留者尚有购票能力，有的本来就持有来回票，少数有困难的使馆可以提供协助。所有与会同志都表示赞成，于是我们当即报告国内。

国内对使馆的看法和建议高度重视。当天下午，外交部紧急召开部际协调会，部内亚洲司、领事司和部外国家民航局、国家旅游局等有关单位应邀参加，会上果断决定采纳使馆意见，向曼谷派出特殊商业航班接回我滞留公民。特殊商业航班由国际航空、南方航空、东方航空和上海航空四家航空公司共同落实。针对我航班飞越第三国、航班运力不足以及港澳台同胞要求搭乘我航班等问题，领事司全力牵头协调，各相关部门一起共同努力及时高效予以解决。外交部新闻发言人及时发布消息，央视当晚在新闻联播中播报，对安定人心、抚慰滞留者的情绪发挥了积极作用。

挑灯夜战

28 日晚，使馆彻夜无眠。

傍晚，接国内指示后，我即开始布置落实接回我滞留公民的各项工作。

办公室负责联系泰国外交部，落实我特殊商业航班降停的机场。此前，我们已非正式商泰方提供离曼谷最近的乌塔堡军用机场，并得到泰方初步应允。眼下是要正式办理手续。泰方很配合，很快给予肯定答复。

武官处负责就机场事宜与泰军方作进一步沟通。乌塔堡机场实为军事基地，归空军管辖。军方表示将予以配合。

领事部负责将国内有关决定通知到滞留曼谷的每一个团组、每一个公民，并协调各航空公司和旅行社为我滞留公民提供购买机票和交通等方面便利，确保每位公民都能搭上回国的班机。由于领事部工作量大，全馆各单位都派出人员帮忙，并根据需要最大限度予以满足。

政治处负责形势跟踪，注意可能发生的新情况。

使馆办公楼彻夜灯火通明，数十部电话被同时使用，几乎每个房间都传出打电话的声音。沟通情况、协调安排、布置落实，在馆内与馆外、馆内各部门之间急速而准确地进行着。

领事部有 11 人，加上其他单位临时支援的共 25 人，这几天的主要工作就是接电话和打电话。刚参加工件不久负责领事保护的孙思飞，有一段文字记下当时的工作情景：“从那时起，我们的工作进入一种全新的高强度的状态。光电话就接个没完，那天我共画正字十八个零三笔，就是说接了 93 个电话，但其实这并不完全，因为走路、吃饭、睡觉都有电话，这些都无法统计。”正是有赖于如孙思飞等人不厌其烦地接听电话并一丝不苟地做了记录，掌握了滞留公民的联系方式，这才有可能迅速向他们发出特殊商业航班的通知。

负责领事保护的另外一位干部史晓斌，也是一位年轻人。这天他在接待来访时，一位滞留的公民因为烦躁而一时失去理智，上前抓住小史的衣领质问：“政府什么时候派飞机来接我回国?”小史不恼不怒还是心平气和地安慰和解释，硬是让泪水只在眼眶里打转。事后小史说，开始觉得委屈，再一想，人家是信任我们呢，把我们看成政府，当作靠山，一种荣誉感和使命感油然而生，我又得到欣慰和自豪!

侨务参赞左志强亲自接待前来使馆的滞留公民，耐心倾听他们的诉说，然后说明情况，并根据不同对象予以疏导、劝慰和安抚。来的人多，络绎不绝，他只顾着说话，完全忘了自己的腰椎劳损，一站就是三个小时。来访者走后，才感到钻心疼痛，腰塌下去好久都直不起来。

领事参赞高振廷到贵都酒店去看望滞留公民。这是滞留公民比较集中的一个点。高参赞的到访给人们留下很深的印象，一位在场的公民在她的回忆文章里这样写道：

“那是28日下午，我记得参赞问了我的名字，问了大家是从哪里来的。他说话慢条斯理，让人很放心。参赞待的时间不长，但跟每个人都说了话，还交代酒店的经理周到照顾我们。一群中国人素不相识，天涯海角的距离因异国他乡遇难而拉近，围坐到了一起，真真切切地感受到国家和政府的关爱。这种感觉，是激动，是自豪!”

祖国万岁

29日午后，我把馆务交给首席馆员吕健参赞负责，便驱车前往乌塔堡机场。政务参赞陈德海、领事参赞高振廷与我同行。安作山武官上午就出发打前站去了。

汽车在高速路上平稳地奔驰，我的上下眼皮开始打架慢慢实在撑不住了……昨天晚上各种事情不断，天快亮才和衣躺下。好在各项工作基本安排停当，进入最后一个环节，就是把所有滞留的中国公民安全送上国内派来的飞机。

“叮铃铃……”铃声把我从梦中惊醒，我睡意顿消。手机里传来外交部部长助理吴红波的声音：“曼谷国际机场被占后，你们为了保护滞留中国公民的安全，密切跟踪形势，及时提出合理建议，积极落实国内指示，做了大量工作，辛苦了！我谨转达杨洁篪部长和王光亚书记对你们的亲切问候！部里要求你们发扬连续作战作风，再接再厉，把最后一个环节的工作做好，确保每一位滞留公民安全返回祖国。”

“感谢部领导的关怀！请部里放心，我们保证完成任务！”我坚定地回答。

我立即将吴红波的电话内容传达给使馆各单位，大家很受鼓舞，劲头更足了。

乌塔堡位于曼谷东南亚方向的暹罗湾畔，距曼谷180公里。乌塔堡机场是20世纪60年代由美国人建造的，主要为美军侵略越南服务，美军的B52大型轰炸机曾从这里起飞实施对越南的狂轰滥炸。越战结束以后，美将此机场移交泰方，变成泰空军基地。近年随着泰旅游业发展，该机场也间歇性地提供民用。

下午3时许，我们抵达乌塔堡空军基地。先期抵达的安作山武官陪同我径直前往会见基地司令素拉蓬少将。素拉蓬少将对我的到访表示欢迎。我请他为我们派飞机来接回滞留中国公民提供协助。素拉蓬表示，中国公民的滞留是因泰国政局问题引起，为中国飞机降停提供方便是乌塔堡基地义不容辞的责任，一定指示部属予以特别关照。我表示感谢。

接着，我见了国航、南航、东航和上航的代表，他们向我介绍了特殊航班的安排和售票情况，表示有信心争取两到三天内把滞留旅客全部运走。由于彻夜工作，他们把眼睛都熬红了。我向他们道了辛苦，对他们卓有成效的工作表示赞赏，请他们国内尽量把航班靠前安排，并优先照顾年老有病和滞留时间较长的旅客。

一群记者围了上来，他们当中有泰国记者、中国记者也有西方记者，要求我回答几个问题。

泰国记者问：泰国发生机场被占领事件，这在泰国未曾有过，在世界也罕见，您对此有何看法？您认为泰国政府能解决好这个问题吗？事件使旅泰中国公民遭受损失，会对中泰关系造成影响吗？

我说，曼谷机场被占领事件给泰国财产造成损失，在国际上造成不良影响。但这毕竟属泰国内部事务，我们相信泰国人民有能力处理好自己的事情，希望机场尽快恢复正常运营。对泰友好是中国政府的既定政策，不会因为偶发事件而改变。泰方对中方派飞机前来接回滞留公民提供了方便，我们衷心表示感谢。

一位西方记者问：中国派飞机接回滞留的中国公民，别的国家特别是西方发达国家都没能这样做，有人认为这说明中国“财大气粗”了，是这样吗？

我表示，我们走了一条中国特色社会主义道路，取得了很大的成就，但我们仍然是一个发展中大国。中国发展根本目的是为了人民的福祉。中国政府始终牵挂人民的冷暖安危。当自己的公民在海外安全受到威胁，中国在已经有能力的时候派飞机来把他们接回，这是人民的国家应该做的事情。

央视记者问：曼谷机场关闭事件牵动全国人民的心，此时此刻大使有什么需要对国内受众说的吗？

我说，请转告所有关心事态发展的人们，特别是为此担惊受怕的滞留公民的家属们，祖国的飞机马上就要降落，所有滞留人员将很快回家团聚，大家可以放心！

我来到候机楼。候机厅面积很小，容不下多少人，人们大都聚集在楼前的草坪上。好在地处热带的泰国冬日并无寒意。斜阳照在草地上，数百名临时赶来的中国公民等候在这里，或站或蹲或坐，有的归拢行李，有的相互交谈，也有人打着遮阳手仰望天空捕捉可能随时出现的祖国飞机的影子。

当我的插着国旗的车子驶到楼前，同胞们一下子就认出来了。“大使来了！”不知是哪位喊了一声，人们自然地围拢了过来，争着跟我握手寒暄，我被簇拥到一块稍为高一点的小坡上。我望着面前众多企盼的眼神，略为提高一下嗓门大声地说：

“亲爱的同胞们，大家受苦了！我代表祖国和人民向大家表示亲切慰问！这些日子里，大家面对泰国的突发事变，保持冷静沉着，团结互助，展现了改革开放的中国公民的良好精神风貌，对使馆的工作给予积极的配合和支持，我向大家表示衷心感谢！党中央、国务院一直惦念着大家，决定派飞机接大家回国，大家马上就可以回家了！”

在我讲话的时候，我发现挤在我前面的同胞掏出手帕擦拭流到面颊的泪珠，可以感觉到一股暖流正在人群中涌动。

“祖国万岁！”

分不清是哪位同胞首先振臂高呼。

“万岁！”

“万万岁！”

接着，数百只臂膀举了起来，一阵阵地高呼。

欢呼声此起彼伏，在机场上空回荡，响彻旷野，遏止行云。我的眼睛湿润了，眼前的情景幻化成清晰的诗行：

暹罗湾畔风波诡，
游子三千滞未归。
万岁声声澄玉宇，
九天洒下三春晖。

下午4时，第一架国内派来的飞机徐徐降落在乌塔堡机场。第一批滞留同胞拉着行李箱走进停机坪，登上归国的特殊商业航班。望着第一架飞机滑出、起飞，我和使馆的同事们使劲地挥动手臂，感到无比愉悦。

人民至上

特殊商业航班接回滞留公民的工作顺利进行。

11月29日，5个航班，接回约1400人。

11月30日，4个航班，接回约1000人。

12月1日，2个航班，接回约700人。

12月2日，1个航班，接回约300人。

4天12架次航班共接回3346人，其中包含港澳台同胞18人。

我们这次大规模接回滞留在曼谷的中国公民，在国内、在泰国、在国际上都引起热议，产生巨大反响。热情洋溢的感谢和积极的评论通过谈话、电话和文章，像雪片般飞向使馆。

一位上海的滞留公民回到国内后在给使馆的感谢信中这样表达她的经历和感受："26日，我拨通了中国使馆的电话，接电话的先生很客气，对我说，机场还没有马上开放的迹象，劝我回到市区找宾馆住下，跟使馆保持联系，还叮嘱我注意安全，远离穿红衣和黄衣的人群……他应该很忙，因为在跟我说话过程中另一部电话一直在响……27日，我又拨通了使馆的电话，电话那头传来一位女士的声音，一样很有礼貌，她耐心地向我介绍了机场情况的最新进展，留下了我的联系方式，说如果有回国航班消息会在第一时间通知我。他们热情周到的叮咛给我带来温暖，我感到很踏实。中国大使馆不再是遥不可及的神圣所在，而是近在咫尺的有力依靠。”

一位老教授在乌塔堡机场登机前紧紧握着我的手说："非常感谢！这段经历将永远铭刻在我心头。"老教授年近八十，来自四川，是到曼谷讲学的。陪同助手因有急事提前回国了。等到他要回国时却发生了曼谷机场关闭事件。他本就患有高血压，这一折腾，血压又上来了，加之药已用完，身体难以支撑。26日晚上给使馆打电话请求帮助，使馆当即来了一位小伙子陪他上医院看了医生，吃了药，稳住了病情。此后使馆每天都派人来看望他，直至29日下午把他送上归国的航班。老教授激动地说："你们不是亲人胜似亲人呀！从你们的身上我感受到了党和国家的关怀！"

泰国各主流媒体对我们派飞机接回滞留公民作了大量报道，称这体现了"中国政府对人民的关心"，"也说明中国国力的上升"。有的报刊还发表专论称，派飞机撤回滞留公民"从一个侧面反映了中国改革开放的伟大成就，显现中国成功地走出了一条独特发展道路"。

在使团活动中，大使们对我们派飞机接回公民的做法很关注，纷纷向我打探消息，表示羡慕和赞赏。

形势的演变大体如我们所料。

12 月 2 日，泰国宪法法院对 2008 年 4 月大选舞弊案作出宣判，判处执政联盟中的人民力量党、泰国党和中庸党因舞弊而违宪，着令解散，其执委 5 年内不得从政。颂猜作为人民力量党副主席失去总理资格，自动下台。3 日，“民盟”为首的“黄衫军”宣称斗争取得胜利，撤出机场。由于机场设施遭到严重损坏，当局花了几天时间进行维修。直至 12 日机场才恢复正常运作。事实证明，我们的判断和采取的措施是正确和及时的。

中央对此次撤回滞留泰国的中国公民工作给予充分肯定。使馆接到国内通报，胡锦涛总书记批示指出，此事办得好。各有关部门和驻泰使馆反应迅速、工作得力、团结协作，确保任务完成。向参加此次工作的全体同志表示诚挚问候。

时任国务委员戴秉国也作出批示，强调指出，这是体现“以人为本”理念，实践科学发展观的生动范例，产生了很好的社会影响。

随后又接到国内通知，外交部决定授予驻泰国使馆集体三等功，同时授予我个人三等功，以资表彰和鼓励。

我将国内指示传达给全馆同志，组织大家学习中央指示精神，对此次从泰国撤回滞留中国公民行动进行了总结。大家的体会千条万条，最根本的一条是，时刻牢记“外交为民”的宗旨，心系人民，人民至上，人民的利益、安危和福祉是我们一切行动的出发点和归宿。

勿洞行

勿洞，地处泰国最南端，属也拉府，与马来西亚吉打州接壤。因偏居一隅，又处群山峻岭之中，内地人去的相对较少。因工作需要，我曾两进勿洞，见闻难忘，收获匪浅。

抵合艾

2006 年 12 月 27 日下午，我乘坐泰国航空公司航班由曼谷飞合艾。曹利、郑欣同行。此行主要目的是去勿洞为新成立的孔子学院揭牌。

泰南侨团联合会主席方志雄、泰南十四府联合救灾机构主席李先颖到机场迎接并陪同来到下榻的蠡园酒店。

蠡园是李先颖经营的酒店，我们使馆的同志到合艾一般都住这里。

来到客厅，我们落座，招待员很快把茶端了上来。

院子里，夕照为树梢抹上的一层金黄色彩尚未完全褪去，淡淡的月牙已经挂上西边天际。

我对二位侨领说明来意。方志雄说，长期以来泰南边疆地区特别是北大年、陶公、也拉三府常有些动乱，但位于其中的勿洞市却几乎不受影响，保持稳定安宁，人称“世外桃源”。勿洞值得大使去考察。

李先颖说，勿洞很重视华文教育，勿洞培养的学生在泰国许多岗位上都表现得很活跃，受到好评，再办孔子学院就是锦上添花了。

他们还特别提到陈进森市长。陈进森祖籍福建，第三代华裔，担任勿洞市市长多年，尽心尽责，很受市民拥护。

侨领的介绍更增加了我对勿洞的向往。

初识勿洞

28 日早上 8 时，我们动身去勿洞。驻宋卡总领事姚伯民陪同前往。由合艾去勿洞有两条路线。一条取道也拉城，需要翻过几座大山，道路坎坷且多弯道，费时约 5 小时。一条取道马来西亚吉打州，比较平坦，需时约 3 小时。为节省时间，我们选择了第二条路线。从合艾到泰马边境约 20 公里，马境路程约 100 公里，再入泰境后到勿洞只有 6 公里。上午 11 时，我们抵达勿洞。

这是一座山城。四周峰峦耸峙，云飘雾绕。山竹、红毛丹等热带果树随处可见。楼宇错落有致，街道上车行有序，行人步履从容。商店的标牌多用泰文和中文双语书写，有的还有英文。店铺里，可以听到人们用泰语、汉语、马来语、英语交谈。年轻人的服饰有时尚的，也有民族的，还有头裹纱巾的穆斯林装束。最引人注目的莫过于山坡上高高耸立、迎风飘扬的泰国国旗。据介绍，旗杆高 65 米，旗帜长 18 米，宽 9.2 米，为全泰国之冠。这是勿洞市民集资建立起来的，旨在表达团结一心捍卫国家统一的决心和意志，也反映了各族群众之间的和谐与融洽。

中午，陈进森市长为我们一行举行欢迎宴会。市政要员、侨团领导都出席了。陈市长发表热情洋溢的讲话。我致答辞表示感谢，指出中泰建交30多年两国友好合作关系迅速发展，这是包括勿洞在内的两国政府和人民共同努力的结果。我阐释我国政府的华侨华人政策，勉励华侨华人一如既往与当地人民友好相处，为地方上的和平安宁和发展，为中泰友好继续作出积极贡献。

席间，陈市长和侨领们争先恐后向我介绍勿洞民情风俗，讲述勿洞发展的故事。

勿洞是随着橡胶种植发展起来的。19世纪70年代，第一株橡胶苗从南美引入东南亚。太平天国运动失败后流离失所的中国农民南渡谋生，加入橡胶种植者的行列。他们结伴来到勿洞，垦荒种植胶林，割胶之后先做粗加工，再通过槟城外销。随后人们又种果园、做起各种小生意。使勿洞这一片蛮荒之地变成富庶家园，一个寂静的小山村变成一座热闹小山城。

目前，勿洞约有6万人口，一半为华人，其余为泰人、马来人。华人多数祖籍广西，故有“广西村”之称。其余来自广东、福建等地。侨团中有福建会馆、广肇会馆、潮州会馆、客家会馆、广西会馆和八桂堂。还有勿洞慈善堂，6大会馆均为其成员。泰人、华人多信仰佛教，马来人信仰伊斯兰教。文化风俗虽有差异，但彼此相互尊重，相处和睦。

“勿洞何以能在周边常年不太稳定的情况下保持社会的祥和?”我向在座的侨领们请教。他们都说：原因是多方面的，但教育是一个重要因素。

勿洞有一所“中华学校”，已有近百年历史。为勿洞乃至泰国经济社会发展培养和输送了大批人才。陈市长不无自豪地说：“从我们这里出去的学生不愁找不到工作。”

几位侨领还提到泰国广西会馆的两位主要领导，即前任主席饶培中和现任主席封祖超。二位都是勿洞中华学校的校友，也是我所熟悉的侨领。

饶培中，祖籍广西容县，勿洞出生的第三代华人。曾在中国台湾上学，并娶台湾籍人李铭如为妻。饶中文造诣较高，在商界颇有成就，有儒商之称，曾较早从国外引进养虾技术，推动了泰国养虾业的发展，被称为“养虾大王”。后来，2008 年在第五届“十大中华经济英才”评选中获得“最具影响奖”，许嘉璐副委员长亲自主持颁奖仪式。其妻李铭如后来也曾担任泰国广西会馆主席。夫妻二人均坚持一个中国原则，反对“台独”，支持祖国统一大业。

封祖超多次跟我谈过他的家世和个人奋斗史。100 多年前，他的爷爷从广西容县孤身南渡，在勿洞生下他的爸爸。爸爸遵从爷爷的意愿从老家娶回妻子生了 7 兄妹，因家境贫穷，封祖超 14 岁离家去曼谷闯荡，边打工边读书。毕业后创办旅行社，备尝甘苦，几度沉浮，现拥有三家企业，在业界颇有名气。2004 年，中国东盟博览会在南宁启动，封祖超会同泰国九属会馆华侨华人企业家积极参展，为首届中国东盟博览会的成功作了有益的贡献。受到赞誉时，他诚挚地说，为报答祖国乡梓的血脉之恩，我做再多都是应该的，不足挂齿。

听了各位贤达的叙述，我颇为感慨：小小勿洞虽为僻壤，却钟灵毓秀，人文渊薮。

陈市长展纸砚墨请我题字，我欣然命笔，写道：

“勿谓洞小，内有乾坤。”

为勿洞孔子学院揭牌

下午1时50分，我在陈进森市长的陪同下来到勿洞孔子学院。

学院门前搭起一排遮阳伞。彩旗迎风招展，狮子在锣鼓声中翩然起舞。勿洞市政、工商、教育各界人士约200余人聚集在这里，个个欢颜悦色，问候交谈。我们使馆专门负责孔子学院事务的庞莉一秘和重庆大学的老师们跑前跑后，忙于活动的相关安排。

1时55分我应邀与也拉府府尹斯里蓬、陈进森市长、我驻宋卡总领事姚伯民、重庆大学副校长张宗举一起为孔子学院大楼剪彩。

2时整，我又与斯里蓬府尹共同为孔子学院揭牌。我们走上平台，按动电钮，红绸缓缓开启，“勿洞孔子学院”匾牌赫然呈现，鞭炮燃响，鼓乐齐鸣，气球腾空，人们欢呼起来。陈市长握着我的手激动地说：“我们勿洞市有孔子学院了！”

作为主宾，我应邀发表讲话。我赞扬勿洞历来重视中文教育，人们以学中文、懂中文为骄傲，热心传承和弘扬中华文化并将之与当地文化融会贯通，促进经济，造福社会，令人钦佩。相信孔子学院的成立必将把勿洞的中文和中华文化学习提高到一个新水平。希望中泰双方办学人员密切合作，把孔子学院办好。我还说，孔子学院应该成为泰国人民了解中国、中国人民了解泰国的一个窗口，成为促进中泰两国教育、文化等领域交流的桥梁和纽带，为发展中泰友好合作关系和传统友谊作出积极贡献。

接着，我们参观了孔子学院。学院大门两侧篆刻着一副对联：

高山仰止如阙里，
流水依稀即洙源。

人们对门联产生浓厚兴趣，驻足吟哦。有人似不尽解其意，一位中华学校的老师便自告奋勇地解读起来，显然他是有研究的。

他说："阙里"是孔子的故里，也借指儒学。"洙源"即洙水。春秋时有洙水和泗水自今山东泗水县北合流而下，至曲阜又分为二水，洙水在北，泗水在南。孔子在洙泗之间聚徒讲学。后人因以"洙泗""洙源"代称孔子及儒家。所以，这副对子表达了我们对孔子"为人师表"和儒学"博大精深"的敬畏和崇拜。人们对这位老师的解释莫不啧啧称羡。

这是一栋独立三层楼房，建筑面积1672平方米。学生教室、老师办公室、图书馆以及各项教学设施基本齐全。我们拾级而上又沿阶而下，进入课室模拟听讲，凭栏眺望周遭环境，总的感觉良好，令人满意。

来到会议室，大家落座饮茶。陈市长回忆起勿洞孔院从酝酿到成立的过程，言语间充满了对中方的感激之情。对此我是理解的。

2006 年开春，中方就开始与多家泰国大学联系筹办孔子学院事宜。陈进森市长得知这消息后主动打电话给我，提出勿洞也想办孔子学院。孔子学院一般要由中外大学合办，可是勿洞没有大学，不具备一般要求的办院条件，于是我劝他缓办孔院，继续办好现有的中华学校。他坦诚地说，中华学校自成立以来确实培养了大批中文人才，但近年由于教授中文课时减少，中文课程质量不可避免受到影响。如能把孔子学院办起来，不仅可以弥补中华学校的不足，还可满足勿洞各界适龄和成年人日益强烈的学习中文的要求，推动新一轮中文热的继续高涨。他的恳切和真诚打动了我，觉得由当地政府出面与我大学合办孔子学院，又何尝不能作为一种方式试一试呢？于是我请他与我驻泰使馆教育组庞莉一秘具体商谈，并将陈市长的想法报告国家汉办和孔子学院总部。时任国家汉办主任许琳同志了解详细情况后果断拍板，同意与勿洞市政府合办孔院。2006 年 2 月 19 日，许琳主任与陈进森市长共同签署合办孔子学院意向书。随后，重庆大学作为中方主办方与勿洞市政厅就办学事宜作进一步磋商并达成共识。双方组成理事会，由陈进森任首届理事长。设双院长，首任院长中方为重庆大学教师魏佳，泰方为市教育局长。在短短的几个月里，陈市长在烦冗的市政工作之余，激情满怀地带领双方筹备团队日夜忙碌，如期完成揭牌准备工作。

这时，庞莉指着坐在旁边的魏佳和雷雨两位重庆大学的教师说，这些日子为筹备孔院揭牌，可把她们二位累坏了。魏佳说，刚来勿洞时不太习惯。热带的气候说变就变，时而艳阳高照，时而大雨滂沱，跟重庆气候大相径庭。这里的人办事按部就班，喜欢“慢慢来”，与泼辣爽快、雷厉风行的重庆人迥然不同。但勿洞人热情、友善、认真，特别是学习中文那股非同寻常的劲头最终感动了我，使我们很快和他们打成了一片，工作虽忙但心情愉快。雷雨说，刚来时常常想家，现在则是“乐不思蜀”了。说得大家都笑起来了。

陈市长和几位理事要求我为勿洞孔子学院题词，我提笔写道：“学好汉语，走遍天下。”大家深以为然，鼓掌认可。

下午3时30分，我和姚伯民总领事等驱车赶回合艾。第二天又出席了宋卡王子大学孔子学院揭牌仪式。至此，2006年我们与泰国合办孔子学院的工作圆满收官，一年共建孔子学院10所，在全球首屈一指，是个丰收年。

再进勿洞

一晃10年过去。这时我已经退休。

2017年8月28日，我突然接到陈文同志从勿洞打来的电话。陈文是重庆大学副教授，2016年被任命为勿洞孔子学院中方院长。同年8月，我应邀赴大连为集训的孔子学院院长授课，她是听讲者之一，曾向我提问并有过交谈。陈文说，去年勿洞孔子学院成立10周年，本应好好庆祝一下的，因为忙而搁下了，学院决定今年补办并特邀我前去参加……

陈文院长话犹未了，电话那头便传来陈进森先生的声音："大使阁下，您一定要来呀！您曾经为勿洞孔子学院揭牌，10 年多过去孔院成长了，您一定要来参加我们的庆祝活动呀!"未等我回应，他接着又说，"我现在不做市长了，容志江先生接替我做市长，同时兼任勿洞孔院理事长和泰方院长，他会给您发出正式邀请。"我对他们的盛情邀请表示感谢。相关方面也同意我接受邀请并作出相应安排。

这年 11 月 18 日，我再次来到勿洞。

当晚，容志江市长设宴款待。老市长陈进森、勿洞孔子学院的理事和多位侨领出席。容志江，祖籍广西容县杨梅镇，生在勿洞，为第三代华人。从政以前是位药剂师，开有药店。容志江说，勿洞的华人历来不分地域，平等相待，互相尊重，有事商量着办。陈进森说，华人之间是团结的，华人与泰人、马来人关系也很好。在座的侨团首长们都点头称是。我高兴地说，团结就是力量，众人拾柴火焰高。

19 日上午，我参观了勿洞孔子学院。容志江理事长和陈文院长介绍了 11 年来孔院的发展情况。

自 2006 年 12 月至 2017 年 11 月，孔院累计招收学员 28083 人。

开办了青少年班、成年人班、周末班和夜班。

设置有汉语入门、初级汉语、中级汉语、中国文化、中文演讲、中文电脑、中国才艺（含书画、舞蹈、武术、器乐、合唱）等课程。

勿洞孔院是国家汉办指定的汉语考点之一，设有汉语系列考试和培训项目，从而提供了从汉语学习到汉语水平考试的一整套服务，促进了当地汉教事业发展。

积极开展与院外教育机构交流合作。先后同勿洞市和也拉府的11所院校签约，向他们提供汉语教学和考试的支持。2017年由勿洞孔院支持帮助的院外汉语学员首次超过本院学员数，标志勿洞孔院汉教溢出效应提高到一个新水平。

举办“快乐汉语”夏令营和中国文化巡展，并与社区合办春节、元宵、端午、中秋等节庆和祭孔大典，将优秀传统和新鲜内容注入其中，传播和弘扬了中华文化。

组织优秀学员赴华参观，安排本土教师赴华考察，增加了他们对中国和中华文化的了解和认知，既促进了汉教也增进了友谊。

选送杰出学员赴华攻读硕士、学士或进修，多数回国后成为本土汉语教师，发展了汉语推广的骨干力量。

由于地处边陲，勿洞孔院受到了周边地区和国家的关注，常有泰国内地、马来西亚和新加坡组团来访，交流汉教经验、切磋汉教方法，所以勿洞孔院也为促进中、泰、马、新友好做了有益的工作。

陈文院长说，在办学过程中也遇到一些困难。勿洞的安全环境是好的，但由于周边地区常有动乱，也难免受到一些影响。她前往曼谷和宋卡办事时曾有两次因途中遭遇恐怖分子制造爆炸事件而导致交通瘫痪。但她明白从来就没有绝对的安全，既要强调安全第一又要做好工作。她要求所有中国志愿者教师一般不要离开勿洞，有必要外出时务必提高安全意识。大家决心遵循“共建、共管、共享”理念，把青春和热血献给孔院汉教事业，在11年成绩基础上再创辉煌。

我被他们出色的工作和真挚的话语感动了。当他们要求我题词时，我提笔蘸墨写下“不忘初心，续写新篇”八个大字。

下午勿洞孔子学院成立11周年庆祝活动在文华酒店举行。

大厅里张灯结彩。前来与会的人或正装或时装，脸上挂着笑容，愉快地相互招呼着，就像过节一样。

活动的第一项是勿洞孔子学院与勿洞市和也拉府11所院校签署汉语教学合作备忘录。

然后便是庆祝晚宴。出席晚宴的有泰南边疆五府管理中心、也拉府、勿洞市、中国驻宋卡总领馆、重庆大学和勿洞孔子学院的负责人，勿洞侨团领导和社会名流，还有孔子学院的老师和学员，共约500多人。

勿洞市长兼孔子学院泰方理事长、院长容志江和中方院长陈文先后致辞。他们对嘉宾的莅临表示欢迎和感谢，回顾11年来勿洞孔院取得的主要成绩，并展望未来的广阔前景。几位主要领导也相继发表热情洋溢的祝词。

作为此次活动的特邀嘉宾，我应邀发表讲话。我说，11年前，我作为中国驻泰国大使曾为勿洞孔子学院成立揭牌，今天又得以见证她的成功和发展，深感荣幸并致以热烈的祝贺！勿洞孔院所取得的成绩是中泰双方共同努力的结果，今后孔院的发展仍然需要双方的密切合作。我分析了当前正在发生深刻变化地区和国际形势，指出这对汉教事业既是新挑战，更是难得的新机遇。中泰合作办好孔子学院，不仅是继续推动汉教事业的需要，而且将为促进两国友好关系深入发展，为“一带一路”建设乃至人类命运共同体的构建作出积极贡献。希望双方乘势而上，砥砺前行，创造下一个更加辉煌的十年。

我以中、泰双语交替表达，照顾了中泰文各有所长的听众，反应热烈，掌声不断。末了，泰南边疆管理中心秘书长素帕纳特地走过来握着我的手说：“说得太好了！中泰亲如兄弟，泰国要向中国学习，我们都要学好汉语。”然后又用汉语一板一眼地说：“中泰一家亲!”大家都热烈地鼓起掌来。

宴会上，孔子学院的师生和侨团文娱组共同表演了精彩的文艺节目。大家都沉浸在喜庆的氛围中。欢声笑语久久地回荡在勿洞的夜空。

百年华校

20 日上午 8 时，容志江市长陪同我参观勿洞中华学校。

我们的车子一驶进校园，就受到老师和同学们热烈欢迎。孩子们欢呼着簇拥过来，一张张洋溢着稚气和朝气的笑脸使我顿时受到感染，仿佛时光倒流，我又回到了自己的学生时代。

校舍依山而建，错落有致。教学大楼状似中国的长城，雄伟壮观。校园里碧草如茵，绿树掩映，显得宁静而又充满生机。

我们在校长陪同下参观了教室、图书馆、实验室、大礼堂、体育场、食堂等。看望了中、小、幼各班级的老师和学生。我边走边看边听取校长和老师的介绍。

勿洞中华学校已有近百年历史。校园占地 72 莱（1 莱＝2.34 亩），设有中学、小学和幼儿园，共有学生 2000 多人，教职员工 130 人。由勿洞慈善堂组建一个理事会负责对中华学校的管理，理事长由广西会馆、八桂堂、潮州会馆、客家会馆、广肇会馆和福建会馆负责人轮流担任。学校接受勿洞市政府和泰国教育部领导。中华学校一贯秉持“品学兼优”的办学理念，并以“语文强、道德好、学问高”为中文教学目标，教学质量向来较好，素享“华文名校”的赞誉。

学校的发展走过一条艰辛的道路。1923 年，几位华侨先贤商议，认为有必要办一所中文学校，让子女有机会学习中文，既有利于生计又可使中华文化得以传承。这一倡议很快得到胶商胶农响应，他们有钱出钱，有力出力，“中华学校”就这样办起来了。初创时的校舍不过一栋二层小木楼，摆些桌椅板凳，挂块黑板便上课了，然而每天从这里传出来的琅琅书声却给华人带来无限快乐和希望。然而进入 40 年代，厄运接踵而来，日军登陆马来半岛以后，勿洞中华学校被迫关闭。求知若渴的师生只好偷偷教、偷偷学。日本人败走以后，学校得以恢复。但在五六十年代，泰国军人独裁政府追随美国反共反华，简直将中文视同共产党，许多华校又遭关闭。勿洞中华学校斗智斗勇，在艰难困苦中求得生存。1975 年，中泰建交后中华学校才真正过上了好日子。2006 年勿洞孔子学院成立又给中华学校提供了新的支持和帮助。校长说，“经历曲折和沉浮的中华学校，格外珍惜已有的建树和今天展现出来的美好前景。”

登上楼头，我们凭栏眺望，远处高高旗杆上迎风飘扬的泰国国旗清晰可见。校长不无自豪地说，这是 10 多年前勿洞民众集资兴建的，已经成为勿洞一景，是勿洞人维护国家统一意志和决心的象征。

说到这里，我觉得这是一个就近请教的好机会，便把一直萦绕心中尚未得到完整答案的问题提了出来：“长期以来泰南边疆各府存在分裂和动乱问题，其根源到底在哪里?”

校长请站在旁边的一位历史老师回答我的问题。这位老师认真地说，若说根源，就得多说几句。

从 15 世纪到 18 世纪，马来半岛中南部曾经存在一个北大年王国，其范围大概是今天泰国的北大年、陶公、也拉、沙敦、宋卡府和马来西亚的吉兰丹、吉打、玻璃市和丁加努州。据记载，16 世纪初，北大年进入全盛期，政治清明，百业兴盛，商贾云集，其都城成为半岛上的大都会，远非其他市镇可以比肩。这时的北大年是暹罗的属国，年年向暹罗（大城王朝）进贡。19 世纪，英国势力逐渐占据马来亚和缅甸，法国占据印支。暹罗周旋于英法之间，成为二者的缓冲国。1909 年，迫于英国的压力，暹罗被迫签订《英暹曼谷条约》，同意将北大年地区一分为二，其中北大年、也拉、陶公、宋卡、沙敦仍归暹罗管辖，吉兰丹、吉打、玻璃市、丁加努则归英国管辖。此后，英国又将吉打、吉兰丹、玻璃市、丁加努陆续与半岛南端的其他州合并为英属马来亚联合邦，直至 1957 年马来亚获得独立。从英国人染指北大年起，这里便出现一股北大年“复国势力”，加之宗教、文化、经济发展水平的差异和外部势力的渗透，这个地区便时起时伏地出现动乱。而动乱的种子正是英国殖民主义当年埋下的。这位老师言不赘，意已赅。

校长接着说，人们说勿洞是“世外桃源”，“一块净土”。但这并非上天所赐，而是勿洞人精心培育呵护的结果。中华学校为此作了自己的贡献。我们深知培养一个人的正确观念要从小抓起。所以，中华学校认真履行孔子“有教无类”的教育思想，对华人、泰人、马来人一视同仁，平等对待，因材施教。华人也学习泰语和马来语，泰人、马来人也学汉语，一起学习一起长大一起参加工作，不分宗教、种族，为促进勿洞社会和谐打下了一个良好基础。

深秋的校园，依然暖风吹拂，鸟语花香。我喜欢这所虽饱经沧桑却充满青春气息的华校，从心里对学校过去和现在的领导和老师充满敬意。

校长要求我为学校题词，我欣然写下“继往开来”四个大字。

森林里的地道

上午 10 时许，我们离开中华学校，前去参观森林里的地道。

汽车驶出城区向西北方向开去。车子停在山脚下，我们开始在茂密的雨林中穿行。古木参天蔽日，藤蔓从一棵树缠绕到另一棵树，涧水漫过巨石淙淙流淌，阳光透过树枝照射在不知名的野花上。一株斗笠大的灵芝长在老树的半腰上，分外引人注目。

我们来到一片林间空地。陪同我们前来的容市长指着旁边的一个洞口说，这就是我们要参观的“森林地道”，当年由“马共”所建，现在已成为旅游景点。

一位中等个头脸庞黝黑的男子，操着略带马来口音的汉语自我介绍说：“我叫阿和，过去曾经是马共游击队员，现在是友谊村村民，今天由我带领大家参观。”

阿和说，这条地道挖掘于 1977 年。长约 1 公里、宽 1.5 米至 1.8 米，有多个出入口。整个工程动用 50 人，耗时 3 个月完成。主要用于防御空袭和贮藏粮食。

我们跟着阿和走进地道。里面还算宽敞，行走其中无需弯腰。有主干道和岔道，有会议室、储藏室和厨房。厨房的烟道经特别技术处理，生火做饭时外面看不到炊烟升起。

阿和说，当年面对泰马两国政府军队的围剿，马共游击队被迫转移到深山密林，政府军不敢靠近，便出动直升机轰炸和扫射，用远程火炮轰击，这时游击队就躲进地道，避免了大量伤亡。

走出地道，阿和指着地面上多处弹坑告诉我们，这就是当年战争留下的痕迹。

阿和领着我们走进一间茅屋，这是马共历史展览室。展览通过图片和实物向人们展示马共兴衰历程。

1930 年 4 月 30 日，在马来亚森美兰州一个村子里马共召开第一次代表大会，宣告“马来亚共产党”成立。傅大庆当选为马共首任总书记。胡志明代表共产国际出席了马共成立大会。

马共第一次代表大会明确提出，以推翻英国殖民统治，建立马来亚共和国为党的行动纲领。因而从一开始马共就遭到英国殖民政府的镇压，只能进行地下斗争。

1937 年，中国抗日战争全面爆发后，马共利用英、日在华利益矛盾，在华侨华人中组织募捐支援中国抗战。1941 年 12 月，太平洋战争爆发，日本侵略马来亚。马共提出联合抗日主张，英殖民政府被迫接受。马共放手发动群众，武装力量一度发展到 8 个支队 15000 多人，给日本侵略者以有力打击。

1945 年 8 月，日本投降以后，马共将武装力量全部解散，把武器交给英国殖民政府，转为宪制议会斗争。

1948 年 6 月 20 日，英国殖民当局实行紧急戒严法，全面逮捕镇压马共和进步人士，马共惨遭重大损失，并被迫重新走进丛林开展反对英国殖民统治的武装斗争。

1955 年 12 月 28 日，以陈平为首的马共代表团同以东姑阿都拉曼为首的“马来亚联合邦”政府代表团在华玲举行谈判，联合邦政府方面坚持要求马共投降，马共不接受，谈判破裂。

1957 年 8 月，马来亚获得独立后，马共一度偃旗息鼓。

1968 年，马共恢复武装斗争，沉寂的丛林又响起枪声。这时马共的活动范围已逐渐收缩到泰马边境。

1969年底，马共全面开展“肃奸”运动，党内出现严重混乱和动荡。1970年、1974年先后出现两次分裂，使马共一分为三，即以陈平为首的“中央派”、以张忠民为首的“马列派”和以黄一江为首的“革命派”。

1987年，黄一江和张忠民先后与泰国当局达成和平协议，所属马共人员放下武器，在泰境建立“友谊村”，以务农为生。

1989年，陈平以马共中央名义与泰国、马来西亚政府代表三方在泰国南部重镇合艾签署和解协议。两国政府允诺保证马共人员人身安全，无须声明“退党”“悔过”并允许其子女享有读书、就业和出国自由。马共人员就地放下武器，建立“和平村”，在泰国政府提供的土地上定居就业，做一个自食其力的平民。自此，马共坚持多年的丛林武装斗争宣告结束，这个有近60年历史的政党自此再无声息。

离开马共地道，我们来到万花园。这是诗琳通公主倡导和赞助的一个山地开发项目，研发和种植山地耐寒花卉。山坡上，花枝争艳，蝶舞蜂飞。一座座木头房子错落有致，有小客栈、小商铺，还有餐饮店。

我走进临湖的一家咖啡屋，要了一杯白咖啡，坐在根雕几子前品啜起来。旁边喝咖啡的还有几位古稀老人，一看到我这个中国人便主动过来搭讪，问起近年中国的发展变化，我拣突出的作了些介绍，他们听得津津有味。聊天中得知他们都是原马共人员，于是我也表示愿意听听他们对马共兴衰的看法。他们谈了许多，其中有几点给我留下深刻印象。

他们说，马共最大的失误是第二次世界大战后交枪。马共在抗击日本侵略的斗争中英勇奋战，付出了巨大牺牲，也取得了很大发展。第二次世界大战结束时马共拥有一支相当可观的武装力量，但却听从英殖民政府的要求，将全部武装交出，这是严重的右倾机会主义错误。马共从此由强变弱，失去了后来与东姑阿都拉曼联合邦政府谈判的筹码，导致华玲和谈破裂，以及后来处境的每况愈下。

马共最大的悲哀是高层屡出问题。先是混进内奸莱特，这家伙是个越南人，被法国收买为间谍，后转让给英国，1939 年在新加坡码头混入工人队伍，1939 年到 1947 年窃取马共最高权力。日本侵犯马来亚后降日，成为双料间谍。马共许多骨干被英、日杀害以及战后马共交枪都是莱特所为。陈平担任总书记后对马共的生存和发展是有功的，但后期因长期居住国外，远离斗争一线，也犯了支持“整肃”导致党内分裂的错误。

马共放弃武装斗争是形势使然。进入 20 世纪 80 年代，马共已经完全失去武装夺取政权的形势和条件。正如中国古诗所云“时来天地皆同力，运去英雄不自由”。但投降变节断然不可。泰国政府不要求马共人员放弃自己信仰，并说服马政府也采取同样态度。这是马共同意解除武装、和平下山的关键。所以，马共人员无不感谢泰国政府的包容政策。

一个叫阿真的前马共游击队员特别强调说，许多马共人员并未放弃自己的信仰，并且从中国的巨大进步看到了社会主义的希望。

中午，容市长安排我们在山间的农家餐馆用餐，品尝了勿洞山巴鸡和溪畔采摘的野菜。

过槟城

20 日下午，我们取道槟城回国。

勿洞孔子学院理事张福源先生驾车送我们到槟城。张先生种植橡胶和水果，在马来西亚有生意，常走槟城。他有一个儿子曾就读于勿洞孔院，后赴北京语言大学攻读硕士。勿洞孔院 11 周年庆祝会上播放了他儿子由北京发来的祝贺视频，发音清晰，遣词准确，赢得大家称赞。张先生觉得脸上有光，对孔院很是感激。

当晚，我们留宿槟城。第二天，20 日上午，我前往拜会中国驻槟城总领事吴骏，驻宋卡领事冯笑等同往。吴总领事在总领馆热情会见，并安排我们看了几处历史遗迹。

我们来到康华利斯堡。城垣上摆放着几尊古炮，附近伫立着莱特雕像。1786 年，英国船长法朗西・莱特登陆槟榔屿，在此建城堡，筑炮台，并在附近升旗山上设置瞭望哨，从而开启英国对这地区一个半世纪的殖民统治。据介绍，当年莱特以保护吉打不受暹罗控制和欺负的承诺，从吉打苏丹那里换取对槟榔屿的管辖权。1826 年，英国将槟榔屿、马六甲和新加坡合并成立“海峡殖民地”（俗称“三州府”），其行政中心设于槟榔屿（1832 年以后移至新加坡）。第二次世界大战期间被日本占领。1946 年，英国宣布解散海峡殖民地，将槟榔屿和马六甲与马来亚的其他九个州组成英属马来亚联合邦。新加坡则成为英国直接管辖的殖民地。

我站在古堡残垣前，望着锈迹斑斑的火炮，联想起日前参观勿洞中华学校时那位老师关于英国瓜分北大年的叙说，更加清楚地看到，西方列强东侵不仅给本地区带来深重灾难，也为一些国家间的领土主权纷争埋下祸根。从那时起，各国志士仁人和广大民众的反抗斗争一直绵延不息。

离开古堡，我们参观了槟城阅报书社旧址。1910 年 7 月，孙中山先生在革命处于低谷时避难槟城。同年 11 月 14 日孙中山在打铜仔街 120 号“华侨阅报书社”召开同盟会会议，先生愈挫愈奋的高昂斗志深深感染与会者，最后决定在九次起义失败之后再次举行武装起义，史称“庇能会议”。次年 4 月 27 日，遵照此次会议决定举行的广州黄花岗起义拉开了辛亥革命的序幕。2001 年，“庇能会议”旧址辟为“孙中山槟城基地纪念馆”，马来西亚总理马哈蒂尔亲自前来揭幕。2004 年，时任国家主席的胡锦涛访问马来西亚时曾来馆参观。

在展厅负责人的导引下，我们仔细观览孙中山当年开展革命活动的实物和图片。一尊孙中山坐像安放在显著位置，先生手书的对联悬挂两侧：养天地正气，法古今完人。我在雕像前肃然驻足，深切缅怀这位近代中国革命的伟人。

接着，我们来到“蓝屋”。这是一座规模宏大的中国式园林宅院。建于 1897 年，是张弼士在槟城的故居。因通体蓝色而得名。张弼士 1841 年生于广东大埔，客家人。16 岁离家去印尼打拼，先做帮工，后开商行，再开锡矿，终成巨富。1890 年被清廷任命为驻槟城首任领事，后任驻新加坡总领事。张弼士提倡实业救国，曾兴办铁路和航运。1892 年在烟台创办张裕葡萄酒厂，引进优良葡萄品种和先进制酒工艺，酿成“色泽金黄透明、酒质甘醇幽香”的“琼浆玉液”。1915 年，张裕葡萄酒在巴拿马万国博览会上，赢得四项金牌并夺得最高奖项。张弼士虽为清廷命官但同情并支持孙中山革命。1912 年，孙中山曾为张裕公司题词“品重礼泉”，以示嘉勉。

我仔细观看蓝屋的陈设和主人生平介绍，脑子里浮现出近代以来民族危难时刻，华夏儿女放眼世界、寻求救国的生动图景。

在海边滩头，我举目远眺。两座跨海大桥将槟榔屿同对岸的半岛连接起来，犹如双虹卧波，蔚为壮观。据介绍，第一座桥建于 1985 年，由韩国公司承建，长 13.5 公里。第二座桥建于 2014 年，由中国港湾公司承建，长 22.5 公里，为东南亚第一大桥。导游说，两桥都是槟城的骄傲，但他偏爱第二座桥，不光因为此桥更雄伟壮观，重要的是设计更先进、施工质量更好。他快人快语，接着说，槟城不久还要建海底隧道，届时一定会请中国帮忙。

脚踏岸边古老的堤石，望着逐浪翻飞的海鸥，我隐隐犹闻近代风雷遗响，同时感受现代化建设的阵阵热风。这座昔日西方列强侵略亚洲的桥头堡，今天正成为“一带一路”建设的重要支点。

21 日下午，我乘亚洲航空公司航班离开槟城经曼谷回国。马来半岛就像一块绿宝石，镶嵌在蓝色的太平洋和印度洋之间。俯瞰机翼下缓缓移动的田野、森林和村镇，它们之间演绎的故事又在我的耳畔响起……

泰北这块地方

素贴山上话兰纳

1992年2月，我从曼谷到清迈参加一个会议。当时我担任驻泰国使馆参赞，受大使委托会后同张志国总领事谈一些工作上的事。事毕，志国总领事陪我上素贴山。车子在盘山路上缓缓前行，竹木葱茏，流水潺潺，凉风习习。

驻清迈总领馆于1991年4月开馆，志国为首任总领事，日常事务繁忙，依然抽空陪我，我有些过意不去。志国说，我知道你对泰北历史有兴趣，素贴山双龙寺的怀仁法师对此颇有见解，我请他向你作些介绍。我说那就太好了。

登上山顶，我们来到双龙寺。这座佛寺泰文名为“素贴寺”，因门前百级台阶两侧护栏有两条龙状雕塑，人们习惯称之为“双龙寺”。我们拜会了住持，住持让怀仁法师领着我们参观寺院的建筑和法器。

寺院的中央高高耸立着佛舍利塔。法师介绍，1383年，兰纳王国从斯里兰卡得到3枚佛舍利，国王决定选址建塔供奉。舍利由一头白象驮着四处转悠，最后来到素贴山现址绕行三周后俯伏下来不再他往，于是国王下令在这里建起了素贴寺。

前来朝拜的人络绎不绝。佛像前，人们献上用茉莉花编成的花环，插上点燃的香烛。烛光摇曳，香烟缭绕。我们双手合十默默地跟在法师后面，随着众人绕着佛塔转了一圈。

然后来到佛寺东面的一间亭舍。极目远眺，清迈谷地风光尽收眼底。蓝天白云下，隐约可见绿树掩映的城郭、村落、田畴、河流……

小沙弥端上茶来，怀仁法师请我们落座饮茶。法师对我说，总领事先生告诉我，你不仅关注清迈的今生，而且对它的前世也有兴趣，恰好老衲对此有些研究，愿与你交流。我高兴应道："愿聆听法师高见。"于是，怀仁法师手拨念珠从容不迫地叙谈起来。

13 世纪时，泰北地区存在着十几个"勐"，实际上就是部落，个个争强好胜，谁也不服谁。1261 年，这些勐中规模最大的恩央，这时有了一位名叫孟莱的新王。孟莱一即位就表现出非凡的才能和勇气，很快使恩央强盛起来，并且逐步收服了周围的勐。到 1287 年，泰北地区就剩下勐哈里奔猜了。哈里奔猜，中国史书称为"女王国"，位于今天清迈与南邦之间，地处交通要冲，其实力不可小觑。孟莱王南与素可泰王国结盟，北与勐泐王国携手，对哈里奔猜形成孤立之势，同时又在哈里奔猜王室使用离间计，终于在 1296 年击败哈里奔猜，完成了对泰北的统一，定都清迈。

法师来到栏杆前，手指东方，略提高声调说："滨河蜿蜒流过，两岸是千顷沃野，四周更有巍峨群山为屏障，这一方水土是不是有王者之气呀？孟莱王就在这里奠定了兰纳王国的基业。”

“中国史书上记载的‘八百媳妇’就是‘兰纳’吧？”我问。

“正是。”1331 年兰纳臣服元朝，元设“八百等处宣慰司”，兰纳成为元的一个土司。但毕竟山高皇帝远，元并未对兰纳实施有效管辖。明代也曾设八百等处宣慰司，但恐怕也是名义上的。

“兰纳与勐泐、南掌是什么关系呢？”志国总领事问。

志国说的勐泐又叫车里，也叫西双版纳。南掌又叫澜沧，就是今天的老挝。

法师说，他们都是“班皮蒙农”，亲如兄弟。孟莱王的母亲就是勐泐的一位公主。1546 年，澜沧王子塞塔提拉曾应邀出任兰纳国王，后因其父王普提塞拉从大象上摔下来意外死亡又返回澜沧继承王位。塞塔提拉走时还带走了兰纳的玉佛。这尊玉佛后来几经辗转，最后供奉在曼谷玉佛寺至今，成为泰国镇国之宝。

“那么，兰纳与缅甸的关系又如何呢？”我问。

法师说，应该说，初期也就是 13 世纪到 15 世纪彼此关系是不错的，这与中原皇朝的照护分不开。16 世纪，缅甸东吁王朝兴起，对外不断扩张，而兰纳内争不断，国力逐渐衰弱。1558 年，清迈被缅军攻占，兰纳从此失去独立，进入缅甸统治时期。兰纳作为一个独立王国存在 260 年之久。

人们或许会问，暹罗也就是阿育他耶王朝为什么不施以援手？当时的阿育他耶也处于弱势，自顾不暇。1569 年，阿育他耶也被缅军攻陷，屈居缅甸之下长达 26 年之久。直到 1595 年，纳黎宣国王再次与缅军较量，赶走缅军，才摆脱缅甸的控制。1597 年，兰纳借助阿育他耶大败缅军的余威宣布脱离缅甸而臣服阿育他耶。但在不久后的 1614 年，恢复国力的缅甸又再次控制兰纳。历史上缅甸对兰纳的统治先后达 100 多年之久。

那么，兰纳是何时成为暹罗一部分的呢？

小沙弥上来续茶，法师端起茶杯抿了一口，接着说，阿育他耶王朝是高棉王朝之后，中南半岛最强盛的一个王朝，历经 400 年辉煌。但 18 世纪以后阿育他耶逐渐衰落。1766 年，缅甸孟博王陈兵阿育他耶城下，围城 14 个月，1767 年 4 月 7 日破城，阿迦达国王身亡，都城沦为一片废墟，阿育他王朝覆灭。幸得郑信率领暹罗各地军民奋力反抗，于同年 11 月将缅军逐出暹境，使暹罗获得新生。郑信祖籍广东澄海，对泰国的生存和发展具有历史性贡献，是位了不起的民族英雄，深受泰国人民的爱戴。

1774 年，郑信率军北上将缅人逐出兰纳。从此兰纳臣服暹罗，成为暹罗的藩属。

此后 100 年时间里，兰纳在臣服暹罗前提下保持着内政自主地位。直至 19 世纪 70 年代拉玛五世朱拉隆功国王才实行对兰纳“同化”改造。1874 年，暹罗开始向兰纳派驻专员，过问兰纳的内政。1884 年，披察亲王被派坐镇清迈，对兰纳的司法、税务、行政、军事等进行一系列改革。1892 年，将兰纳改称北方部，任命丹隆亲王为北方部部长。1894 年又将北方部纳入国家内务部。至此，暹罗完成对兰纳的“改土归流”。

那么，到底兰纳是何时纳入暹罗版图的呢？学者有三种看法：一是 1597 年，阿育他耶纳黎宣国王赶走缅甸人，兰纳首次臣服阿育他耶，但臣服时间只有 15 年，而此前 40 年此后 160 年仍然在缅甸治下，所以持这种观点的人不多。二是 1774 年，郑信赶走缅甸人，兰纳成为暹罗的藩属，从那时至今兰纳没有再离开过暹罗，自然持这种观点的人比较多。三是 1874 年，拉玛五世开始并最终完成对兰纳的“改土归流”，故也有人持这种观点。

“重要的是史实，结论如何，见仁见智，施主自有判断。”怀仁法师最终说。

“法师一番讲述，令我等对兰纳王国的历史有了更多的了解，非常感谢！”我说。

一阵清风拂面，但闻铃铎叮当，梵音袅袅。

我们揖别法师，步出山门。

志国总领事说，根据他掌握的材料，怀仁法师所说与史实大体相符。

我说，那么，我可不可以这样理解：从 13 世纪到 16 世纪，兰纳王国曾经在湄公河中游地区兴起并存在约 300 年之久。它与勐泐、南掌、素可泰有着兄弟般的友好关系。16 世纪到 18 世纪一度被缅甸占领。18 世纪以后成为暹罗藩属并最终纳入暹罗版图。

“是的，兰纳王国或者说泰北古代最重要的一段历史大体就是如此。”志国总领事表示赞同。

走访美斯乐

2005 年 4 月 28 日上午 9 时，我们从清莱出发前往美斯乐。

这是我们此次到泰北调研的最后一站。此前，我和使馆研究室、领事部的几位同志一起，已经访问了清迈、南邦、帕尧、帕和难府，会见府尹、参观企业、乡村和学校，看望侨胞。驻清迈总领事彭仁东同志一直陪同活动，他建议我再看看美斯乐。泰国约有 2500 万华侨华人，主要来自福建、广东、广西、海南、云南等地，其中最多的是潮汕人，大都居住在曼谷地区。云南人，主要居住泰北地区。清莱府的美斯乐是一个比较大的聚居点，这里居住着原国民党“93 师”残部及其后裔，是一个特殊华人群体。我赞成彭总领事的意见，决定去看看。

汽车在山路上缓缓爬行。这时正是泰国最热的季节，车子的空调似乎失灵了，我们干脆把车窗摇下，任凭热风吹拂。

我看过国民党“93 师”残部的材料，加上总领馆提供的情况，对这个特殊群体已经有所了解。

事情要从李弥说起。李弥是云南盈江人，黄埔四期生。1948 年底，李弥任第 13 兵团司令兼第 8 军军长，率部参加淮海战役全军覆没，只身乔装逃脱。蒋介石在奉化召见他，命其重组 13 兵团进驻云南，监视“云南王”龙云。1949 年 12 月 9 日，龙云起义，一度将李弥扣留。李弥伪称可劝部下归顺，获释后又继续顽抗。1950 年 1 月，李弥奉召去台湾。不久，在解放军的强大攻势下，李弥所部被歼，只有少数越过边界逃入缅甸。1950 年 9 月，蒋介石命李弥赴缅甸收拾残部。当时缅境国民党的残余力量主要有李国辉团长率领的第 8 军 237 师 709 团约 700 人，谭忠副团长率领的第 26 军 93 师 278 团约 600 人，以及原远征军第 6 军 93 师约 200 人。李弥将这三股力量收拢，又搜罗了一些土匪武装和散兵游勇，共约 2000 人，组成“反共救国军”。蒋介石任命李弥为总指挥，同时加封“云南省政府主席兼云南绥晋公署主任”。此后，李弥又招兵买马，将这支武装一度扩充至近万人，编成 5 个军。“反共救国军”曾几次窜犯云南破坏边境安宁，遭到解放军的痛击。

李弥的这支残军还与缅甸地方武装勾结，屡挫缅政府军的进剿。缅政府无奈，遂将之告上联合国。1953 年 4 月 23 日，联合国通过决议，谴责外国军队对缅甸领土主权的侵犯，要外国军队放下武器接受收容或立即撤离缅境。要求各国尊重缅甸的独立和领土主权，不对缅境的外国军队提供支援并协助他们和平撤离。同年 10 月，台湾当局被迫签约允诺从缅撤出这支残军。从 1953 年 11 月到 1954 年 5 月，李弥率 1、2、4 三个军连同家属共 6572 人撤到台湾。第 3、5 军大多为云南人，不愿去台湾，分别由军长李文焕、段希文率领继续留驻当地。李弥指定段希文负总责。

1961 年，在缅方一再催促下，段希文带领这支约 2500 人的武装由缅甸进入泰国北部美斯乐地区。泰国军队几次驱赶未果，只好作罢。

1965 年蒋介石叫嚣反攻大陆，要求这支武装策应配合，李弥对蒋已经失望，抗命不从。

1970 年，清莱府尹被一支反政府武装诱捕，泰国举国震惊。政府军几番围剿均铩羽而归。当时的军方首脑江萨上将要求段希文出兵协助，段希文为了自己的队伍能在泰国站稳脚跟，只好参与攻打反政府武装，结果大获全胜。泰国政府看到这是一支可以利用的武装力量，便答应他们以山地民众自卫队的名义留驻美斯乐。从此，这支力量一手持枪一手拿锄，既搞军事，又种菜、种茶、种果树。还办起子弟学校，教授中文。美斯乐慢慢地发展成为一个村镇。1980 年，段希文去世，泰国普密蓬国王发来唁电。1977 年至 1979 年曾两任泰国总理才刚刚卸任的江萨参加遗体告别。

段希文逝世后，他的参谋长雷雨田接任美斯乐民众自卫队总指挥。1981 年，泰国政府军攻打考柯山的泰共武装，久攻不克且损失很大。泰方要求美斯乐民众自卫队协助攻山，雷雨田不得不从。经详细了解战情和察看地形后，他采取正面佯攻侧后偷袭的打法，一举攻上主峰。这被认为是泰政府对泰共的最后一战，也是美斯乐自卫队的最后一战。为此，泰国政府批准 800 名参战的自卫队员获得永久居留权并允入泰籍。这支武装自此全部放下武器，以农为业，并获准在这块土地上定居下来。

车子在山路上行驶近两个小时后，在山坡上一座屋子前停了下来。

屋子大门敞开，门前站立几个人，中间是一位八十多岁的老人，精神矍铄。彭总领事告诉我这位老人便是雷雨田。我从车上下来朝雷雨田走过去，他上前两步抱拳道："欢迎张大使！"我拱手还礼："感谢雷先生！"

我们在客厅落座，服务员端上茶来轻轻地放在茶几上。"请喝茶！"雷先生说，"这是美斯乐自产的。"

我啜了一口，称赞道："好茶呀！"

他微笑说："一方水土有一方物产，这里的高山常年云雾缭绕，适宜种茶。我们种的茶叶在曼谷市场占有一席之地，在世界许多地方也颇受欢迎。种茶已经成了美斯乐人的一项重要生计。"

雷雨田沉默少顷后接着说："美斯乐能有今日，不能忘记段公。"他不胜唏嘘地讲述段希文带领第 3 军和第 5 军进入泰北后既兵戎相见又百般周旋，终于赢得合法定居并解甲归田的艰难历程。

"段公走后把这支队伍托付给我，我萧规曹随，战战兢兢，总算应对危局，渡过难关，使美斯乐又向前发展了一步。这些年来，我们经历拿枪杆子、抡锄把子、拨算盘珠子三个阶段。现在美斯乐人多数搞种植，少数经商，衣食无忧。后代受到传统的中文教育，不少年轻人能在曼谷找到一份相对稳定的工作。我们重视环境的合理整治和生态保护，这里已经成为一个旅游点，人们到泰北都想到美斯乐来看一看。

这时秘书拿着一份当日的中文报纸进来递给雷雨田，上面登载着连战访问大陆的消息。他举起报纸对我说："我支持连战的大陆之行。自 1945 年重庆谈判 60 年过去，国共两党再次握手值得庆贺。"我向他介绍了中国政府在台湾问题上的立场和政策，希望他多做促进两岸和平统一的事情。他骂陈水扁是“小坏蛋”，民进党搞“台独”是没有出路的。美国是“大坏蛋”，不愿意看到中国统一和富强。表示美斯乐人支持两岸和平统一。

我对雷先生在台湾问题上的积极态度表示赞赏。接着又介绍了中国改革开放的新成就和中泰关系的新发展。雷先生表示，他曾于1993年、1996年、1999年三次回国观光并且回到阔别多年的云南建水老家，亲眼看到祖国和家乡发生的巨大变化，钦敬邓小平的改革开放政策，对中国前途满怀信心。

谈话结束，雷先生把我们送到门外，指着旁边的一片樱花林说：“这是为美化环境专门栽种的，花开时节成了美斯乐一景，欢迎你们明年三月再来赏樱！”我们表示感谢，与他握别。

下山路上，彭总领事对我说，泰北地区原国民党残军及其后裔目前约有20万，部分已经取得泰国国籍，其余也为泰方默许永久居留。这当中有一部分人无正式身份，外出求学、谋职，都有一定困难。我们有一个共识，这些问题可以根据具体情况个案需求适当解决。至于整个问题，因为是历史遗留下来的，只能在历史进程中逐步解决。

金三角

湄公河顺着横断山脉自北南流，在缅甸、老挝、泰国交界处扭头东去。这转弯处，两岸崇山密林，交通闭塞，人迹罕至。三国鞭长莫及，向来难以实行有效管辖。自20

世纪四五十年代以来，这片土地就成为鸦片种植、加工和贩卖的罪恶渊薮，不法之徒以制毒、贩毒牟取暴利，“日进斗金”“富可敌国”，“金三角”由此得名。

我第一次去“金三角”是在20世纪80年代初的一个冬日。

几个朋友驱车从清迈出发，先到清莱。

清莱是一座古城。13世纪，泰国北部并存着若干个小王国，或者叫“勐”，其中最有实力和影响力的是恩央。1261年，恩央老国王与王后（西双版纳王国的公主）所生之子继位登基，史称“孟莱王”。孟莱王将都城由清盛迁至清莱，开疆拓土，兼并周边小王国，建立兰纳王国（中国史书称“八百媳妇国”）。直至1296年孟莱王才将都城迁至清迈。

清莱城留存不少古迹，玉佛寺是其中之一。据僧人介绍，1434年的一天，大雨滂沱，一道闪电划过，佛塔缓缓开裂，露出一尊璀璨的玉雕佛像，人们顶礼膜拜，建造殿宇专门供奉。兰纳国王三次遣人欲将玉佛运至清迈，每次驼着玉佛的大象总是转了一圈又回到清莱。直至1468年，国王沐浴斋戒，择吉日良辰举行盛大典礼，迎请方得成功。1552年玉佛从清迈迎往老挝供奉在琅勃拉邦，1564年又转至万象。1779年，玉佛被迎请至吞武里供奉。1784年，河对岸的玉佛寺建成，曼谷王朝一世王将玉佛从吞武里迎请过来，供奉于曼谷玉佛寺内。自那时起，这尊玉佛便成了泰王国的镇国之宝。现在清莱玉佛寺供奉的玉佛则是后来重新雕造的。

离开清莱城，我们的车子向北行驶约 2 小时便到了湄塞。这是一个位于泰国最北端的小镇。鲁阿克河从镇子北边流过，对岸就是缅甸的大其力。一座桥梁将湄塞与大其力连接，车水马龙，好不热闹。

桥的两头设有关卡，受理临时出入境签证。泰缅两国民众和第三国旅游者可在桥头申请办理签证后到对岸作短时间停留，或参观游览，或做小买卖，或探亲访友，但必须在当日闭关前返回。

街道两旁，商店、旅馆、餐饮店一家挨着一家，地摊一个连着一个，宝石、服饰、水果、蔬菜、小吃应有尽有，卖家扯着嗓门，用泰、缅、汉、英语不遗余力地兜售自己的商品。熙熙攘攘的人群多为外地或外国旅游者，有的左顾右盼挑三拣四，有的一见中意慷慨解囊，有的兴趣不在购物，只是欣赏和拍照。我们走在其中，感受着一个边陲小镇的国际都市氛围。

从湄塞顺着鲁阿克河往东，不到一小时车程便到了素拉。鲁阿克河从这里汇入湄公河。河岸上立有一座标牌，“金三角”字样赫然在目。

伫立此处举目北眺，湄公河迎面奔来，到了跟前又转头朝东而去。东北岸是老挝，西北岸与鲁阿克河相拥的是缅甸，南岸是泰国。河面上船只南来北往，也有小舢板、独木舟在靠岸的水域穿行。岸边丛林茂密，远处层峦叠嶂，烟笼雾绕，显得幽深而神秘。

我们信步走进岸边一间茶寮，未及时落座就听到一个熟悉的声音在招呼，扭头一看是依恩上校。依恩在泰国陆军部供职，负责边境事务，我因工作关系与其结识。依恩是陪同几位客人来金三角参观的。我们一边喝茶一边聊了起来。

“金三角的范围到底有多大?”我问。

依恩说，所谓“金三角”指的是泰缅老三国接壤处方圆约百公里这个地区，大体包括缅甸的掸邦、克钦邦，老挝的琅南塔省、丰沙里省、乌多姆塞省及琅勃拉邦省西部和泰国的清莱府、夜丰颂府及清迈府北部。共有大小村镇3000多个，面积约20万平方公里。因为鸦片，这里成了“冒险家的乐园”。

“人们来金三角旅游是不是冲着这个来的?”与我同行的一位朋友问道。

“不少人是为猎鸦片之奇而来的。”依恩又作了些补充介绍。

这里与阿富汗、巴基斯坦、伊朗交界的“金新月”、哥伦比亚、秘鲁、玻利维亚和巴西所在的安第斯山和亚马逊地区的“银三角”并称世界三大毒源。这些年来，泰、老、缅三国联合行动打击毒品犯罪取得很大成效，但远未根除。

此外，这个地区的历史文化也值得关注。我们现在所在的这索拉村属清盛县管辖，清盛在孟莱王创建兰纳王国之前是他的先辈赖以立足和开创基业的地方，有着上千年的文化积淀。可以说，清盛、清莱、清迈是泰北文明发祥和发展的三个里程碑式城市，而湄公河就像母亲的乳汁一样滋养了这支文明的成长。

听着依恩的介绍，看着从眼前流过的这条奔流不息的河流，更增加对这块土地的兴趣。

转眼15年过去。

1996年9月的一天，我赴南亚经停曼谷，应邀与依恩在湄南河畔的一家饭馆餐叙。依恩已经晋升为少将，仍在泰国陆军主管边境事务。我们天南海北又扯到上次在金三角邂逅的话题。就在这一年年初，大毒枭坤沙向缅甸政府投降，我想了解个究竟，他向我作了介绍。

一场暴雨刚刚停歇，乌云散去，落日的余晖洒在河面上。

依恩望着穿梭般往来的船只，呷了一口香茅水，缓缓地打开了话匣子。

自20世纪50年代以来，金三角地区毒品泛滥，屡禁不止，罪魁祸首就是罗星汉和坤沙。

1934年，罗星汉出生于缅甸掸邦果敢。

1950年，国民党残军由云南逃入缅甸后，曾在当地招兵买马组织“反共救国军”。罗星汉曾应招并就读于国民党残军开办的军事学校。罗星汉学习成绩欠佳，但勤于跑腿打杂，颇得上司赏识，所以能顺利毕业并被授予“少尉”军衔。

后来，罗星汉离开国民党残军进入果敢土司杨家自卫队。土司杨振才的妹妹杨金秀性格倔强，喜欢舞枪弄棒，私自有一支200人的特别卫队，罗星汉当上了这支特别卫队的队长。一天，杨金秀心血来潮，开着军用吉普私闯缅政府军管辖地盘，被缅军扣押。罗星汉带上卫队勇闯“虎穴”救出杨金秀。自此罗星汉名声大振，深得杨家信任，被任命为杨家卫队的队长，掌管1000多人马。

1963年，杨家主要成员杨振才、杨金秀等以及卫队长罗星汉同时被缅政府军抓捕，并被要求交出武装，杨家不从。罗星汉表示愿意配合，从而得到缅政府的信任，乘势将杨家自卫队变成罗家自卫队。1965年缅政府宣布取消土司制，罗星汉当上了果敢自治特区主席。

英国殖民者侵入缅甸以后，果敢及周围地区就开始种植鸦片。1950年国民党残军的到来一度使鸦片种植大为泛滥。罗星汉掌控这一地区以后，更是变本加厉，一发不可收拾。他开设多家海洛因提炼厂，拥有数千匹骡马专事毒品贩运，形成毒品种植、加工和贩运一条龙。年生产和贩运毒品由200来吨上升到1000多吨。美国《读者文摘》称罗星汉为金三角“海洛因教父”“鸦片王朝一世”。

1973年初，缅政府勒令罗星汉解散自卫队，停止毒品生产。罗星汉反倒于4月宣布成立“掸邦同盟军”，树起反政府大旗。缅政府军随即展开大规模围剿，罗星汉的队伍溃不成军，部分随他逃入泰境。7月，泰方将其抓获移交缅方。罗星汉被缅方判处死刑，后改为无期徒刑。1980年大赦获释，此后一直“软禁”于仰光。

“这么说，泰方对抓捕罗星汉发挥了重要作用。”我说。

“是的，泰、缅、老三国政府在金三角的禁毒有着良好的配合。”依恩少将表示。

服务员端上来一盘酸辣木瓜丝，依恩夹了一箸送进嘴里，咧了咧嘴，语调略有提高：“另一个毒枭是坤沙。”依恩接着说，“坤沙在罗星汉之前就曾被缅甸当局逮捕，只是后来放虎归山，酿成了更大的祸害。”

1933年，坤沙出生在缅甸掸邦莱莫山土司世家。他的缅文名叫关约，中文名叫张奇夫，坤沙是泰国人对他的称呼。

坤沙20岁就接替其父亲当上了莱莫山土司。缅政府取消土司制度后，坤沙被任命为莱莫山卫队指挥官。他打着合法旗号大力发展武装力量，并肆无忌惮地种植、加工和贩卖鸦片。几年后，他自觉羽翼丰满，干脆甩开政府自己干。1967年在和罗星汉的冲突中打赢了一仗，地盘和影响大为扩大。

缅甸政府岂能容他如此嚣张，决定对他进行整治。1969年10月的一天，坤沙接到通知，东北军区司令史定要他到东枝参加紧急军事会议。已经头脑发热的他全无戒备，痛痛快快地上了缅政府军专门派到腊戍来接他的飞机。坤沙一到东枝便被抓捕，并很快转到仰光关进监狱。

1973年，坤沙的参谋长张苏泉潜入东枝抓了两名在缅甸的苏联医生，制造外交事件向缅政府施压。同时又通过关系请出泰国武装部队参谋长江萨出面斡旋。江萨将两名苏联医生接出来交给缅政府，劝说缅方从长计议，别把事情搞僵。

1974年，缅政府将坤沙由监禁转为软禁，后又由仰光转至瓦城。1976年2月，在张苏泉的策划下，一辆吉普车载着经过乔装的坤沙悄悄潜出瓦城。

此后，坤沙为逃避缅政府军的追剿，将活动区域向缅泰边境转移。70年代末以后，越南占领柬埔寨对泰国安全造成威胁，泰军的注意力集中在泰柬边境。坤沙趁机在缅甸掸邦与泰国夜丰颂、清迈和清莱之间开辟了一片新的活动基地。总部设在万欣德，这是一块南北长约3公里、东西宽约1.5公里的狭长谷地，四面奇峰峻岭，坡陡沟深，易守难攻。坤沙在谷地里建了200多栋房屋，有住宅、医院、学校、商店、街道、广场，有发电厂、自来水、液化天然气、电灯、电话，生活基础设施完备。坤沙特别重视武装力量建设，到80年代中期已拥有一支5000人"正规军"和5000人"民兵"，兵营分别构筑在万欣德周围的各个隘口。正规军的任务是对付政府军的围剿，民兵负责鸦片的征收、提炼和押运。军人薪酬很高，但严禁吸毒，在相当长一段时间里颇有些战斗力，多次打败政府军进剿。

80年代中期，坤沙基本上控制了400公里的缅泰边界，年生产、销售鸦片达2500吨。

1993年，随着柬埔寨问题获得政治解决，泰缅两国联手加大对坤沙毒品武装力量的打击，坤沙屡屡受挫，内部出现分裂，力量锐减。1995年，坤沙不得不退出泰境，寻求与缅政府和谈。当年12月，缅政府与坤沙达成协议，坤沙缴械投降。1996年1月，坤沙的"掸邦革命军"向缅政府军投降，交出轻、重武器6000多件。

坤沙被"软禁"于仰光的一栋别墅。

"罗星汉、坤沙两大毒枭被缉拿归案，是金三角禁毒事业的重要进展，值得庆贺！"我说。

依恩接着说，金三角的毒品生产和贩卖出现过三个高峰，20世纪50年代国民党残军进入缅泰边境靠种鸦片维持生存和筹措经费，将鸦片产量从40吨提高到200吨。60年代到70年代，罗星汉将鸦片产量推高至1000吨。80年代到90年代，坤沙又将鸦片产量推高到2500吨。现在国民党残军及其后代已不再种鸦片，罗星汉、坤沙两个毒枭已被抓捕。但这一地区仍然存在非法种植、加工和贩卖毒品行为，禁毒工作远未结束。我说，这是一项长期任务，应该常抓不懈。

又过去15年。

2011年11月10日，香港凤凰卫视《一虎一席谈》在北京录制“湄公河惨案”节目。

主持人胡一虎请来几位军事、禁毒、国际问题专家做同台访谈并与观众互动。我应邀参加。

湄公河惨案发生于同年10月5日。中国的“华平号”和“玉兴8号”两艘商船在金三角湄公河上遭袭击，船上13名船员全部遇难。中国民众极为愤慨，国际舆论广泛关注。中国外交部和驻泰、缅、老使领馆向外方提出严正交涉，要求尽快查明真相，严惩凶犯。中国公安部派警员会同三国警方对此案进行调查。

访谈中，几位专家学者从不同角度对案件进行解读。我侧重从外交层面谈了自己的看法。指出这是一起极其恶劣和残忍的跨国犯罪，我外交部和驻外使馆及时提出交涉，驻清迈总领事第一时间赶到现场察看案情。我公安部邀请泰、缅、老警方到北京紧急磋商，决定成立四国安全合作机制，坚决打击跨国犯罪。所有这些举措及时、正当。人民群众高度关注，要求尽快将凶犯绳之以法，合情合理。

同时指出，侦破此案的关键在于四国警方的密切和高效的合作。同时建议推动有关国家加强合作，对这一地区进行综合整治，保障各国人民正常贸易往来。

半年后，此案侦破。这是一起由毒枭糯康策划和组织的有缅、泰、老三国毒贩参与的重大犯罪案件。

糯康生于缅甸掸邦腊戍，是毒枭坤沙集团的成员。1996年曾随坤沙"投降"，但贼心不改，后又网罗坤沙残部重操旧业。不但做毒品走私，而且绑票勒索、杀人越货，无恶不作，成了金三角地区十恶不赦的毒匪。

2012年5月10日，糯康在老挝境内被抓获，老方将其移交中国。2013年3月26日，中国法院依法判处糯康死刑并立即执行。

湄公惨案历经两年半得以侦破，罪犯伏法，彰显在中国积极推动下四国联合执法的成效和威力。自此，四国警察在湄公河金三角水域实施联合执法，毒犯丧胆，人民称快，地区安全得到了保障。

金三角历史翻开新页。

参考书目

唐玄奘：《大唐西域记》，中华书局2012年版。

杨公素：《沧桑九十年》，海南出版社1999年版。

康矛召：《外交官回忆录》，中央文献出版社2000年版。

曾序勇主编：《中国和尼泊尔的故事》，五洲传播出版社2016年版。

李光耀：《李光耀回忆录1965—2000》，新加坡联合早报2000年版。

李光耀：《李光耀回忆录：风雨独立路1923—1965》，外文出版社、新加坡联合早报、联邦出版（新）私人有限公司1998年版。

李光耀：《李光耀回忆录：经济腾飞路1965—2000》，外文出版社、新加坡联合早报、时代传媒（新）私人有限公司2001年版。

李光耀：《我一生的挑战：新加坡双语之路》，译林出版社2013年版。

李光耀：《李光耀观天下》，北京大学出版社2018年版。

泰国民族委员会编著：《大地的力量——普密蓬国王传》，泰国阿玛林出版社2008年版。

程瑞声：《睦邻外交四十年》，四川出版集团、四川人民出版社2006年版。

文缘主编：《走近诗琳通公主》，中国出版集团、世界图书出版公司 2012 年版。

杨冠群：《大象之邦泰国》，上海文化传媒有限公司、上海锦绣文章出版社 2010 年版。

刘志杰：《塔信传奇》，世界知识出版社 2005 年版。

凌朔：《新闻旧事：非你所想的泰国》，新华出版社 2011 年版。

李肇星：《说不尽的外交》，中信出版社 2014 年版。

陈吕范主编：《泰族起源与南诏国研究文集》，中国书籍出版社 2005 年版。

段立生：《泰国通史》，上海社会科学院出版社 2019 年版。

后　　记

秋日里，书稿即将付梓。我心中油然升起喜悦与感激之情。

历时两年的写作如饮酽茶，甘苦自知。回首以往，许多重要经历依然清晰如昨，但也有些开始模糊淡忘。需要查阅大量资料详加核实。一些重要谈话更要对照权威记录一一订正。为了更好掌握某些事件的背景和沿革，我仔细阅读当事人著作、传记以及相关书籍，和有关人士切磋、探讨、交换意见，加深对问题的了解和认识。所以，这实在是一个重新学习的过程。其间既有“山重水复”也有“柳暗花明”，但无论如何总透着一种魅力，令我乐此不疲。

本书的撰写从一开始就承蒙各方厚爱和关注。我们的老部长李肇星同志拨冗细读书稿，旅途中不顾疲劳欣然作序，对拙著充分肯定并热情推介。我的同事和朋友一直鼓励和支持我对本书的写作，陈旭、陈峰、郑欣、白玛卓嘎、张林、张颖、唐岩、胡博文等同志给予很多具体帮助。大有书局出版社非常重视此书的出版，李瑞琪统筹协调，积极有序推进，吴春艳细心编辑，一丝不苟。我的妻子唐黎珍是书稿最早读者，提出了好些中肯意见。没有大家的关心和支持就没有本书的面世，我谨此表示衷心感谢！

哲人有云：活到老学到老。以著促学、著学相长不失为一条有效路径。如精力允许我还愿循此前行，不负晚晴时光。

2022 年 8 月